明明白白
学汉字

一　　郭燕妮　编著

清华大学出版社

北京

图书在版编目（CIP）数据

明明白白学汉字. 一 / 郭燕妮编著. —北京：清华大学出版社，
2020.12

ISBN 978-7-302-49381-5

Ⅰ.①明… Ⅱ.①郭… Ⅲ.①识字课－小学－教学参考资料 Ⅳ.①G624.233

中国版本图书馆CIP数据核字（2018）第014895号

责任编辑：纪海虹
封面设计：傅瑞学
责任校对：王荣静
责任印制：丛怀宇

出版发行：清华大学出版社
　　网　　址：http：//www.tup.com.cn，http：//www.wqbook.com
　　地　　址：北京清华大学学研大厦A座　邮　编：100084
　　社 总 机：010-62770175　　邮　购：010-62786544
　　投稿与读者服务：010-62776969，c-service@tup.tsinghua.edu.cn
　　质量反馈：010-62772015，zhiliang@tup.tsinghua.edu.cn
印 装 者：三河市龙大印装有限公司
经　　销：全国新华书店
开　　本：185mm×260mm　印　张：24.25　字　数：379千字
版　　次：2020年12月第1版　　印　次：2020年12月第1次印刷
定　　价：88.00元

产品编号：077249-01

编委会

主　编： 郭燕妮

编　委： 郭燕妮（北京师范大学珠海分校）

张明远（北京师范大学珠海分校）

邱　月（北京师范大学珠海分校）

温俊凯（中山市石岐杨仙逸小学）

刘伟琪（中山市石岐杨仙逸小学）

李　荣（中山市石岐杨仙逸小学）

林佩韶（中山市石岐杨仙逸小学）

陈爱玲（中山市石岐杨仙逸小学）

钟　辉（中山市石岐杨仙逸小学）

秦锦莱（中山市石岐杨仙逸小学）

前 言

汉字是中华民族传统文化的"活化石",记载、传承着悠久的历史和文化。无论古今中外,学习汉语都不能与学习汉字截然分开。尤其是完成母语习得的入学儿童,他们面临的首要的和重要的学习任务不是学说话,而是认字和写字。

我们选取了一省级示范小学二年级的一个班,针对人教版语文教材二年级上册里面学过的重点词进行了听写测试,共有 45 名学生参与其中,初步统计出了如下问题:

(1)相似偏旁混淆。例如"衤"与"礻"容易混淆,而且出错率非常高,具体数据可见下表。

出错方式	"衤"写成"礻"		"礻"写成"衤"				
被测字	补	被	神	礼	福	祝	祖
出错人次	39	39	14	10	7	10	18
出错率	87%	71%	31%	22%	16%	22%	40%

(2)偏旁位置混淆。例如,"帮""都"右边的"阝"写到了左边。"除"左边的"阝"写到了右边。

(3)同音字混淆。例如,"首长"写成"手长"的竟达 34 人,76% 的人写错。

以上问题如果从字理入手进行汉字教学是很容易解决的。例如"衤"与"礻"的混淆,教师可以从字理的角度帮助学生这样认识:"礻"源于"示",

表示朝天祭拜，祈求上苍显明天意，这类字多与神话传说、宗教祭祀有关，如"福、礼、祖"等；"衤"源于象形字"衣"，这类字与衣裳、服饰有关，如"被、补、裤"等。这样学生就不会弄混了，而且会记得很牢固。

　　鉴于此，我们选择从汉字的字理入手，以汉字丰富的文化内涵为根基，编著了一套与人教版一、二年级语文教材同步的，适合广大小学教师教和小学生学的辅导书。我们试图将汉字文化和汉字教学有机地联系起来，丰富教师基本的汉字构字知识及字理所包含的传统文化常识，让其在课堂教学的实践中渗透汉字的构字特点及传统文化内涵，对构字规律进行示范演示，从而提高学生学习汉字的兴趣及语文教学效率。同时我们也希望这套书能够帮助学生从直观上准确快速地掌握字形，从而提升记忆效果，并在掌握识字知识和技能的过程中体会汉字承载的民族文化，丰富语文综合素养。此外，该书对于香港、澳门、广东的粤语区小学，用普通话教汉字具有实用性的指导价值。

郭燕妮

2017 年 7 月

凡 例

一、本套教材严格按照最新版人教版语文教材内容进行编写，每课包括字理分析、同步练习、延伸阅读三部分。

二、字理部分采用图文结合的形式，并辅以《说文解字》的理据。如果《说文解字》注释晦涩不明的，或《说文解字》中没有收录该字的，我们辅以《说文解字注》《说文通训定声》《康熙字典》等其他文献的理据。

三、每个字的字形演变顺序按照"甲骨文—金文—小篆—隶书—楷书"的顺序排列。有些字甲骨文或金文缺失。有些楷书字形有几个来源，如"后"来源于"后"与"後"，"发"来源于"髪"与"發"，我们就在楷书字形后又列了一项"简化字"。

四、字理部分的文字分析内容按照先释形后释义，再简要叙述相关文化常识的顺序编辑，每个字的义项只列举常用义。

五、每课的字理分析都包括该课识字表和写字表中的字。为保证每课内容的完整性，字理编辑不避重复。如在前面课文识字表编辑过的字在后面课文的写字表中又出现，我们照样按照生字去编辑。多音字的处理也不避重复，只是在字理分析最后注明该字在该课中的读音和意义。

六、为减轻学生负担，同步练习的设计每课不超过四道题。古文字部分只设计了识记题型，不要求会写。

七、每一课的延伸阅读都选取了与该课某个生字相关的故事，包括古代神话故事、历史故事、成语故事、寓言故事等。

目 录

识字 1

天 地 人

 和家长一起学

甲骨文
金文
小篆
隶书
楷书

《说文解字》：
"颠也。至高无上，从一、大。"

tiān de jiǎ gǔ wén zì xíng xiàng rén zhàn lì zài dà dì shàng tóu dǐng shàng jiù shì gāo gāo
"天"的甲骨文字形 像人站立在大地上，头顶 上就是高高
de tiān kōng　tiān běn lái shì zhǐ tóu dǐng　zài jīn wén zhōng　tiān zì zì xíng yòng yí gè yuán
的天空，"天"本来是指头顶。在金文 中，"天"字字形用一个圆
xíng biǎo shì tóu bù　hòu lái　wèi le kè xiě fāng biàn　jiù yòng yí gè fāng xíng huò zhě yì héng huà
形 表示头部。后来，为了刻写方 便，就用一个方形或者一横画

1

lái biǎo shì tóu bù　　yóu　tóu dǐng　yòu kě yǐ yǐn chū　wèi zhì zài dǐng bù　de yì yì　rú　tiān huā
来表示头部。由"头顶"又可以引出"位置在顶部"的意义，如"天花

bǎn　　tiān chuāng　xiàn zài　　tiān cháng zhǐ tiān kōng　yóu yú chū xiàn zài kōng zhōng de shǔ guāng
板""天窗"。现在，"天"常指天空。由于出现在空中的曙光

xiàng zhēng zhe xīn de yī tiān de kāi shǐ　suǒ yǐ　tiān　hái biǎo shì shí jiān　yī rì jiù shì yī tiān
象　征　着新的一天的开始，所以"天"还表示时间，一日就是一天。

dì/de

地

1	2	3	4	5	6
一	十	土	圤	圵	地
横	竖	提	横折钩	竖	竖弯钩

金文
小篆
隶书
楷书

《说文解字》：
"万物所陈列也。从土，也声。"

yǔ zhòu jiān hùn dùn de yuán qì gāng gāng fēn kāi de shí hou　qīng yòu qīng de yáng qì
宇宙间混沌的元气刚刚分开的时候，轻又清的阳气

shàng shēng wéi tiān　zhòng yòu zhuó de yīn qì xià chén wéi dì　dì　běn lái shì zhǐ xià chén de
上升为天，重又浊的阴气下沉为地。"地"本来是指下沉的

yīn qì　yīn qì xià chén néng tuō jǔ wàn wù　suǒ yǐ　dì　shì chén fàng wàn wù　shǐ wàn wù shēng
阴气。阴气下沉能托举万物，所以"地"是陈放万物、使万物生

zhǎng de dì fang　dì　yě zhǐ kōng jiān　chù suǒ　rú　dì diǎn　dì fang　dì　yòu xiàng
长的地方。"地"也指空间、处所，如"地点""地方"。"地"又像

mǔ qīn yī yàng néng gòu yùn yù xīn de shì wù　yīn cǐ wǒ men cháng cháng bǎ dà dì bǐ zuò mǔ
母亲一样能够孕育新的事物，因此我们常常把大地比作母

qīn　dì　hái kě yǐ zuò zhù cí　dú　yòng zài cí huò cí zǔ zhī hòu xiū shì hòu miàn de wèi
亲。"地"还可以做助词，读de，用在词或词组之后修饰后面的谓

yǔ　rú　màn màn de zǒu　zài běn kè zhōng dú　zhǐ dà dì
语，如"慢慢地走"。在本课中读dì，指大地。

jiǎ gǔ wén de rén zì xiàng yí gè cè miàn zhàn lì de rén xíng tóu zài shàng mian
甲骨文的"人"字像一个侧面站立的人形，头在上面，
liǎng shǒu xiàng qián xià fāng shēn chū rén shì tiān dì jiān zuì zūn guì de shēng wù shì yǔ
两手向前下方伸出。"人"是天地间最尊贵的生物，是宇
zhòu de jīng huá zài gǔ dài rén zhǐ lǎo bǎi xìng xiàn zài rén yě zhǐ rén de pǐn zhì
宙的精华。在古代，"人"指老百姓。现在，"人"也指人的品质、
xìng gé huò míng yù rú rén pǐn rén gé děng
性格或名誉，如"人品""人格"等。

rén

人

| 1 | 2 |
| 撇 | 捺 |

甲骨文
金文
小篆
隶书
楷书

《说文解字》：
"天地之性最贵者也。"

wǒ de jiǎ gǔ wén zì xíng xiàng yì bǎ fēng lì de cháng máo wǒ de běn lái yì
"我"的甲骨文字形像一把锋利的长矛。"我"的本来意
yì shì shǒu chí zhàn gē de rén dàn suí zhe lì shǐ de fā zhǎn wǒ de yuán shǐ zì yì
义是手持战戈的人，但随着历史的发展，"我"的原始字义
wán quán xiāo shī hòu shì jǐn jǐn yòng tā de jiǎ jiè de yì yì wǒ jiù bèi dàng chéng dì
完全消失，后世仅仅用它的假借的意义，"我"就被当成第
yī rén chēng de dài cí shǐ yòng
一人称的代词使用。

WǑ

我

1	2	3	4	5	6	7
一	二	干	手	我	我	我
撇	横	竖钩	提	斜钩	撇	点

甲骨文
金文
小篆
隶书
楷书

《说文解字》：
"施身自谓也。"

nǐ zuì chū xiě zuò ěr hòu lái jiǎn huà wéi ěr běn lái zhǐ pò wǎng de gōng nǔ
"你"最初写作"爾"，后来简化为"尔"。本来指破网的弓弩，
hòu lái bèi jiè yòng wéi dì èr rén chēng dài cí wèi jìn zhī hòu rén men yòu zào le nǐ
后来被借用为第二人称代词。魏晋之后，人们又造了"你"
zì dài tì ěr
字代替"尔"。

tā běn lái xiě zuò tuó tuó de běn yì shì fù hè zhè ge yì si hòu lái
"他"本来写作"佗"。"佗"的本义是"负荷"，这个意思后来
yòng tuó lái jì lù tuó jiù chéng le dì sān rén chēng de tā tuó zuǒ biān shì rén
用"驼"来记录，"佗"就成了第三人称的"他"。"佗"左边是"人"，
yòu biān shì tā tā běn lái shì zhǐ shé zuò dài cí zhǐ dài rén lèi yǐ wài de shì wù
右边是"它"。"它"本来是指"蛇"，作代词，指代人类以外的事物，
zhè lǐ yǔ rén hé qǐ lái dài chēng nǐ wǒ zhī wài de dì sān fāng lì shū jiāng zhuàn wén
这里与"人"合起来代称你、我之外的第三方。隶书将篆文
de tā xiě chéng le yě jiù yǎn biàn chéng le xiàn zài de yàng zi
的"它"写成了"也"，就演变成了现在的样子。

nǐ

你

金文 小篆 隶书 楷书

1	2	3	4	5	6	7
撇	竖	撇	横撇/横钩	竖钩	撇	点

《说文解字》：
"尔，从冂从乂仌声。"

tā

他

金文 小篆 隶书 楷书

1	2	3	4	5
撇	竖	横折钩	竖	竖弯钩

《说文解字》：
"佗负荷也。从人，它声。"

 贴一贴

nǐ huì dú ma   dú duì de gěi zì jǐ tiē gè dà mǔ zhǐ ba
一、你会读吗？读对的给自己贴个大拇指吧。

天　你　人　我　他　地

☐　☐　☐　☐　☐　☐

✎ 连一连

wǒ huì lián xiàn zǔ cí
二、我会连线组词。

qīn　　nǐ　　dì　　zì　　tiān
亲　　你　　地　　自　　天

men　　rén　　qì　　fāng　　wǒ
们　　人　　气　　方　　我

wǒ lái zhǎo péng you   gǔ jīn wén zì lián xiàn
三、我来找朋友（古今文字连线）。

地　　人　　你　　天　　我　　他

☯ 猜一猜

cāi mí yǔ   dǎ yī zì
四、猜谜语（打一字）。

（1）二人世界。　　　　　　（　　　）

（2）再多三日就是春。　　　（　　　）

听妈妈讲故事

_{pán gǔ kāi tiān pì dì}
盘古开天辟地

_{hěn jiǔ hěn jiǔ yǐ qián tiān hé dì hái méi yǒu fēn kāi　yí piàn hùn dùn xiàng gè dà}
很久很久以前，天和地还没有分开，一片混沌，像个大
_{jī dàn yǒu gè jiào pán gǔ de jù rén zài zhè lǐ miàn shuì le shí wàn bā qiān nián tū rán}
鸡蛋。有个叫盘古的巨人，在这里面睡了十万八千年。突然
_{yǒu yì tiān pán gǔ xǐng lái le tā kàn jiàn sì zhōu yí piàn qī hēi yì cháng biē mēn jiù}
有一天，盘古醒来了。他看见四周一片漆黑，异常憋闷，就
_{lūn qǐ dà fǔ tou cháo yǎn qián de hēi àn měng pī guò qù zhǐ tīng yì shēng jù xiǎng dà}
抡起大斧头，朝眼前的黑暗猛劈过去。只听一声巨响，大
_{jī dàn pò liè kāi lái qí zhōng yòu qīng yòu qīng de dōng xi huǎn huǎn shàng shēng biàn}
鸡蛋破裂开来，其中又轻又清的东西缓缓上升，变
_{chéng le tiān yòu zhòng yòu zhuó de dōng xi màn màn xià jiàng biàn chéng le dì}
成了天;又重又浊的东西慢慢下降，变成了地。
_{pán gǔ kāi pì le tiān dì gāo xīng jí le dàn tā hài pà tiān dì hái huì hé zài yì}
盘古开辟了天地，高兴极了，但他害怕天地还会合在一
_{qǐ jiù yòng tóu dǐng zhe tiān yòng jiǎo tà zhù dì tiān měi tiān shēng gāo yí zhàng pán gǔ}
起，就用头顶着天，用脚踏住地。天每天升高一丈，盘古

也随着越长越高。这样过了许多年，天和地终于稳固，不会再重合了，盘古也累得再也没有力气支撑自己，巨大的身躯倒了下去。

盘古倒下后，他的身体发生了巨大的变化。他的双眼变成了太阳和月亮；他的头和四肢变成了大地的四极和高山；他呼出的气息变成了风和云；他发出的声音变作了雷鸣；他的肌肤变成了辽阔的大地，他的血液变成了江河湖泊……

识字 2

金 木 水 火 土

 和家长一起学

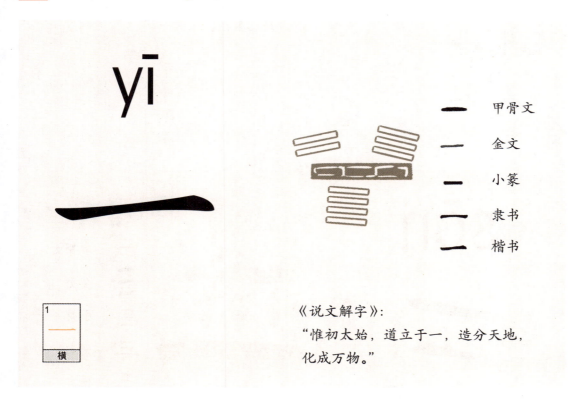

		甲骨文
		金文
		小篆
		隶书
		楷书

《说文解字》：

"惟初太始，道立于一，造分天地，化成万物。"

yī　cháng yòng yòng yú biǎo shì rén huò shì wù de zuì shǎo shù liàng　rén men rèn wéi
"一" 常 用 于 表 示 人 或 事 物 的 最 少 数 量。人 们 认 为
yī　shì zhì gāo wú shàng de　shì wàn wù de kāi duān zhèng shì yīn wèi yǒu le　yī　suǒ
"一" 是 至 高 无 上 的，是 万 物 的 开 端，正 是 因 为 有 了 "一"，所
yǐ cái pài shēng chū　le tiān kōng hé dà dì　suí hòu cái yǒu le shì jiān wàn wù
以 才 派 生 出 了 天 空 和 大 地，随 后 才 有 了 世 间 万 物。

èr 二

甲骨文 二
金文 二
小篆 二
隶书 二
楷书 二

《说文解字》：
"地之数也。从偶一。"

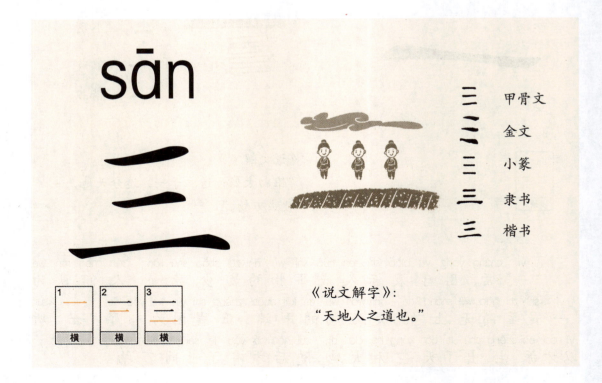

sān 三

甲骨文 三
金文 三
小篆 三
隶书 三
楷书 三

《说文解字》：
"天地人之道也。"

èr shì shù cí gǔ rén bǎ èr kàn zuò tiān dì shàng miàn yì héng dài biǎo tiān
"二"是数词。古人把"二"看作天地。上面一横代表"天",
xià miàn de yì héng dài biǎo dì xiàn zài èr yě kě yǐ zuò wéi liǎng yàng bié
下面的一横代表"地"。现在,"二"也可以作为"两样""别
de de yì si lái jiǎng
的"的意思来讲。

sān shì shù cí yóu sān tiáo cháng duǎn xiāng tóng zhěng qí bìng liè de héng huà
"三"是数词,由三条长短相同整齐并列的横画
gòu chéng shàng xià liǎng héng dài biǎo tiān dì zhōng jiān yì héng dài biǎo rén
构成。上下两横代表"天地",中间一横代表"人"。
sān zài hàn yǔ zhōng bù jǐn kě yǐ zhǐ shí shù jí sān gè hái kě yǐ zhǐ xū shù
"三"在汉语中不仅可以指实数,即"三个",还可以指虚数,
bǐ rú sān sī ér hòu xíng yì si shì yào duì měi jiàn shì kǎo lǜ duō cì zhī hòu zài
比如"三思而后行",意思是要对每件事考虑多次之后再
xíng dòng sān zì zài zhōng guó chuán tǒng wén huà zhōng jù yǒu fēng fù de nèi hán
行动。"三"字在中国传统文化中具有丰富的内涵,
bǐ rú sān cái zhǐ tiān dì rén sān guāng zhǐ rì yuè xīng sān xīng zhǐ
比如:"三才",指天地人;"三光",指日月星;"三星",指
fú lù shòu sān yǒu zhǐ sōng zhú méi
福禄寿;"三友",指松竹梅。

sì
四

甲骨文
金文
小篆
隶书
楷书

1 竖 2 横折 3 撇 4 竖折/竖弯 5 横

《说文解字》:
"阴数也,象四分之形。"

"四"是数词。甲骨文中，四字是用四条横线表示的。到了金文后期和小篆时"四"的形体发生了变化，字形就像人鼻子出气的样子，后来就将"四"字借作数目字用了，如"四君子"，就指"梅、兰、竹、菊"。

"五"的古文字字形就像两股绳索在天地间交错。如果像数字一、二、三那样继续用几条横杠表示数目，必然导致数字变得复杂，于是古人就改变了书写的方式，用相互交错的样子来表示数目"五"。如"五行"就表示"金、木、水、火、土"五种物质。

wǔ

五

1	2	3	4
横	竖	横折	横

X	甲骨文
X	金文
X	小篆
五	隶书
五	楷书

《说文解字》：
"五行也。从二，阴阳在天地间交午也。"

shàng

上

1	2	3
竖	横	横

甲骨文
金文
小篆
隶书
楷书

《说文解字》："高也。"

shàng　de jiǎ gǔ wén xiě zuò yì duǎn yì cháng liǎng tiáo héng xiàn　xià miàn yì tiáo
"上"的甲骨文写作一短一长 两条 横线,下面一条
cháng xiàn biǎo shì dì miàn shàng miàn yì tiáo duǎn xiàn biǎo shì wù tǐ　yīn cǐ biǎo shì wù
长 线表示地面,上 面一条 短线表示物体,因此表示物
tǐ zài dì miàn zhī shàng　shàng　de běn lái yì yì shì biǎo shì fāng wèi de　jí zhǐ shàng
体在地面之上。"上"的本来意义是表示方位的,即指"上
biān gāo chù　hòu lái shàng　yě bèi yòng lái zhǐ gāo wèi　jūn zhǔ　zūn zhǎng
边、高处",后来"上"也被用来指高位、君主、尊长。

xià　de jiǎ gǔ wén xíng tǐ zhèng hǎo yǔ shàng xiāng fǎn shàng miàn de yì tiáo cháng
"下"的甲骨文形体正好与"上"相反,上 面的一条 长
xiàn biǎo shì dì miàn　xià miàn de yì tiáo duǎn xiàn biǎo shì wù tǐ　yīn cǐ biǎo shì wù tǐ
线表示地面,下面的一条 短线表示物体,因此表示物体
zài dì miàn zhī xià　xià　de běn lái yì yì shì biǎo shì fāng xiàng　yě biǎo shì dǐ bù
在地面之下。"下"的本来意义是表示方 向,也表示底部、
dī chù hòu lái xià　yě bèi yòng lái xíng róng dì wèi dī xià
低处,后来"下"也被用来形容地位低下。

甲骨文
金文
小篆
隶书
楷书

《说文解字》："底也。"

 贴 一 贴

nǐ huì dú ma dú duì de gěi zì jǐ tiē gè dà mǔ zhǐ ba
一、你会读吗？读对的给自己贴个大拇指吧。

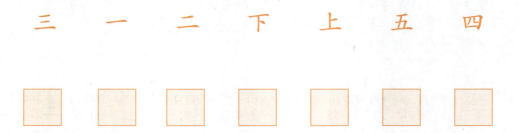

三　一　二　下　上　五　四

✏️ 填一填

nǐ néng bǎ kè wén bǔ chōng wán zhěng ma
二、你 能 把 课 文 补 充 完 整 吗？

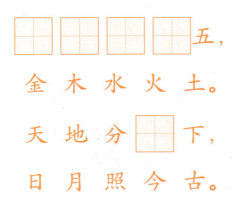

金　木　水　火　土。

天　地　分　⬜　下，

日　月　照　今　古。

✏️ 写一写

nǐ huì xiě chū xià liè gǔ wén zì de jiǎn tǐ zì ma
三、你 会 写 出 下 列 古 文 字 的 简 体 字 吗？

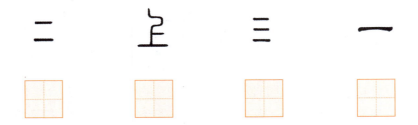

✏️ 连一连

wǒ huì lián xiàn zǔ cí
四、我 会 连 线 组 词。

上　古　　天　多

地　下　　今　少

听妈妈讲故事

_{dà yǔ zhì shuǐ}
大禹治水

大禹是黄帝的后代，也是我国古代最有名的治水英雄。当尧还在世的时候，中原地带洪水泛滥，淹没了庄稼、房屋、山陵，水患给人民带来了无穷的灾难。尧决心要消灭水患，于是把治水的重任交给了鲧。但鲧没能把泛滥的洪水治理好，于是这个重任落在了他的儿子禹身上。禹带领着一批助手，走遍了当时中原大地的山山水水。他左手拿着准绳，右手拿着尺子，走到哪里就量到哪里。他发明了一种治水的新方法——疏通水道，使得河水能够顺利地东流入海。

他治水多次经过家门而不入。有一次路过自己的家，听到小孩的哭声，那是他的妻子刚给他生了一个儿子，他多么想回去亲眼看一看自己的妻子和孩子呀，但是一想到治水任务艰巨，只得向家中那茅屋行了一个大礼，眼含泪水而去。

大禹治水一共花了十三年的时间，在他的治理下，咆哮的河水平缓地向东流去，原来被河水淹没的农田变成了天下粮仓，人们又能过上幸福富足的生活了。

识字 3

口 耳 目

 和家长一起学

《说文解字》：
"人所以言食也。象形。"

kǒu de gǔ wén zì xíng jiù shì zuǐ ba de yàng zi běn yì jiù shì zuǐ ba shì rén
"口"的古文字形就是嘴巴的样子，本义就是嘴巴，是人
lèi yòng lái jìn shí de qì guān yīn wèi shí wù dōu cóng kǒu rù tā kě yǐ cháng dào shí wù
类用来进食的器官。因为食物都从口入，它可以尝到食物
de wèi dào suǒ yǐ kě yǐ biǎo shì rén duì shí wù wèi dào de gǎn jué hé xǐ hǎo rú kǒu
的味道，所以可以表示人对食物味道的感觉和喜好，如"口

gǎn   yě kě yǐ zhǐ huà yǔ   rú kǒu cái kǒu yīn   fán shì yóu kǒu gòu chéng de zì
感"；也可以指话语，如"口才、口音"。凡是由"口"构 成 的字

dà duō yǔ kǒu huò kǒu bù dòng zuò yǒu guān   rú   chī hē
大多与口或口部动 作有 关，如"吃、喝"。

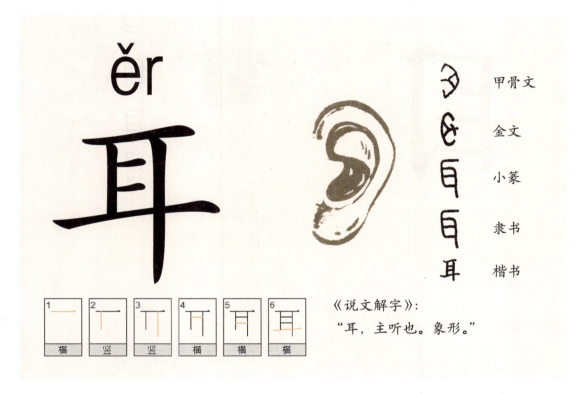

《说文解字》:
"耳，主听也。象形。"

    ěr   de gǔ wén zì xíng jiù shì ěr duo de xíng zhuàng   ěr   zì jiù shì zhǐ ěr duo
"耳"的古文字形就是耳朵的形 状，"耳"字就是指耳朵，

shì rén lèi de tīng jué qì guān   gǔ shí hou zhàn chǎng shang de shì bīng huì gē xià sǐ qù de
是人类的听觉器官。古时候，战 场 上的士兵会割下死去的

dí rén de zuǒ ěr zuò wéi lùn gōng xíng shǎng de yī jù   fán shì yóu ěr   gòu chéng de zì
敌人的左耳作为论功行 赏 的依据。凡是由"耳"构 成 的字

dà duō hé ěr duo tīng jué yǒu guān rú líng   qǔ
大多和耳朵、听觉有 关，如"聆、取"。

    mù   de gǔ wén zì xíng jiù xiàng yì zhī yǎn jing de xíng zhuàng zhǐ yǎn jing hái kě yǐ
"目"的古文字形就 像 一只眼睛的形 状，指眼睛，还可以

zuò dòng cí biǎo shì yòng yǎn jing kàn rú mù sòng   xiàn zài hái jīng cháng yòng lái biǎo shì
做 动词，表示用眼睛看，如"目送"。现在还经 常 用来表示

wén zhāng zhōng de guān jiàn zì yǎn biāo tí rú tí mù mù lù fán shì yóu mù gòu
文 章 中 的关 键字眼、标题，如"题目""目录"。凡是由"目"构

chéng de zì dà duō gēn yǎn jing huò yǎn bù dòng zuò yǒu guān rú kàn   dīng
成 的字大多跟眼睛或眼部动 作有关，如"看""盯"。

mù
目

1	2	3	4	5
竖	横折	横	横	横

甲骨文
金文
小篆
隶书
楷书

《说文解字》：
"人眼。象形。"

shǒu
手

1	2	3	4
撇	横	横	竖钩

甲骨文
金文
小篆
隶书
楷书

《说文解字》：
"拳也。象形。"

shǒu　de gǔ wén zì xíng xiàng　yì zhī tān kāi de shǒu de xíng zhuàng　yóu wǔ gè shǒu zhǐ hé
"手"的古文字形 像一只摊开的手的形 状,由五个手指和
shǒu zhǎng zǔ chéng　kě yǐ wò chéng quán　běn lái jiù shì zhǐ rén de shǒu　hòu lái yǐn shēn wéi biǎo
手 掌组 成,可以握 成 拳。本来就是指人的手。后来引申为表
shì yǔ shǒu gōng láo zuò yǒu guān de chéng guǒ　rú　shǒu gǎo　shǒu jì　xiàn zài zuò míng cí zhǐ
示与手 工 劳作有关的成 果,如"手 稿、手迹"。现在作名词指
dài duì fāng rú　duì shǒu　xuǎn shǒu　hái kě yǐ biǎo shì fāng fǎ　jì néng rú shǒu duàn shǒu fǎ
代对方,如"对手""选 手"。还可以表示方法、技能,如"手 段、手法"。
fán shì yóu　shǒu　gòu chéng de zì dà duō gēn shǒu huò shǒu bù dòng zuò yǒu guān　rú　quán ná
凡是由"手"构 成 的字大多跟手或手部动 作有关,如"拳、拿"。

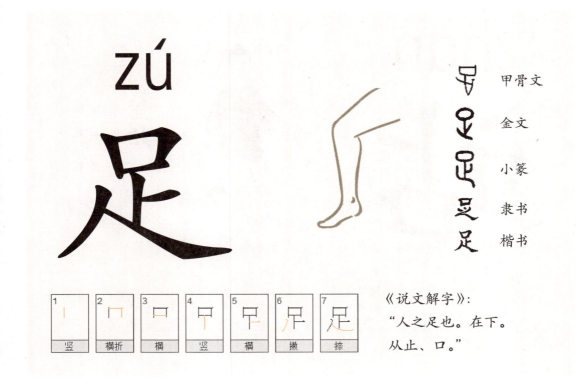

甲骨文
金文
小篆
隶书
楷书

《说文解字》:
"人之足也。在下。
从止、口。"

1	2	3	4	5	6	7
竖	横折	横	竖	横	撇	捺

zú　de jiǎ gǔ wén zì xíng xiàng xiǎo tuǐ hé jiǎo xiāng lián de xíng zhuàng běn yì jiù
"足"的甲骨文字形 像 小腿和脚 相连的形 状,本义就
shì rén tǐ xià zhī　wèi jìn yǐ hòu yòu zhuān zhǐ huái gǔ yǐ xià de bù fen　hòu lái yǐn shēn wéi
是人体下肢,魏晋以后又 专 指踝骨以下的部分。后来引申为
qì wù xià bù de zhī chēng bù fen　rú　dǐng zú　wǎn zú　xiàn zài　zú　hái yòng lái biǎo
器物下部的支 撑 部分,如"鼎足、碗足"。现在"足"还用来表
shì chōng zú　zú gòu rú　fù zú　fēng yī zú shí　fán shì yóu　zú　gòu chéng de zì dà
示充足、足够,如"富足、丰衣足食"。凡是由"足"构 成 的字大
duō gēn jiǎo hé jiǎo bù dòng zuò yǒu guān　rú　zhǐ　cǎi
多跟脚和脚部动 作有关,如"趾、踩"。

“站”的小篆字形左边像一个人站立的样子，右边“占”是声旁，“站”的意思就是站立。“站”必须有停留的空间，所以，可以引申为中途转运停留的地方，如“站台、火车站”。也可以表示为某种业务而设立的机构，如“气象站”。

zhàn

站

小篆
隶书
楷书

《广韵》：
“久立也。”

1 点	2 横	3 点	4 撇	5 提	6 竖	7 横	8 竖	9 横折	10 横

“坐”的小篆字形像两人坐在土堆上，是人停止、休息的一种方式。古人席地而坐，坐时两膝着地，臀部压在脚跟上。隋唐以后，凳子、椅子出现，人们才逐渐改变席地而坐的习惯。现在“坐”还表示搭乘交通工具，如“坐船、坐车”。

ZUÒ

坐

坐
坐
坐

小篆
隶书
楷书

1	2	3	4	5	6	7
撇	点	撇	点	横	竖	横

《说文解字》：
"坐，止也。"

✎ 写 一 写

kàn tú xiě zì
一、看图写字。

✎ 连 一 连

wǒ huì lián xiàn zǔ cí
二、我会连线组词。

站　耳　坐　手　人

目　足　下　口　立

猜一猜

cāi mí yǔ　　dǎ yī rén tǐ qì guān
三、猜谜语。（打一人体器官。）

1.五个兄弟，生在一起，有骨有肉，长短不齐。　（　　）

2.两把扇，在两边，摸得着，看不见。　（　　）

✎ 贴一贴

qǐng zài fù yè lǐ zhǎo dào xià liè hàn zì duì yìng de gǔ wén zì tiē zài fāng kuàng lǐ
四、请在附页里找到下列汉字对应的古文字贴在方框里。

口　坐　站　足　手　目　耳

👓 听妈妈讲故事

yǎn ěr dào líng
掩耳盗铃

chūn qiū shí hou　jìn guó shì jiā zhào shì miè diào le fàn shì　yǒu rén chèn jī pǎo dào
春秋时候,晋国世家赵氏灭掉了范氏。有人趁机跑到

fàn shì jiā lǐ xiǎng tōu diǎn dōng xi　kàn jiàn fàn jiā yuàn zǐ lǐ diào zhe yī kǒu dà zhōng
范氏家里想偷点东西,看见范家院子里吊着一口大钟。

zhè kǒu zhōng shì yòng shàng děng qīng tóng zhù chéng de　tú àn yě hěn jīng měi　xiǎo tōu xīn
这口钟是用上等青铜铸成的,图案也很精美。小偷心

lǐ gāo xìng jí le　xiǎng bǎ zhè kǒu jīng měi de dà zhōng bēi huí zì jǐ jiā qù　kě shì zhōng
里高兴极了,想把这口精美的大钟背回自己家去。可是钟

yòu dà yòu zhòng　zěn me yě nuó bú dòng　tā xiǎng lái xiǎng qù　zhǐ yǒu yí gè bàn fǎ
又大又重,怎么也挪不动。他想来想去,只有一个办法,

nà jiù shì bǎ zhōng qiāo suì　rán hòu zài fēn bié bān huí jiā　xiǎo tōu zhǎo lái yì bǎ dà chuí
那就是把钟敲碎,然后再分别搬回家。小偷找来一把大锤

zi　pīn mìng cháo zhōng zá qù　guāng　de yì shēng jù xiǎng　bǎ tā xià le yí dà tiào
子,拼命朝钟砸去,"咣"的一声巨响,把他吓了一大跳。

xiǎo tōu xīn xiǎng zhè xià zāo le　zhè shēng yīn bù jiù shì děng yú gào su rén men wǒ zhèng
小偷心想这下糟了,这声音不就是等于告诉人们我正

zài zhè lǐ tōu zhōng ma　tā xīn lǐ yì jí　shēn zi yí xià zi pū dào le zhōng shang
在这里偷钟吗?他心里一急,身子一下子扑到了钟上,

zhāng kāi shuāng bì xiǎng wǔ zhù zhōng shēng　kě zhōng shēng yòu zěn me wǔ de zhù ne
张开双臂想捂住钟声,可钟声又怎么捂得住呢?

zhōng shēng yī rán yōu yōu de chuán xiàng yuǎn fāng
钟声依然悠悠地传向远方。

tā yuè tīng yuè hài pà　bù yóu zì zhǔ de chōu huí shuāng shǒu　shǐ jìn wǔ zhù zì jǐ
他越听越害怕,不由自主地抽回双手,使劲捂住自己

de ěr duo　yí　zhōng shēng biàn xiǎo　tīng bú jiàn le　xiǎo tōu shí fēn gāo xìng　tā
的耳朵。"咦,钟声变小,听不见了!"小偷十分高兴。他

lì kè zhǎo lái liǎng gè bù tuán　bǎ ěr duo sāi zhù　xīn xiǎng　zhè xià shuí yě tīng bú jiàn
立刻找来两个布团,把耳朵塞住,心想:这下谁也听不见

zhōng shēng le　yú shì jiù fàng shǒu zá qǐ zhōng lái　yí xià yí xià zhōng shēng xiǎng liàng
钟声了。于是就放手砸起钟来,一下一下,钟声响亮

de chuán dào hěn yuǎn de dì fang　rén men tīng dào zhōng shēng xùn sù gǎn lái　bǎ xiǎo tōu
地传到很远的地方。人们听到钟声迅速赶来,把小偷

zhuō zhù le
捉住了。

识字 4

日 月 水 火

 和家长一起学

rì

日

1	2	3	4
丨	冂	冃	日
竖	横折	横	横

甲骨文
金文
小篆
隶书
楷书

《说文解字》：
"实也。太阳之精不亏，从口、一。"

jiǎ gǔ wén hé jīn wén zhōng de rì dōu shì yí gè yuán quān zhōng yǒu yí gè hēi diǎn
甲骨文和金文中的"日"都是一个圆圈中有一个黑点，
jiù xiàng shì yì lún yuán yuán de tài yáng suǒ yǐ rì zì de běn yì jiù shì zhǐ tài yáng tài yáng
就像是一轮圆圆的太阳，所以日字的本义就是指太阳。太阳
zǒng shì zài bái tiān cái néng kàn dào suǒ yǐ rì yòu shì bái tiān de yì si tài yáng dōng
总是在白天才能看到，所以"日"又是"白天"的意思。太阳东

shēng xī luò jiù shì yì tiān de shí jiān yīn cǐ rì yòu yǒu yì tiān de yì si fán shì yóu rì
升 西落就是一天的时间,因此"日"又有"一天"的意思。凡是由"日"
zì zǔ chéng de zì dà duō yǔ tài yáng shí jiān yǒu guān rú shài zuó děng
字组 成 的字大多与太阳、时间有 关,如"晒、昨"等。

yuè

月

1	2	3	4
丿	刀	月	月
撇	横折钩	横	横

甲骨文
金文
小篆
隶书
楷书

《说文解字》:
"阙也。大阴之精。"

jiǎ gǔ wén hé jīn wén zhōng de yuè zì xíng xiàng yì wān xīn yuè suǒ yǐ yuè
甲骨文和金文 中 的"月"字形 像 一弯新 月,所以"月"
de běn yì jiù shì yuè liang yuè hái bèi yòng zuò miáo shù yuè liang yuán quē yí cì suǒ
的本义就是月亮。"月"还被用作描述月亮圆缺一次所
yòng de shí jiān dà yuē sān shí tiān yuè zì shì gè bù shǒu zì hé yuè zì zǔ chéng de
用 的时间,大约三十天。"月"字是个部首字,和月字组 成 的
zì dà duō hé yuè liang shí jiān yǒu guān rú míng shuò děng dàn wǒ men fā xiàn hěn
字大多和月亮、时间有 关,如"明、朔"等。但我们发现很
duō yǔ shēn tǐ yǒu guān de zì yě shì yuè zì páng bǐ rú jiǎo tuǐ gān fèi qí shí zhè
多与身体有关的字也是月字旁,比如脚、腿、肝、肺,其实这
xiē zì lǐ de piān páng bù shì yuè ér shì ròu zài gǔ wén zì zhōng tā men běn shì
些字里的偏 旁不是"月"而是"肉",在古文字中,它们本是
liǎng gè zì hòu lái yīn wèi tā men de xiǎo zhuàn zì tǐ hěn xiāng jìn biàn hé bìng wéi yí gè
两个字,后来因为它们的小 篆字体很 相 近,便合并为一个
piān páng
偏 旁。

shuǐ
水

甲骨文
金文
小篆
隶书
楷书

1 竖钩
2 横撇/横钩
3 撇
4 捺

《说文解字》：
"象众水并流，中有微阳之气也。"

"水"的甲骨文和金文字形都是弯弯曲曲的流水之形，两边的几点都是表示激流中溅起的水花。"水"的本义是河流。"水"后来泛指江、河、湖、海、洋等一切水域。如"万水千山""水陆两栖""水上人家"的"水"都是泛指水域。凡是由"水"字组成的字大多与水流、液体有关，如"波、浪、酒"等。

"火"的甲骨文像火焰。其本义是指"物体燃烧时所发出的光和焰"。"火"是烹饪的根本。有了火，才有了饮食文化。"火"后来又被用作描述可发光发热的物体，如"灯火、炮火、渔火、萤火虫、烟火"等。因为火焰是热烈、旺盛、冲腾的，于是又用来形容"兴旺"，如"买卖很火"。

huǒ

火

1 点	2 撇	3 撇	4 捺

甲骨文
小篆
隶书
楷书

《说文解字》：
"炎而上。"

shān

山

1 竖	2 竖折/竖弯	3 竖

甲骨文
金文
小篆
隶书
楷书

《说文解字》：
"有石而高。"

shān de xíng zhuàng xiàng sān zuò shān fēng bìng lì shān de běn yì jiù shì zhǐ dà shān
"山"的形 状 像三座山峰并立。"山"的本义就是指大山，

shì dì miàn shàng yóu tǔ shí gòu chéng de lóng qǐ bù fen shān zì yě shì yī gè bù shǒu zì
是地面 上由土石构 成 的隆起部分。"山"字也是一个部首字，

fán shì yóu shān zì zǔ chéng de zì dà duō yǔ shān líng yǒu guān rú jùn chóng děng
凡是由"山"字组 成 的字大多与山岭有关，如"峻""崇"等。

shí/dàn

石

1	2	3	4	5
一	丆	丆	石	石
横	撇	竖	横折	横

甲骨文
金文
小篆
隶书
楷书

《说文解字》：
"山石也。在厂之下。"

shí de jiǎ gǔ wén xíng zhuàng xiàng xuán yá biān diào xià lái de yán kuài chǎng
"石"的甲骨文形 状 像悬崖边掉下来的岩块，"厂"

xiàng xuán yá suǒ yǐ shí jiù shì shān yán de yì si xiàn zài shí zì duō yǔ shí
像 悬崖，所以"石"就是"山岩"的意思。现在"石"字多与"石

tou yǒu guān bǐ rú shí bēi kuàng shí děng zhè gè zì hái dú biǎo shì gǔ wù
头"有关，比如"石碑""矿石"等。这个字还读dàn，表示谷物

chēng zhòng biāo zhǔn yī dàn xiāng dāng yú yī bǎi èr shí jīn
称 重标准，一石相 当于一百二十斤。

tián zì de xíng tǐ jiù shì yī kuài tián dì de yàng zi zòng héng jiāo cuò de zhí xiàn jiù
田字的形体就是一块田地的样子，纵 横交错的直线就

shì wǒ men cháng jiàn de tián jiān xiǎo lù tián zì de běn yì jiù shì zhǐ zhǒng zhí nóng
是我们 常 见的田间小路。"田"字的本义就是指种植农

tián

田

1	2	3	4	5
竖	横折	横	竖	横

甲骨文
金文
小篆
隶书
楷书

《说文解字》：
"陈也。树谷曰田。象四口十，
阡陌之制也。"

zuò wù de tǔ dì　wǒ men dōu zhī dào nóng mín bó bó jīng cháng zài tián dì lǐ zhǒng zhuāng
作物的土地。我们都知道农民伯伯经常在田地里种庄
jia　suǒ yǐ　tián　hái kě yǐ yǐn shēn wéi gēng zhòng de yì si　fán shì yǐ　tián　wéi piān
稼，所以"田"还可以引申为耕种的意思。凡是以"田"为偏
páng de zì dà duō hé tián dì huò zhě gēng zhòng yǒu guān　bǐ rú　pàn　qí　diàn děng
旁的字大多和田地或者耕种有关，比如"畔、畦、佃"等。

　　hé　　de jiǎ gǔ wén hé jīn wén zì xíng dōu xiàng yì zhū chéng shú de hé gǔ　xià bù
　　"禾"的甲骨文和金文字形都像一株成熟的禾谷，下部
wéi gēn zhōng bù wéi yè zi　shàng bù wéi cè xiàng yì biān de gǔ suì　yīn cǐ　hé　shì
为根，中部为叶子，上部为侧向一边的谷穗。因此，"禾"是
yì zhū xíng zhuàng wán zhěng de gǔ zi　gǔ zi èr yuè kāi shǐ shēng zhǎng　bā yuè chéng
一株形状完整的谷子。谷子二月开始生长，八月成
shú zài gǔ dài　hé cháng bèi yòng lái fàn zhǐ gè lèi zuò wù bǐ rú　chú hé rì dāng wǔ
熟。在古代，"禾"常被用来泛指各类作物，比如"锄禾日当午，
hàn dī hé xià tǔ zhōng de　hé　jiù shì fàn zhǐ gǔ lèi nóng zuò wù　hé　yě shì gè bù
汗滴禾下土"中的"禾"就是泛指谷类农作物。"禾"也是个部
shǒu zì　fán yóu hé zǔ chéng de zì dà duō yǔ wǔ gǔ liáng shí zuò wù děng yì yì yǒu guān
首字，凡由"禾"组成的字大多与五谷粮食作物等意义有关，
rú dào　yāng děng
如"稻、秧"等。

《说文解字》:
"嘉谷也。二月始生，八月而孰。"

kàn tú xiě zì
一、看图写字。

gēn jù pīn yīn xiě hàn zì
二、根据拼音写汉字。

shuǐ　　　　tián　　　　shān　　　　shí

 填一填

xiǎng yī xiǎng　　rán hòu tián kòng
三、想一想，然后填空。

日，共（　）画，第三画是（　）。

月，共（　）画，第二画是（　）。

水，共（　）画，第四画是（　）。

火，共（　）画，第二画是（　）。

 连一连

gǔ jīn wén zì lián lián kàn
四、古今文字连连看。

日　月　火　水　禾　山　石　田

听妈妈讲故事

suì rén zuān mù qǔ huǒ
燧人钻木取火

传说，在远古蛮荒时期，人们还不知道有火，也不知道如何用火。到了晚上，一片漆黑，野兽的吼叫声时断时续，人们蜷缩在一起，又冷又怕。由于没有火，人们只能吃生的食物，经常生病，寿命也不长。

有一天，一个年轻人坐在一棵叫"遂木"的大树下休息。他发现就在遂木树上，有几只大鸟正在用短而硬的喙啄树上的虫子。只要它们一啄，树上就闪出明亮的火花。年轻人看到这种情景，脑子里灵光一闪。他立刻折了一些遂木的树枝，用小树枝去钻大树枝，树枝上果然闪出火光，年轻人喜极而泣。他将这种钻木取火的办法教给了人们，人类从此学会了人工取火，用火烤制食物、照明、取暖、冶炼等，人类的生活进入了一个新的阶段。人们称这位圣人为燧人氏，奉他为"三皇之首"。

识字 5

对 韵 歌

 和家长一起学

《说文解字》：
"䧹无方也。从䇂从口从寸。对，对或从士。汉文帝以为责对而为言，多非诚对，故去其口以从士也。"

duì de jiǎ gǔ wén zì xíng zuǒ bian xiàng yī bǎ dài chǐ de dà dāo yòu bian shì shǒu
"对"的甲骨文字形左边像一把带齿的大刀，右边是手，

biǎo shì shǒu chí dà dāo yǔ dí jūn duì zhì běn yì shì yìng duì duì zhèn huí dá duì fāng
表示手持大刀与敌军对峙，本义是应对、对阵。回答对方

de huà yě shì yìng duì yīn cǐ yǒu le yìng dá de yì si rú duì dá rú liú duì yòu
的话也是应对，因此有了应答的意思，如"对答如流"。"对"又

引申为对着、向着，如"对牛弹琴"。还引申为相等、与道理一致的，如"对称""对错"。现在，"对"还可以做量词，如"成双成对"。

yún

甲骨文
金文
小篆
隶书
楷书

《说文解字》：
"云，古文省雨。""雲，山川气也。从雨，云象雲回转形。"

1	2	3	4
横	横	撇折	点

"云"的甲骨文字形上面横画表示天上的云层，弯钩表示盘旋往复的云气，"云"本来指天空中飘浮的气团。它是"雲"的古文写法，省略了"雨"。后来被借用为说话，现在也沿用这个意思，如"人云亦云"。由于云团通常大面积地聚集，所以可以表示像气团一样铺天盖地的意思，如"云涌"；又因为它们飘浮不定，所以也可以表示缥缈不确定的意思，如"过眼云烟"。

yǔ

雨

1 横	2 竖	3 横折钩	4 竖	5 点	6 点	7 点	8 点

甲骨文
金文
小篆
隶书
楷书

《说文解字》：
"雨，水从云下也。
一象天，门象云，
水霝其间也。"

　　yǔ　　zì jiǎ gǔ wén zì shàng miàn yì héng biǎo shì tiān kōng　xià miàn bù fen bù tóng
　　"雨"字甲骨文字上　面一横　表示天　空，下　面部分不同
de xiǎo shù diǎn biǎo shì yǔ dī　suǒ yǐ　yǔ　zhǐ cóng yún céng zhōng jiàng luò de shuǐ dī
的小竖点 表示雨滴，所以"雨"指从云层　中　降落的水滴，
rú　yǔ shuǐ yǔ jì　　zài gǔ dài zhè gè zì hái dú　yòng zuò dòng cí　biǎo shì xià yǔ
如"雨水、雨季"。在古代，这个字还读yù，用　作动　词，表示下雨，
rú　yù xuě　mì yún bú yù　zài běn kè zhōng dú　　yì si shì　yù dī
如"雨雪、密云不雨"。在本课 中　读yǔ，意思是"雨滴"。

　　fēng　　de jiǎ gǔ wén zì xíng jiè yòng le chuán shuō zhōng de　fèng　niǎo biǎo
　　"风"的甲骨文字形借用了传说中的"凤"鸟表
shì fēng　　yì si shì　fēng　shì shǐ niǎo de yǐ fēi xiáng de yì zhǒng qì liú　zhuàn
示"风"，意思是"风"是使鸟得以飞翔的一种气流。篆
shū zì xíng xià miàn gǎi wéi le　chóng　biǎo shì fēng dòng chóng shēng　hòu lái jiǎn huà
书字形下面改为了"虫"，表示风动虫生，后来简化
fā zhǎn wéi　fēng　yīn wèi fēng lái zì sì miàn bā fāng　piāo hū bù dìng suǒ yǐ kě
发展为"风"。因为风来自四面八方，飘忽不定，所以可
yǐ biǎo shì wéi bú què dìng de　méi yǒu gēn jù de　rú　fēng yán fēng yǔ　fēng
以表示为不确定的、没有根据的，如"风言风语"。"风"
shì kě yǐ tōng guò gǎn guān wài bù gǎn zhī de qì liú xiàn xiàng　suǒ yǐ yòu kě yǐ lǐ jiě
是可以通过感官外部感知的气流现象，所以又可以理解

fēng

风

甲骨文
金文
小篆
隶书
楷书

風 风

1 撇	2 横折弯钩	3 撇	4 点

《说文解字》:
"八风也。从虫,凡声。"

wéi biǎo xiàn zài wài de jǐng xiàng　tài dù　jǔ zhǐ rú fēng jǐng fēng dù xiàn zài
为表现在外的景象、态度、举止,如"风景、风度"。现在
hái biǎo shì yì zhǒng mín sú　liú xíng de zuò fǎ　bǐ rú fēng sú fēng gé
还表示一种民俗、流行的做法,比如"风俗、风格"。

huā

花

甲骨文
金文
小篆
隶书
楷书

花

1 横	2 竖	3 竖	4 撇	5 竖	6 撇	7 竖弯钩

《说文解字》:
"華,荣也。从艸,从琻。"

huā de jiǎ gǔ wén zì xíng xiàng yì kē shù shang kāi mǎn le huā duǒ huā zì
"花"的甲骨文字形 像一棵树上开满了花朵,"花"字
běn lái xiě zuò huā zhǐ huā duǒ hòu lái huā zì bú zài dān chún biǎo shì mù běn
本来写作"華",指花朵。后来"華"字不再单纯 表示木本
zhí wù de huā duǒ shí lì shū lìng zào le huā zì tì dài huā duǒ xiān yàn duō zī
植物的花朵时,隶书另造了"花"字替代。花朵鲜艳多姿,
kě yǐ biǎo shì měi lì de rú huā róng yuè mào huā duǒ piàoliang dàn shì jù yǒu mí
可以表示美丽的,如"花容月貌"。花朵漂亮但是具有迷
huò xìng yòu yǐn shēn wéi xū wěi de rú huā yán qiǎo yǔ hái kě yǐ zuò dòng cí
惑性,又引申为虚伪的,如"花言巧语"。还可以作 动 词,
biǎo shì xiāo hào yòng diào rú huā fèi
表示消耗、用 掉,如"花费"。

niǎo
鸟

| 撇 | 横折钩 | 点 | 竖折折钩 | 横 |

甲骨文

金文

小篆

隶书

楷书

鳥
鸟

《说文解字》:
"长尾禽总名也。象形。
鸟之足似匕,从匕。"

niǎo de jiǎ gǔ wén zì xíng xiàng yì zhī niǎo de xíng zhuàng shàng fāng shì jiān jiān de
"鸟"的甲骨文字形 像一只鸟的形 状,上 方是尖尖的
huì hé yuán xíng de tóu xià fāng shì xiū cháng de shēn tǐ hé wān qū de zhuǎ zi niǎo
喙和圆形的头,下方是修 长 的身体和弯曲的爪子,"鸟"
běn lái shì zhǐ cháng wěi de fēi qín yīn wèi niǎo ér zǒng shì fēi zài gāo chù suǒ yǐ niǎo kàn
本来是指长 尾的飞禽。因为鸟儿总是飞在高处,所以"鸟瞰"
biǎo shì cóng gāo chù wǎng xià kàn
表示从 高 处 往下看。

chóng

虫

1	2	3	4	5	6
竖	横折	横	竖	横	点

甲骨文
金文
小篆　隶书
蟲　　楷书
虫

《说文解字》：
"一名蝮，博三寸，首大如擘指。象其卧形。"

　　"虫"的甲骨文字形像一条蛇，尖尖的三角形脑袋连接着弯弯的细长形的身体，"虫"字本来是指蛇。现在大多表示无足、无脊椎的小动物，比如"毛毛虫、蛔虫"。

写一写

一、看图写字。

gēn jù pīn yīn xiě hàn zì
二、根 据 拼 音 写 汉 字。

duì　　　　yǔ　　　　fēng　　　　niǎo

☞ 填-填

gēn jù kè wén nèi róng tián kōng
三、根 据 课 文 内 容 填 空。

　　　　　对 雨，
雪　　　对 风。
花　　　对 树，
鸟　　　对 　　，
　　　清 对 水 秀，
柳 绿 对 　　红。

☞ 贴-贴

qǐng zài fù yè lǐ zhǎo dào xià liè hàn zì duì yìng de gǔ wén zì tiē zài fāng kuàng lǐ
四、请 在 附 页 里 找 到 下 列 汉 字 对 应 的 古 文 字 贴 在 方 框 里。

对　虫　云　鸟　风　雨　花

41

听妈妈讲故事

高山流水

古时候，楚国有个读书人名叫俞伯牙，他的琴艺达到了炉火纯青的境界，但却始终没能找到一个知音。有一次，伯牙乘船行到一座高山旁时，突然下起了大雨。伯牙耳听淅沥的雨声，眼望雨打江面的生动景象，琴兴大发。

即兴弹了一曲《高山》，有一个叫钟子期的打柴人听到了，赞叹道："多么巍峨的高山啊！"伯牙又弹了一曲《流水》，子期又称赞道："多么浩荡的江水啊！"伯牙又佩服又激动，对子期说："这个世界上只有你才懂得我的心声，你真是我的知音啊！"于是两个人结拜为生死之交。"

谁料想第二年子期便去世了。伯牙在子期的坟前抚琴而哭，弹了一曲《高山流水》，一曲终了，他仰天而叹："知己不在，我鼓琴为谁？"说完，琴击祭台，琴破弦绝。从此，伯牙与琴绝缘，再也没有弹过琴。

语文园地一

 和家长一起学

甲骨文
金文
小篆
隶书
楷书

《说文通训定声》：
"古人造字以纪数，起于一，极于九。
二三四为积画，余皆变化其体。"

jiǎ gǔ wén hé jīn wén zhōng de liù zì dōu xiàng jiǎn yì de fáng zi yóu sì bì
甲骨文和金文中的"六"字都像简易的房子，由四壁、
wū dǐng hé dì miàn gòu chéng de kōng jiān hòu bèi jiǎ jiè wéi biǎo shì shù mù de zì liù
屋顶和地面构成的空间，后被假借为表示数目的字"六"。
bǐ rú liù chù xīng wàng zhōng de liù zhǒng shēng chù jiù zhǐ mǎ niú yáng zhū gǒu
比如"六畜兴旺"中的六种牲畜，就指"马、牛、羊、猪、狗、
jī zhè liù zhǒng dòng wù liù qīn zhǐ fù mǔ xiōng dì qī zǐ xiàn zài fàn zhǐ
鸡"这六种动物。"六亲"指"父、母、兄、弟、妻、子"，现在泛指
qīn rén
亲人。

qī

七

1	2
横	竖弯钩

甲骨文　十
金文　七
小篆　七
隶书　七
楷书　七

《说文解字》：
"阳之正也，从一，微阴从中衰出也。"

　　"七"字的甲骨文写法与现在的"十"字写法略同，像横切一刀，竖切一刀的样子，只是中间一竖较短，为了与"十"区分，小篆将竖下边弯曲。"七"的本义就是数字七。如"七窍"指耳、目、口、鼻。古人对"七"这个数字有特殊情感，在古代礼教中，还把父子、兄弟、夫妇、君臣、长幼、朋友、宾客七种伦理关系称为"七教"。

　　"八"的甲骨文、金文、小篆都表示一个东西被分成两半的样子。"八"的本义是分开、向背的意思，后来"八"被用作表示数目的字。"八"也可以表示凌乱的状态，如"乱七八糟"。

bā

八

1	2
丿	八
撇	捺

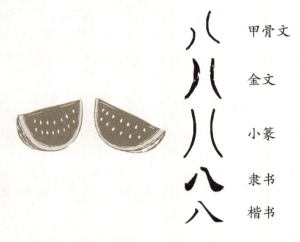

甲骨文
金文
小篆
隶书
楷书

《说文解字》:
"别也,象分别相背之形。"

jiǔ

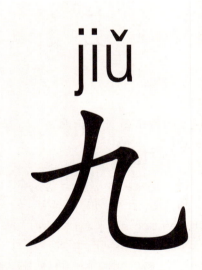

九

1	2
丿	九
撇	横折弯钩

甲骨文
金文
小篆
隶书
楷书

《说文解字》:
"象其屈曲究尽之形。"

"九"的甲骨文 像 弯 曲 的 肘 部,是"肘"的本字,但是后来被借用为数字"9",原来的意思就消失了,于是人们又造了"肘"字来表示手 肘 的意思。"九"除了表示"9"这个特定的数目外,也虚指多数、数量大。比如"九 洲"一词,一方 面是指古代中国设置的九个行政区域,另一方 面又代指中国。"九牛一毛",比喻极大数量 中极微小的数量,表示微不足道。

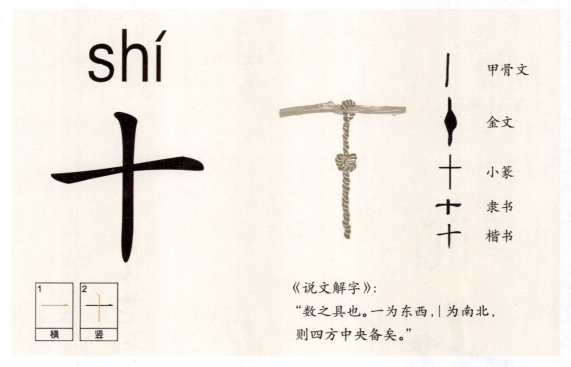

shí

十

甲骨文
金文
小篆
隶书
楷书

1	2
横	竖

《说文解字》:
"数之具也。一为东西,|为南北,
则四方中央备矣。"

甲骨文在表示数字的时候,用 横 画表示个位数字,如一横即为"一",两 横即为"二","十"则用竖画来表示,即一竖为"十",两竖为"二十"。金文的字形表示结 绳记数,中间打一结表示数字"十"。由于数目"十"是十个数 中最大、最末的数,因而引申为"齐全、完备"的意思,比如"十全十美""十面埋伏"等。

✍ 写一写

gēn jù pīn yīn xiě hàn zì
一、根据拼音写汉字。

liù	bā	qī	shí	jiǔ

✍ 填一填

kàn tú tián kòng
二、看图填空。

☐ 只小鸟在 ☐ ☐ 飞，☐ 只小鸭和 ☐ 只白鹅

在河里游，还有 ☐ 只小鸡在草地 ☐ 捉虫子。

✍ 连一连

gǔ jīn wén zì lián lián kàn
三、古今文字连连看。

六　　八　　九　　七　　十

十　　九　　八　　七　　九

听妈妈讲故事

jiǔ niú yì máo
九牛一毛

　　xī hàn shí qī yǒu gè hěn yǒu míng de dà jiāng jūn míng jiào lǐ líng　tā fèng hàn wǔ dì
西汉时期有个很有名的大将军名叫李陵,他奉汉武帝
de mìng lìng gōng dǎ xiōng nú　hòu yīn bīng lì bù zú ér zhàn bài tóu xiáng　wǔ dì tīng shuō hòu
的命令攻打匈奴。后因兵力不足而战败投降。武帝听说后
fēi cháng shēng qì　dà chén men yě fēn fēn zhǐ zé lǐ líng bù zhōng　zhǐ yǒu tài shǐ lìng sī mǎ
非常生气,大臣们也纷纷指责李陵不忠。只有太史令司马
qiān wèi lǐ líng zhàng yì zhí yán　lǐ líng jiāng jūn gū jūn fèn zhàn　měi yí cì chū bīng dōu yǒu
迁为李陵仗义执言:李陵将军孤军奋战,每一次出兵都有
hěn hǎo de zhàn jì　zhè yí cì wǔ qiān rén de bù bīng suī rán bèi bā wàn xiōng nú bīng wéi zhù
很好的战绩。这一次五千人的步兵虽然被八万匈奴兵围住,
dàn réng mào sǐ duì kàng　hái shā shāng dí bīng yí wàn duō rén　zhí dào liáng cǎo yòng jìn cái
但仍冒死对抗,还杀伤敌兵一万多人,直到粮草用尽才
bù dé bù jiǎ zhuāng tóu xiáng　lǐ líng shí zài shì gè liǎo bù qǐ de jiàng lǐng a
不得不假装投降,李陵实在是个了不起的将领啊!
　　hàn wǔ dì tīng dào sī mǎ qiān wèi lǐ líng biàn jiě　dùn shí huǒ mào sān zhàng lì jí
汉武帝听到司马迁为李陵辩解,顿时火冒三丈,立即
xià lìng bǎ sī mǎ qiān dǎ rù sǐ láo　yòu pàn le sī mǎ qiān gōng xíng　sī mǎ qiān shòu dào
下令把司马迁打入死牢,又判了司马迁宫刑。司马迁受到

如此大的侮辱，好几次都想自杀，可是他想到即使自己死了，在大家眼中也不过是"九牛亡一毛"，不但得不到任何人的一丝同情，还会受到大家的嘲笑。于是，他下定决心勇敢地活下去，最后终于完成《史记》这部名留千古的史学巨著。后来人们根据他说的"九牛亡一毛"改成"九牛一毛"这个成语，用来比喻某种东西或某种人才仅是极多数里面的一部分，好像九头牛身上的一根毛一样。

汉语拼音一

 和家长一起学

《广雅》：
"爸，父也。"

　　bà zì xíng páng wéi fù xiàng yī zhī shǒu jǔ zhe gùn zi jiào xùn zǐ nǚ de
"爸"字形旁为"父"，像一只手举着棍子教训子女的
yàng zi shēng páng wéi bā bà ba jiù shì fù qīn fù qīn yī bān yòng
样子，声旁为"巴"。"爸爸"就是"父亲"，"父亲"一般用
yú shū miàn yǔ zhōng bà ba yī bān yòng zài kǒu yǔ zhōng yǎng bù jiào fù zhī
于书面语中，"爸爸"一般用在口语中。"养不教，父之
guò fù qīn shì yǒu zé rèn jiào yù hǎo zǐ nǚ de
过"，父亲是有责任教育好子女的。

mā

金文 小篆 隶书 楷书

1	2	3	4	5	6
撇点	撇	横	横折	竖折折钩	横

《康熙字典》：
"俗读若马，平声。称母曰妈。"

mā de gǔ wén zì tǐ zuǒ biān xiàng yí wèi qū xī ér guì de nǚ zǐ biǎo shì mā
"妈"的古文字体左边像一位屈膝而跪的女子，表示"妈"
shì nǚ xìng yòu biān shì mǎ zuò shēng páng mā de běn yì jiù shì mǔ qīn mǔ qīn
是女性，右边是"马"，做声旁。"妈"的本义就是母亲。"母亲"
yì bān yòng zài shū miàn yǔ zhōng mā yě yòng lái zūn chēng zhǎng yí bèi de fù nǚ rú
一般用在书面语中。"妈"也用来尊称长一辈的妇女，如
yí mā gū mā
"姨妈、姑妈"。

mǎ de jiǎ gǔ wén zì xíng jiù xiàng yì zhī wēi wǔ yáng tí de mǎ de xíng zhuàng
"马"的甲骨文字形就像一只威武扬蹄的马的形状，
yǒu mǎ tóu zōng máo mǎ shēn sì zhī jí mǎ wěi mǎ de běn yì wéi qiáng wǔ yǒu
有马头、鬃毛、马身、四肢及马尾。"马"的本义为强武有
lì de jiā chù mǎ yīn wèi mǎ pǎo de kuài suǒ yǐ yòu yòng lái xíng róng jí shí lì kè
力的家畜马。因为马跑得快，所以又用来形容即时、立刻、
kuài sù de yì si rú mǎ shàng mǎ dào chéng gōng děng mǎ hái shì bù shǒu zì
快速的意思，如"马上""马到成功"等。"马"还是部首字，
fán yóu mǎ zǔ chéng de zì dà duō yǔ mǎ huò shēng kǒu yǒu guān rú jū lǘ děng
凡由"马"组成的字大多与马或牲口有关，如"驹、驴"等。

mǎ

马

1	2	3
ㄱ	马	马
横折	竖折折钩	横

甲骨文
金文
小篆
隶书
楷书

《说文解字》：
"怒也。武也。象马头髦尾四足之形。"

tǔ

土

1	2	3
一	十	土
横	竖	横

甲骨文
金文
小篆
隶书
楷书

《说文解字》：
"地之吐生物者也。"

tǔ　　de jiǎ gǔ wén yóu　　　hé　　　zǔ chéng　　biǎo shì yì duī tǔ
"土"的甲骨文由"◇"和"—"组成,"◇"表示一堆土,"—"
biǎo shì dì miàn　hé qǐ lái biǎo shì zài dì shang yǒu yì duī tǔ　　tǔ běn lái shì zhǐ sǒng
表示地面,合起来表示在地上有一堆土。"土"本来是指耸
lì zài dì miàn shang de ní dūn　gǔ rén fēi cháng jìng zhòng ní tǔ　tǔ dì néng shēng zhǎng wàn
立在地面上的泥墩。古人非常敬重泥土,土地能生长万
wù　yǒu le tǔ dì cái néng zhòng chū zhuāng jia　cái yǒu yī fu hé shí wù　yīn ér rén men
物,有了土地才能种出庄稼,才有衣服和食物,因而人们
bǎ tǔ dì bǐ zuò mǔ qīn
把土地比作母亲。

甲骨文
金文
小篆
隶书
楷书

《正韵》:
"与柎通。花萼跗也。"

　　　　bù　　de jiǎ gǔ wén zì xíng shàng miàn xiàng huā dì de zǐ fáng　xià miàn xiàng huā ruǐ
"不"的甲骨文字形上面像花蒂的子房,下面像花蕊
xià chuí de yàng zi　bù　de běn yì jiù shì è zú　jí huā tuō hòu lái　bù　bèi jiè
下垂的样子。"不"的本义就是萼足,即花托。后来"不"被借
yòng wéi fǒu dìng xìng fù cí　yòng zài dòng cí　xíng róng cí qián miàn biǎo shì fǒu dìng　rú
用为否定性副词,用在动词、形容词前面,表示否定,如
chuān liú bù xī　xíng róng xíng rén　chē mǎ děng xiàng shuǐ liú　yí yàng lián xù bú duàn
"川流不息",形容行人、车马等像水流一样连续不断。

hu à

甲骨文
金文
小篆
隶书
楷书

《说文解字》：
"界也，象田四界。
聿，所以画之。"

笔画：横 竖 横折 横 竖 横 竖折/竖弯 竖

huà de jiǎ gǔ wén zì xíng shàng miàn wéi shǒu wò bǐ de yàng zi xià miàn biǎo shì
"画"的甲骨文字形 上 面为手握笔的样子,下面 表 示
fēn jiè fú hào hé qǐ lái shì zhǐ yòng bǐ huì huà dì tú xiǎn shì dì jiè yì zhī shǒu wò
分界符号,合起来是指用笔绘画地图,显示地界。一只手握
zhe bǐ miáo huì chū huā wén xiàn tiáo zhè jiù shì huà zì suǒ yǐ huà yǒu miáo huì de
着笔,描绘出花纹线条,这就是"画"字,所以"画"有描绘的
yì si liú chàng de huā wén xiàn tiáo kě yǐ zǔ chéng yī fú měi lì de tú huà yīn cǐ huà
意思。流畅 的花纹线条可以组 成 一幅美丽的图画,因此"画"
kě yǐ biǎo shì tú àn rú fēng jǐng huà
可以表示图案,如"风景画"。

dǎ yóu shǒu hé dīng gòu chéng dīng xiàng yì kē dīng zì shì dīng de běn zì
"打"由"手"和"丁"构 成,"丁"像一颗钉子,是"钉"的本字,
zhěng zì biǎo shì yòng shǒu ná mǒu zhǒng dōng xī qiāo dǎ dīng zi shǐ tā dìng jìn wù tǐ lǐ
整字表示用 手拿某 种 东西敲打钉子,使它钉进物体里
miàn qù suǒ yǐ dǎ de běn yì jiù shì qiāo jī rú dǎ zhuāng pāi dǎ xiàn zài dǎ
面去,所以"打"的本义就是敲击,如"打 桩、拍打"。现在,"打"
yǒu le hěn duō yì si kě yǐ biǎo shì zuò jìn xíng rú dǎ gōng dǎ shuǐ hái kě yǐ
有了很多意思,可以表示做、进行,如"打工、打水";还可以
biǎo shì fā chū lòu chū rú dǎ dǔnr dǎ gér
表示发出、露出,如"打盹儿、打嗝儿"。

dǎ

打

金文 小篆 隶书 楷书

1 横	2 竖钩	3 提	4 横	5 竖钩

《说文解字》：
"击也。从手，丁声。"

qí

棋

甲骨文 小篆 隶书 楷书

《说文解字》：
"棊，博棊。从木，其声。"

1 横	2 竖	3 撇	4 点	5 横	6 竖	7 竖	8 横	9 横	10 横	11 撇	12 点

"棋"的甲骨文由三部分组成：上面是"木"表示"小木块"；中间是"其"表示"箕筐"；最下面的形状像"双手"，用双手抓持。"棋"为古代一种博弈玩具。现在还有"五子棋""围棋""象棋""跳棋"等。常见的成语有："棋逢对手"，比喻交战或竞赛，双方本领不相上下，难分胜负高低；"星罗棋布"，形容事物繁密如棋子似的分布。

甲骨文
小篆
隶书
楷书

1	2	3	4	5	6	7
フ	又	又	双	双	鸡	鸡
横撇/横钩	点	撇	横折钩	点	竖折折钩	横

《说文解字》：
"知时畜也。从隹，奚声。"

鸡的甲骨文画的就是一只昂头报晓的雄鸡的样子，后来变成了形声字，"鸟"为形旁，"奚"为声旁。"鸡"的意思是一种家禽，翅膀短，不能高飞。与鸡有关的成语有"鸡鸣狗盗""鸡犬不宁"等，大多含有贬义。

写一写

kàn tú xiě hàn zì

一、看图写汉字。

gēn jù pīn yīn xiě hàn zì

二、根据拼音写汉字。

bà   mā   tǔ   bù   dǎ

 贴一贴

qǐng zài fù yè lǐ zhǎo dào xià liè hàn zì duì yìng de gǔ wén zì tiē zài fāng kuàng lǐ

三、请在附页里找到下列汉字对应的古文字贴在方框里。

爸　鸡　妈　棋　马　打　不　画

听妈妈讲故事

弈秋诲棋

春秋时期鲁国有位叫秋的人，他特别喜欢下围棋，潜心研究，终于成为当时下棋的第一高手。人们不知道他姓什么，而他是因下围棋而出名的，所以人们都叫他弈秋。

由于弈秋棋术高明，当时就有很多年轻人想拜他为师。弈秋收下了两个学生。

一个学生诚心学艺，听先生讲课从不敢怠慢，十分专心。另一个学生大概只图弈秋的名气，虽拜在门下，并不下功夫。弈秋讲棋时，他心不在焉，探头探脑地朝窗外看，想着天鹅什么时候才能飞来。飞来了好张弓搭箭射两下试试。两个学生同在学棋，同拜一个老师，诚心学艺的人最后学有所成，而心不在焉的那位始终未能领悟棋艺。是后者的智慧不如前者吗？不是的，是他没有专心学习罢了。这个故事告诫后人，专心致志是成功的先决条件。

汉语拼音二

 和家长一起学

zì

字

点 点 横撇/横钩 横撇/横钩 竖钩 横

金文

小篆

隶书

楷书

《说文解字》：
"乳也。从子在宀下，子亦声。"

zì de jiǎ gǔ wén huà de shì yí gè fáng zi lǐ yǒu gè xiǎo hái zi biǎo shì zài wū lǐ
字 的 甲 骨 文 画 的 是 一 个 房 子 里 有 个 小 孩 子，表 示 在 屋 里
shēng hái zi běn yì wèi shēng yù fǔ yǎng hòu lái zì yǐn shēn chū wén zì de yì si
生 孩 子，本 义 为 生 育、抚 养。后 来 "字" 引 申 出 "文 字" 的 意 思，
jiù xiàng hái zi néng yán xù shēng mìng wén zì yě kě yǐ yán xù yǔ yán gǔ rén chéng
就 像 孩 子 能 延 续 生 命，"文 字" 也 可 以 延 续 语 言。古 人 成
nián hòu huì qǔ yí gè bié míng wèi zì rú zhū gě liàng zì kǒng míng nǚ zǐ yǒu le zì
年 后 会 取 一 个 别 名 为 "字"，如 "诸 葛 亮，字 孔 明"。女 子 有 了 字
biǎo shì jià rén de nián líng dào le dàn yòu hái méi yǒu chū jià jiù jiào dài zì guī zhōng
表 示 嫁 人 的 年 龄 到 了，但 又 还 没 有 出 嫁，就 叫 "待 字 闺 中"。

cí

词

小篆
隶书
楷书

1	2	3	4	5	6	7
点	横折提	横折钩	横	竖	横折	横

《说文解字》:
"意内而言外也。
从司,从言。"

cí de xiǎo zhuàn zuǒ bian shì yí gè yán zì biǎo shì yán yǔ yòu bian shì sī
词的小篆,左边是一个"言"字,表示"言语",右边是"司",
xiàng yí gè rén zhāng kāi zuǐ ba zài fā hào shī lìng cí de běn yì jiù shì fā yǔ yán cí
像一个人张开嘴巴在发号施令,"词"的本义就是发语言词。
cǐ wài cí hái biǎo shì zhōng guó de yī zhǒng shī tǐ xíng chéng yú táng dài shèng
此外,"词"还表示中国的一种诗体,形成于唐代,盛
xíng yú sòng dài chēng wéi sòng cí
行于宋代,称为"宋词"。

yǔ de zuǒ bian yán shì shuō huà de yì si yòu bian wú de xíng zhuàng
"语"的左边"言"是"说话"的意思,右边"吾"的形状
xiàng liǎng gè wǔ biǎo shì shù liàng jí duō suǒ yǐ hé qǐ lái jiù biǎo shì shuō hěn duō huà
像两个"五",表示数量极多。所以合起来就表示说很多话。
yǔ de běn yì shì jiāo tán tán lùn yǔ hái biǎo shì yǔ yán de dòng zuò huò xìn hào
"语"的本义是交谈、谈论。"语"还表示语言的动作或信号,
rú shǒu yǔ
如"手语"。

yǔ

语

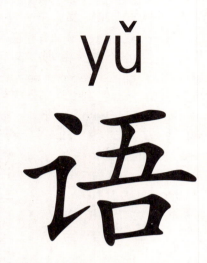

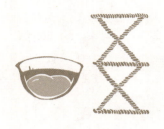

金文
小篆
隶书
楷书

《说文解字》：
"语，论也。从言，吾声。"

1	2	3	4	5	6	7	8	9
点	横折提	横	竖	横折	横	竖	横折	横

jù/gōu

句

甲骨文
金文
小篆
隶书
楷书

1	2	3	4	5
撇	横折钩	竖	横折	横

《说文解字》：
"曲也。从口，丩声。凡句之属皆从句。"

cóng jiǎ gǔ wén kàn　　jù　zì de zuǒ yòu liǎng biān xiàng shì liǎng gēn shéng zǐ　zhōng
从甲骨文看，"句"字的左右两边像是两根绳子，中
jiān shì yí gè fāng xíng de dīng zi　běn yì shì wān qū　jiǎ gǔ wén hé jīn wén zì xíng dōu yǒu
间是一个方形的钉子，本义是弯曲。甲骨文和金文字形都有
yí gè　kǒu hé liǎng tiáo bù lián jiē de qū xiàn　　yì si shì sī　lù bù lián jiē cóng ér zhuǎn
一个"口"和两条不连接的曲线，意思是思路不连接从而转
dào le líng yí jiàn shì qíngshang yīn cǐ　jù　hái zhǐ shuō de huà cóng cǐ zhuǎn dào líng yí jiàn
到了另一件事情上，因此"句"还指说的话从此转到另一件
shì qíngshang hòu lái　　jù biàn chéng le　yóu cí zǔ chéng de néng biǎo shì chū yí gè wán
事情上。后来，"句"变成了"由词组成的能表示出一个完
zhěng yì si de huà　　jí　jù zi　zài běn kè zhōng dú　biǎo shì yí jù huà
整意思的话"，即"句子"。在本课中读jù，表示一句话。

甲骨文
金文
小篆
隶书
楷书

《说文解字》：
"象形。李阳冰曰：'子在襁褓中，足
并也。'"

1 乛 横撇/横钩
2 了 竖钩
3 子 横

zǐ　　de gǔ wén xiàng xiǎo ér zài qiǎng bǎo zhōng yǒu tóu　shēn　bì bǎng liǎng zú
"子"的古文像小儿在襁褓中，有头、身、臂膀，两足
xiàng bìng qǐ lái de yàng zi　　zǐ de běn yì jiù shì yīng ér　hòu lái　zǐ　de yì si
像并起来的样子。"子"的本义就是婴儿。后来"子"的意思

yǐn shēn wéi zǐ sì ér zi nǚ ér dōu chēng wéi zǐ hàn zì zhōng hán yǒu zǐ de
引 申 为 子 嗣，儿 子、女 儿 都 称 为"子"。汉 字 中 含 有"子"的

zì duō shù dōu hé xiǎo hái yǒu guān bǐ rú shuō hái sūn yùn xiào děng lìng wài gǔ
字 多 数 都 和 小 孩 有 关，比 如 说"孩、孙、孕、孝"等。另 外，古

dài duì nán zi de měi chēng huò zūn chēng yì kě chēng wéi zǐ tè zhǐ yǒu dào dé hé
代 对 男 子 的 美 称 或 尊 称 亦 可 称 为"子"，特 指 有 道 德 和

yǒu xué wèn de rén rú mò zi zhuāng zi děng
有 学 问 的 人，如"墨 子、庄 子"等。

小篆
隶书
楷书

《说文解字》：
"卓，高也。"

1	2	3	4	5	6	7	8	9	10
竖	横	竖	横折	横	横	横	竖	撇	捺

　　zhuō zì gǔ dài xiě zuò zhuó zhuó yǒu gāo de yì si suǒ yǐ zhuō shì zhǐ
　　"桌"字 古 代 写 作"卓"，"卓"有"高"的 意 思，所 以"桌"是 指

gāo zhuō gōng rén píng kào huò fàng zhì jiā jù zhàn guó shí jiù yǒu ǎi jī suí táng shí
高 桌，供 人 凭 靠 或 放 置 家 具。战 国 时 就 有 矮"几"，隋 唐 时

qī cái chū xiàn gāo zhuō zhuō yě yòng zuò liàng cí zhǐ yǐ zhuō shù lùn de jiǔ yán fàn cài
期 才 出 现 高 桌。"桌"也 用 作 量 词，指 以 桌 数 论 的 酒 筵、饭 菜、

rén shù děng rú yì zhuō jiǔ xí
人 数 等，如"一 桌 酒 席"。

zhǐ

小篆
纸
纸 隶书
纸 楷书

1	2	3	4	5	6	7
撇折	撇折	提	撇	竖提	横	斜钩

《说文解字》：
"絮一苫也。从糸，氏声。"

zhǐ de xiǎo zhuàn xíng tǐ zhōng zuǒ bian shì mì biǎo shì xì sī shì biǎo
"纸"的小篆形体中左边是"糸"，表示细丝，"氏"表

shì shēng yīn gǔ shí hou yòng pò bù shù pí děng zào zhǐ suǒ yǐ zhǐ de běn yì
示声音。古时候用破布、树皮等造纸，所以"纸"的本义

shì yòng zhí wù xiān wéi zhì chéng de báo piàn yòng lái xiě huà yìn shuā shū bào bāo
是用植物纤维制成的薄片，用来写画、印刷书报、包

zhuāng děng bǐ rú wǒ men shàng xué shǐ yòng de kè běn hé liàn xí cè dōu shì yòng zhǐ
装等，比如我们上学使用的课本和练习册都是用纸

zhāng yìn shuā chū lái de cǐ wài zhǐ yě yǒu biǎo shì liàng cí de yì si zhǐ
张印刷出来的。此外，"纸"也有表示"量词"的意思，指

shū xìn wén jiàn de zhāng shù rú yì zhǐ jiā shū
书信、文件的张数，如"一纸家书"。

✏ 写一写

kàn pīn yīn xiě cí yǔ
一、看拼音，写词语。

cí yǔ　　　jù zi　　　zhuō zi　　　xiě zì

nǐ néng xiě chū xià miàn de bǐ huà ma
二、你能写出下面的笔画吗？

竖钩　　横钩　　横折钩　　横折提

 连一连

gǔ jīn wén zì lián lián kàn
三、古今文字连连看。

字　纸　词　桌　语　子　句

 听妈妈讲故事

luò yáng zhǐ guì
洛阳纸贵

晋代文学家左思小时候是个非常 顽皮、不爱读书的孩子。父亲经常 为这事发脾气，并当着朋友的面说左思将来没有多大出息。左思听到后非常难过，于是暗暗下定决心，一定要刻苦学习。

日复一日，年复一年，左思渐渐长大了，由于他坚持不懈地发愤读书，终于 成为一位学识渊博的人，文章写得也非常 好。他用一年的时间写 成了《齐都赋》，显示出他在文学方面的才华，为他成 为杰出的文学家奠定了基础。后来又用了整 整十年的时间，以三国时魏、蜀、吴首都的风土、人情、物产为内容，写成了文学巨著《三都赋》。

《三都赋》受到好评，人们把它和汉代文学杰作《两都赋》相比。由于当时还没有发明印刷术，喜爱《三都赋》的人只能争相抄阅，因为抄写的人太多，京城洛阳的纸张 供不应求，一时间全城纸价大幅度上升。后来就用"洛阳纸贵"比喻作品流传甚广。

语文园地二

 和家长一起学

《说文解字》：
"错画也。象交文。"

　　"文"的甲骨文字形像一个胸前刺了花纹的正面站立的人，本义就是花纹，后来写作"纹"。文字起源于图画，花纹就像文字符号，所以"文"引申为字文字，如"甲骨文、英文"。很多字组合在一起就成了文章，如"散文、作文"。文字记录了一个社会的文明，于是又有了文化、礼节的意思，再引申

wéi fēi jūn shì de róu hé de rú wén guān wén yǎ
为非军事的、柔和的，如"文官""文雅"。

shǔ/shù/shuò

数

《说文解字》：
"计也。从攴，娄声。"

金文
小篆
隶书
楷书

1	2	3	4	5	6	7	8	9	10	11	12	13
点	撇	横	竖	撇	点	撇点	撇	横	撇	横	撇	捺

shù de jīn wén zì xíng shàng miàn shì liǎng zhī shǒu zhōng jiān dài biǎo shòu fá de
"数"的金文字形上面是两只手，中间代表受罚的
rén dǐ xià shì yán zì biǎo shì shuō huà zhěng zì hé qǐ lái yì si shì liè jǔ guò cuò
人，底下是"言"字，表示说话，整字合起来意思是列举过错、
jiā yǐ chéng fá rú shù luo hòu lái zì xíng yǎn biàn wéi liè jǔ guò cuò shù luo fàn cuò
加以惩罚，如"数落"。后来字形演变为列举过错、数落犯错
de nǚ xìng yóu liè jǔ guò cuò yǐn shēn chū jì suàn de yì si rú shù bù shèng shù yòu
的女性。由列举过错引申出计算的意思，如"数不胜数"。又
yǐn shēn wéi jì suàn dú rú shù zì suàn shù hái kě yǐ biǎo shì yì mén xué kē
引申为计算，读shù，如"数字、算数"；还可以表示一门学科，
rú shù xué yòu yīn wèi guò cuò xū yào liè jǔ biǎo shì guò cuò hěn duō yú shì yǐn shēn
如"数学"。又因为过错需要列举，表示过错很多，于是引申
wéi duō cì de rú shuò jiàn bù xiān dú zhǐ cháng cháng jiàn dào bìng bù xīn qí
为多次地，如"数见不鲜"，读shuò，指常常见到，并不新奇。
zài běn kè zhōng dú biǎo shì shù xué zhè mén kè chéng
在本课中读shù，表示"数学"这门课程。

xué
学

甲骨文
金文
小篆
隶书
楷书

《说文解字》：
"觉悟也，从教从冂。"

| 1 点 | 2 点 | 3 撇 | 4 点 | 5 横钩 | 6 横撇 | 7 弯钩 | 8 横 |

xué　de jiǎ gǔ wén zì xíng shàng miàn shì liǎng zhī shǒu　shǒu zhōng jiān shì suàn chóu
"学"的甲骨文字形上面是两只手，手中间是算筹，
biǎo shì shǒu bǎ shǒu jiāo suàn shù　jīn wén yòu zēng jiā le　zǐ zì　biǎo shì hái zi men
表示手把手教算术。金文又增加了"子"字，表示孩子们
zài wū zi lǐ xué xí suàn shù　xué　de běn yì jiù shì xué xí　yòu zhǐ xué xí de chǎng suǒ
在屋子里学习算术。"学"的本义就是学习。又指学习的场所，
rú　xué xiào　hái yǐn shēn wéi xué dào de zhī shi jīng yàn　rú　xué wèn
如"学校"。还引申为学到的知识、经验，如"学问"。

yīn　de jiǎ gǔ wén zì xíng shì zài shé tou shàng jiā le yì héng biǎo shì shēng yīn
"音"的甲骨文字形是在舌头上加了一横，表示声音
cóng kǒu shé lǐ miàn fā chū lái běn yì jiù shì shēng yīn　hòu lái yǐn shēn wéi xiāo xi rú yīn
从口舌里面发出来，本义就是声音。后来引申为消息，如"音
xìn　jiā yīn　shēng yīn fú hé jié zòu　jiù chéng le yuè shēng rú　yīn fú　yīn yuè　rén
信、佳音"。声音符合节奏，就成了乐声，如"音符、音乐"。人
men shèn zhì néng gòu yòng shù yè chuī chū měi miào de yuè yīn　kě yǐ shuō　yīn yuè shì shì
们甚至能够用树叶吹出美妙的乐音。可以说，音乐是世
jiè shang gòng tōng de yǔ yán
界上共通的语言。

yīn

音

甲骨文
金文
小篆
隶书
楷书

《说文解字》:
"声也。生于心，有节于外，谓之音。"

1 点	2 横	3 点	4 撇	5 横	6 竖	7 横折	8 横	9 横

yuè/le

乐

甲骨文
金文
小篆
隶书
楷书

《说文解字》:
"五声八音总名。象鼓鞞。"

1 撇	2 竖折/竖弯	3 竖钩	4 撇	5 点

      lè   de jiǎ gǔ wén zì xíng shàng miàn wéi sī xián xià miàn shì mù biǎo shì qín zhěn
"乐"的甲骨文字形 上 面为丝弦,下面是"木",表示"琴枕",
zhěng zì xiàng mù zhěn shàng jì zhe sī xián de qín jù   xiǎo zhuàn zì xíng duō le yí gè mǔ
整字像木枕 上 系着丝弦的琴具,小 篆字形多了一个拇
zhǐ xíng zhuàng yì si shì yòng shǒu bō nòng qín xián cóng ér fā chū shēng yīn suǒ yǐ yuè
指形 状,意思是用 手拨弄琴弦从而发出 声音,所以"乐"
běn yì jiù shì yuè qì fā chū de shēng yīn jí yīn yuè yīn yuè néng shǐ rén yú yuè yīn cǐ
本义就是乐器发出的 声音,即音乐。音乐能 使人愉悦,因此
yǐn shēn wéi gāo xìng de yì si dú rú kuài lè lè yuán   zài běn kè zhōng dú
引申为高兴的意思,读lè,如"快乐、乐园"。在本课 中 读yuè,
zhǐ yīn yuè zhè mén kè chéng
指"音乐"这门课程。

✏️ 写一写

gēn jù pīn yīn xiě hàn zì
一、根 据 拼 音 写 汉 字。

wén	xué	shù	yuè	yīn
☐	☐	☐	☐	☐

✏️ 画一画

zài bù shì tóng yí lèi de cí xià miàn huà héng xiàn
二、在 不 是 同 一 类 的 词 下 面 画 横 线。

例如:云 雨 风 <u>花</u>

1.日 月 水 虫

2.字 词 句 学

3.你 爸 我 他

4.口 耳 手 土

 连一连

gǔ jīn wén zì lián lián kàn
三、古今文字连连看。

文　　乐　　数　　音　　学

學　　音　　數　　樂　　文

 听妈妈讲故事

xuē tán xué ōu
薛谭学讴

zhàn guó shí qī　yǒu gè xǐ huan yīn yuè de qīng nián míng jiào xuē tán　tā dé zhī qín
战国时期，有个喜欢音乐的青年名叫薛谭，他得知秦
qīng zài gē chàng fāng miàn hěn yǒu zào yì　biàn bài qín qīng wéi shī。jīng guò yí duàn shí jiān
青在歌唱方面很有造诣，便拜秦青为师。经过一段时间
de xué xí　tā jìn bù hěn dà　shòu dào le tóng háng de chēng zàn
的学习，他进步很大，受到了同行的称赞。

72

薛谭自以为已经把老师的本领学到手了，于是他便去向秦青告别，秦青没有挽留他。第二天，秦青在郊外设宴为他送行。在饮酒话别的时候，秦青打着拍子，唱了一支非常悲壮的歌曲，那高亢的歌声使周围的树木都颤动起来，天空中的流云都停了下来。

薛谭听得入了迷，意识到自己的骄傲自满有多么愚蠢。他十分惭愧地对秦青说："老师，我原以为学得和您差不多了，现在才知道比老师差远了，请老师原谅我，让我继续跟您学习吧。"秦青听了，笑了笑，让他留了下来。

这个故事告诉人们，学习是永无止境的，千万不可有点成绩就骄傲自满。

汉语拼音三

 和家长一起学

mèi

妹

甲骨文
金文
小篆
隶书
楷书

《说文解字》:
"女弟也。从女,未声。"

1	2	3	4	5	6	7	8
撇点	撇	横	横	横	竖	撇	捺

　　mèi　　de jiǎ gǔ wén zì xíng zuǒ bian shì　wèi　　yì si shì zhī yè fán mào dàn
　　"妹"的甲骨文字形左边是"未",意思是枝叶繁茂但
shì shàng wèi jiē guǒ de shù　　yòu bian shì chā zhe fà jì de nǚ zǐ　běn lái zhǐ zhǎng dà
是尚未结果的树;右边是插着发髻的女子,本来指长大
hái méi chū jià de nǚ zǐ　hòu lái zhǐ yǒu xiāng tóng xuè yuán ér nián líng jiào xiǎo de nǚ
还没出嫁的女子。后来指有相同血缘而年龄较小的女
xìng　rú　jiě mèi　biǎo mèi　xiàn zài yě fàn zhǐ nián qīng de nǚ zǐ　rú　ā mèi
性,如"姐妹、表妹"。现在也泛指年轻的女子,如"阿妹、
chuān mèi
川妹"。

nǎi

奶

1	2	3	4	5
撇点	撇	横	横折折折钩	撇

金文

小篆

隶书

楷书

《集韵》：
"乳也。"

"奶"的本字是"乃"，指女性的乳房，后来增加了表义的偏旁"女"。幼儿从母亲的乳房吸取乳汁，所以"奶"可以表示乳汁。现在还表示对祖母或者老年妇女的称呼，如"奶奶"。"奶"还可以用作动词，意思是用乳汁喂孩子，如"奶孩子"。

"白"的甲骨文和金文字形都像大拇指的形状，大拇指在手指头中居第一位，因此"白"的本义就是"排行第一的"，后来这个意义用"伯"字来记录，"白"则用来表示白色的"白"。我们常常用"鱼肚白"表示黎明时东方的天色。白天来到后，一切都清晰起来了，所以"白"又引申为"清楚、明白"的意思。

"白"还表示什么都没有。如"白手起家"。戏剧和歌剧中除了唱词以外，还有用说话腔调说的语句，如"对白、独白"等。丧礼中一般用白色，如白色的孝服、条幅等。

甲骨文
金文
小篆
隶书
楷书

1 撇　2 竖　3 横折　4 横　5 横

《说文解字》:
"白，西方色也。阴用事，物色白。"

"皮"的金文字形像一只手正在剥取动物的皮毛，"皮"的本义就是剥皮。因为"皮"处于身体的最外层部分，所以可以用来表示物体外部的保护层，如"树皮"。又因为身体的外层组织部分通常比较轻薄，所以"皮"也可以表示薄片状的东西，如"豆腐皮"。现在口语中"皮"可以指代小孩子非常淘气，如"顽皮"。

pí

皮

1	2	3	4	5
横撇/横钩	撇	竖	横撇/横钩	捺

金文
小篆
隶书
楷书

《说文解字》：
"剥取兽革者谓之皮。从又，为省声。"

xiǎo

小

1	2	3
竖钩	撇	点

甲骨文
金文
小篆
隶书
楷书

《说文解字》：
"物之微也。"

xiǎo de jiǎ gǔ wén zì xíng xiàng sān kē shā lì sān zài gǔ dài biǎo shì duō zhòng
"小"的甲骨文字形 像三颗沙粒,"三"在古代表示多,众

duō xì wēi de shā lì jù zài yì qǐ jiù shì xiǎo zì yóu yú shā lì shí fēn xì wēi suǒ
多细微的沙粒聚在一起就是"小"字。由于沙粒十分细微,所

yǐ yòng lái biǎo shì tǐ jī miàn jī shù liàng kōng jiān guī mó děng bú dà de yì si rú
以用来表示体积、面积、数量、空间规模 等不大的意思,如

ǎi xiǎo xiǎo qiǎo xiàn zài yě kě yǐ biǎo shì nián líng piān xiǎo shí jiān jiào duǎn de yì
"矮小、小巧",现在也可以表示年龄偏小、时间较短的意

si rú xiǎo péng you xiǎo shí hou
思,如"小 朋 友""小时候"。

qiáo

橋 小篆
橋 隶书
桥 楷书

《说文解字》:
"水梁也。从木,乔声。"

1 横	2 竖	3 撇	4 点	5 撇	6 横	7 撇	8 捺	9 撇	10 竖

qiáo zì de gǔ wén zì xíng zuǒ bian shì mù biǎo shì mù cái yòu bian shì qiáo
"桥"字的古文字形左边是"木",表示木材,右边是"乔",

biǎo shì gāo de yì si yě zuò shēng páng hé qǐ lái biǎo shì rén men yòng yuán mù gāo
表示高的意思,也作声旁,合起来表示人们用原木高

jià zài hé liú shàng de tōng dào běn yì jiù shì qiáo liáng zhōng guó shì qiáo de gù xiāng
架在河流上的通道,本义就是桥梁。中 国是桥的故乡,

cháo zhōu guǎng jì qiáo hé běi zhào zhōu qiáo quán zhōu luò yáng qiáo běi jīng lú gōu qiáo bèi
潮洲广济桥、河北赵州桥、泉州洛阳桥、北京卢沟桥被

chēng wéi zhōng guó sì dà gǔ qiáo
称为中国四大古桥。

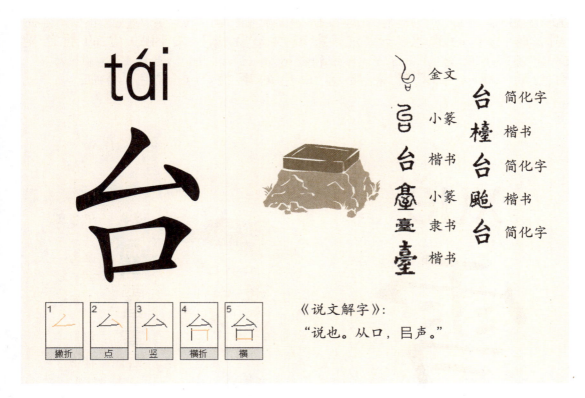

tái

1	2	3	4	5
撇折	点	竖	横折	横

金文
小篆
楷书
小篆
隶书
楷书

台　简化字
檯　楷书
台　简化字
颱　楷书
台　简化字

《说文解字》：

"说也。从口，㠯声。"

<small>jiǎn huà zì　tái　yǒu sì gè lái yuán jí　tái　tái　tái hé　tái　tái shì yí</small>
　　简化字"台"有四个来源，即"台""臺""檯"和"颱"。"台"是"怡"
<small>de běn zì　xià miàn kǒu　zì biǎo shì kāi kǒu dà xiào běn lái zhǐ xǐ yuè hòu lái zēng jiā</small>
的本字，下面"口"字表示开口大笑，本来指喜悦，后来增加
<small>biǎo shì xīn lǐ huó dòng de　xīn zuò xíng páng　tái shì zhǐ yòng tǔ zhù chéng de sì</small>
表示心理活动的"心"作形旁。"臺"是指用土筑成的四
<small>fāng gāo ér píng de jiàn zhù wù　jí gāo tái　rú　tíng tái lóu gé　tái　zì xíng páng wéi</small>
方高而平的建筑物，即高台，如"亭台楼阁"。"檯"字形旁为
<small>mù　shēng páng wéi　tái　yì zhǒng shù mù míng chēng　zhè ge yì yì xiàn zài yǐ bù zài</small>
"木"，声旁为"臺"，一种树木名称，这个意义现在已不再
<small>shǐ yòng　tái　zì xíng páng wéi　fēng　shēng páng wéi　tái　běn yì shì tái fēng　yě shì</small>
使用。"颱"字形旁为"风"，声旁为"台"，本义是台风，也是
<small>tái wān　de jiǎn chēng</small>
"台湾"的简称。

<small>xuě　de jiǎ gǔ wén zì xíng jiù shì xuě piàn de xíng zhuàng dāng kōng qì zhōng shuǐ qì</small>
　　"雪"的甲骨文字形就是雪片的形状。当空气中水汽
<small>lěng què dào líng shè shì dù yǐ xià níng jié ér chéng de bái sè jié jīng tǐ jiù shì xuě　suí zhe</small>
冷却到零摄氏度以下凝结而成的白色结晶体就是雪。随着
<small>tiān qì biàn nuǎn xuě róng huà wéi shuǐ shí kě yǐ yǒu qīng xǐ de zuò yòng suǒ yǐ xuě yǒu xǐ</small>
天气变暖，雪融化为水时可以有清洗的作用，所以"雪"有"洗

shuā zhāo xuě de yì si rú chén yuān dé xuě xuě hèn yòu yīn wèi xuě de yán sè shì
刷、昭雪"的意思,如"沉 冤 得雪、雪恨";又因为雪的颜色是

bái sè de suǒ yǐ kě yǐ yòng lái xíng róng bái sè de shì wù rú xuě sè xuě jī
白色的,所以可以用来形容白色的事物,如"雪色、雪肌"。

xuě

雪

《说文解字》:
"凝雨,说物者。从雨,彗声。"

甲骨文
金文
小篆
隶书
楷书

1	2	3	4	5	6	7	8	9	10	11
横	点	横撇/横钩	竖	点	点	点	点	横折	横	横

ér de jiǎ gǔ wén zì xíng xiàng yí gè tóu dǐng xìn mén hái méi yǒu zhǎng zài yì qǐ
"儿"的甲骨文字形 像一个头顶囟门还没有长在一起

de xiǎo hái yǒu dà nǎo dai yǒu shǒu bì yǒu shēn zi hé tuǐ běn yì jiù shì yòu ér xiǎo
的小孩,有大脑袋、有手臂、有身子和腿,本义就是幼儿、小

háir xiàn zài ér cháng yòng zuò cí yǔ de hòu zhuì yǔ suǒ fù de cí hé chéng ér
孩儿。现在"儿"常 用作词语的后缀,与所附的词合 成儿

huà yīn kě yǐ biǎo shì xì xiǎo xǐ ài qīn qiè děng gǎn qíng bǐ rú niǎor huār
化音,可以表示细小、喜爱、亲切等感情,比如"鸟儿、花儿、

lǎo tóur
老头儿"。

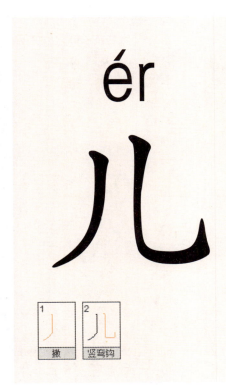

甲骨文
金文
小篆
隶书
楷书

《说文解字》：
"兒，孺子也。从儿，象小兒头囟未合。"

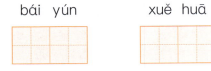 写一写

kàn pīn yīn xiě cí yǔ
一、看拼音，写词语。

bái yún	xuě huā	ér zi	xiǎo qiáo

nǐ néng xiě chū xiāng tóng piān páng de zì ma
二、你能写出相同偏旁的字吗？

女

木

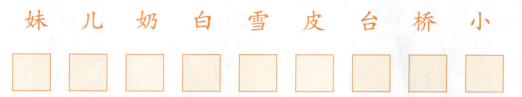

贴一贴

qǐng zài fù yè lǐ zhǎo dào xià liè hàn zì duì yìng de gǔ wén zì tiē zài fāng kuàng lǐ
三、请在附页里找到下列汉字对应的古文字贴在方框里。

妹 儿 奶 白 雪 皮 台 桥 小

☐ ☐ ☐ ☐ ☐ ☐ ☐ ☐ ☐

听妈妈讲故事

qiáo xià shí lǚ
桥下拾履

qín cháo mò nián de yì tiān yǒu gè chū shēn
秦朝末年的一天，有个出身
guì zú shì jiā de gōng zǐ zhāng liáng zhèng zài pī
贵族世家的公子张良正在邳
qiáo shàng xián bù   yī gè chuān zhe cū bù yī
桥上闲步，一个穿着粗布衣
shang de lǎo rén zǒu dào tā gēn qián gù yì bǎ
裳的老人走到他跟前，故意把
zì jǐ de xié shuǎi dào qiáo xià kàn zhe zhāng liáng
自己的鞋甩到桥下，看着张良
shuō   xiǎo zi xià qù bǎ xié jiǎn shàng lái
说："小子，下去把鞋捡上来！"
zhāng liáng yǒu xiē jīng yà xiǎng dǎ tā dàn jiàn
张良有些惊讶，想打他，但见
tā nián lǎo miǎn qiǎng de rěn le xià lái xià qù
他年老，勉强地忍了下来，下去
jiǎn lái le xié lǎo rén qiào qǐ jiǎo shuō gěi
捡来了鞋。老人跷起脚，说："给
wǒ chuān shàng   zhāng liáng xiǎng jì rán yǐ jīng
我穿上！"张良想既然已经

tì tā bǎ xié jiǎn le shàng lái jiù guì zhe tì tā chuān shàng lǎo rén fēi dàn bù gǎn xiè
替他把鞋捡了上来，就跪着替他穿上。老人非但不感谢
zhāng liáng fǎn ér yǎng miàn cháng xiào ér qù bù guò zǒu le yuē yǒu yì lǐ lù yòu fǎn huí
张良，反而仰面长笑而去。不过走了约有一里路又返回

桥上，对张良说："你这个孩子值得教导。"并约张良五天后的凌晨再到桥头相会。

五天后的拂晓，张良来到桥头，老人已先在那里，生气地说："跟老年人约会，为何迟到？五天后再约。"说完就走了。第二次张良又晚了。第三次张良不到半夜就去桥上等候。老人见到他很高兴，送给他一部书，说："读了这部书就可以做帝王的老师了。"说完便走了。天明时张良一看老人送的书，原来是《太公兵法》。从此，他潜心钻研此书，后来成为汉高祖刘邦身边最出色的谋士。

汉语拼音四

 和家长一起学

《说文解字》：
"草斗，栎实也。一曰象斗子。从艸，早声。'今俗以此为艸木之艸'。"

gǔ wén zì de   cǎo xiàng liǎng kē yǒu gǎn yǒu yè de xiǎo cǎo de xíng zhuàng   yě
古文字的"草"像两棵有秆有叶的小草的形状，也
xiàng liǎng zhū xiǎo cǎo de bìng lì zhī xíng   yǒu chōng chū dì miàn zhuó zhuàng shēng zhǎng de
像两株小草的并立之形，有冲出地面茁壮生长的
xíng tài   cǎo shì cǎo běn zhí wù de zǒng chēng xiàn zài   cǎo   yě yòng lái xíng róng cū
形态。"草"是草本植物的总称。现在，"草"也用来形容粗
cāo bù xì zhì rú cǎo shuài děng
糙、不细致，如"草率"等。

jiā

家

甲骨文
金文
小篆
隶书
楷书

《说文解字》：
"居也。从宀，豭省声。"

1	2	3	4	5	6	7	8	9	10
丶	丷	⺳	宀	宁	㝵	㝵	家	家	家
点	点	横撇/横钩	横	撇	弯钩	撇	撇	撇	捺

"家"的甲骨文表示的是房子内有一只猪。古代人们多在屋子里养猪，所以房子里有猪就成了"人家"的标志。后来"家"被解释为"住处"，即人们居住的地方。"家"还有"家养的"的意思,如"鸡鸭"等通常被我们称为"家禽"。"家"还表示经营某种行业的人家,如"酒家",以及掌握某种专门学识的人,如"专家"。

"是"的金文上面是"日",表示太阳,中间是手形"又",表示手,下面是"止",表示脚。整体表示太阳直射,适宜劳作。篆文将"又"和"止"连写成"正",强调太阳在头顶上方。

shì

是

金文
小篆
隶书
楷书

《说文解字》:
"直也。从日、正。"

1	2	3	4	5	6	7	8	9
丨	⺆	日	日	旦	早	早	昰	是
竖	横折	横	横	横	竖	横	撇	捺

gǔ rén rèn wéi tiān xià wàn wù méi yǒu bǐ tài yáng hái zhèng de yǐ rì wéi zhèng jiù shì
古人认为,天下万物没有比太阳还正的,以日为正就是
shì suǒ yǐ shì zì biǎo shì zhèng zhí de yì si xiàn zài shì hái yǒu duì zhèng
"是",所以"是"字表示"正、直"的意思。现在"是"还有"对、正
què de hán yì biǎo shì pàn dìng
确"的含义,表示判定。

jiǎ gǔ wén zhōng de chē shì yí gè cóng shàng miàn fǔ shì de chē de yàng zi
甲骨文中的"车"是一个从上面俯视的车的样子,
zhōng jiān yì tiáo cháng de shù xiàn shì chē yuán chē yuán shàng duān shì jià mǎ de dì fang
中间一条长的竖线是车辕,车辕上端是驾马的地方,
liǎng cè de yuán xíng shì chē lún zài shàng gǔ chē zhuān zhǐ zhàn chē hòu lái yì bān de
两侧的圆形是车轮。在上古,"车"专指战车,后来一般的
chē zi yě jiào zuò chē chē hái shì gè bù shǒu zì fán yóu chē zǔ chéng de zì
车子也叫作"车"。"车"还是个部首字,凡由"车"组成的字,
dōu yǔ chē yǒu guān bǐ rú jūn lún děng
都与车有关,比如"军""轮"等。

chē

车

1	2	3	4
一	左	左	车
横	撇折	横	竖

	甲骨文
車	金文
車	小篆
車	隶书
车	楷书

《说文解字》：
"舆轮之总名。夏后时奚仲所造。象形。"

yáng

羊

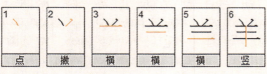

1	2	3	4	5	6
丶	丷	䒑	兰	兰	羊
点	撇	横	横	横	竖

	甲骨文
羊	金文
羊	小篆
羊	隶书
羊	楷书

《说文解字》：
"祥也。从丫，象头角足尾之形。"

在古文字中"羊"是正面看的羊的头形,上面是一对左右下弯的羊角,下面像箭头一样的部分是羊的嘴巴。"羊"是最早被中国先民驯化的动物之一。羊浑身是宝,又温顺,所以羊代表着吉祥,在古代的器物上经常会有"吉羊"两个字,即"吉祥"。"羊"还是一个部首字,凡是由"羊"组成的字大多与羊有关,如"羔""群"等。

zǒu

走

1	2	3	4	5	6	7
一	十	土	龶	丰	龵	走
横	竖	横	竖	横	撇	捺

金文 小篆 隶书 楷书

《说文解字》:
"趋也。从夭、止。夭止者屈也。徐锴曰:'走则足屈,故从夭。'"

"走"的金文上部像摆动两臂跑步的人形,下部是一只大脚,表示人正在跑,所以"走"的本义就是跑。后来"走"又引申为"泄露",如"走了风声",表示泄露了消息。

金文
小篆
隶书
楷书

《说文解字》：

"也，女阴也。象形。"

yě zì gǔ wén zì xíng xiàng nǚ zǐ de shēng zhí qì hòu lái jiè yòng zuò xū cí
"也"字古文字形像女子的生殖器，后来借用作虚词。
kě zuò zhù cí gǔ wén zhōng cháng yǔ zhě dā pèi biǎo shì pàn duàn rú chén shèng zhě
可做助词，古文中常与"者"搭配表示判断，如"陈胜者，
yáng chéng rén yě jí chén shèng shì yáng chéng rén hái kě zuò fù cí biǎo shì tóng yàng
阳城人也"，即"陈胜是阳城人"。还可做副词，表示同样，
rú nǐ qù wǒ yě qù
如"你去，我也去"。

写一写

kàn tú xiě zì
一、看图写字。

gēn jù pīn yīn xiě hàn zì
二、根据拼音写汉字。

　　　　　shì　　　　　　　　zǒu　　　　　　　　yě

　　　　　□　　　　　　　　□　　　　　　　　□

猜一猜

cāi mí yǔ　dǎ yī zì
三、猜谜语（打一字）。

1. 军人摘帽。　　　　　　（　　　）

2. 早有苗头。　　　　　　（　　　）

连一连

gǔ jīn wén zì lián lián kàn
四、古今文字连连看。

也　　走　　草　　家　　羊　　车　　是

草　家　是　車　羊　走　也

听妈妈讲故事

yàn zǐ de chē fū
晏子的车夫

晏子是春秋时期齐国的宰相，他有一个车夫，长得相貌堂堂、身材魁梧。有一天，晏子乘车外出，马车正好从车夫的家门前经过，车夫的妻子从门缝里偷偷往外看，只见自己的丈夫替宰相驾车，坐在车上的大伞盖下，挥鞭赶着高头大马，神气活现，十分傲慢。

当天晚上，车夫回到家，看见夫人收拾东西要离他而去。他很疑惑地问为什么，夫人说："我觉得和你在一起特别丢人，很耻辱！你一点学问都没有，却傲气冲天、趾高气扬，宰相有那么好的修养和学问，但一点也不炫耀自己。令人遗憾的是，你整天跟那么好的人在一起，没有虚心学习，却越来越傲慢，这就是我要离开你的原因。"

车夫仔细琢磨妻子的这番话，既受教育又感到惭愧，便向妻子认错。自此以后，车夫变得谦逊谨慎起来。车夫的这一变化使晏子感到奇怪，就问车夫原因，车夫把妻子的话如实告诉了晏子。晏子认为车夫的妻子很有见解，也对车夫勇于改过的态度感到满意，便推荐车夫做了大夫。

课文1

秋 天

 和家长一起学

qiū

秋

《说文解字》：
"秋，禾穀孰也。"

甲骨文
金文
小篆
隶书
楷书

jiǎ gǔ wén de qiū zì xiàng yì zhī yǒu chù xū chì bǎng yǒu tóu yǒu jiǎo shēn tǐ
甲骨文的"秋"字，像一只有触须、翅膀，有头有脚，身体
jù quán de huáng chóng de yàng zi gǔ rén zài shōu gē zhuāng jia zhī hòu wǎng wǎng jiù zài
俱全的蝗虫的样子。古人在收割庄稼之后往往就在
tián jiān fén shāo jiē gǎn yī fāng miàn zuò wéi dì féi lìng yī fāng miàn yòu néng shāo shā
田间焚烧秸秆，一方面作为地肥，另一方面又能烧杀

^{hài chóng} ^{zhuàn shū zhōng de} ^{qiū} ^{zì jiǎn huà wèi yí gè} ^{huǒ} ^{yí gè} ^{hé} ^{jí fén shāo}
害 虫。篆 书 中 的 "秋" 字 简 化 为 一 个 "火" 一 个 "禾",即 焚 烧
^{jiē gǎn de yì si} ^{rén men yǐ qiū jì zhuāng jia shōu gē zhī hòu fén shāo jiē gǎn lái biǎo shì}
秸 秆 的 意 思。人 们 以 秋 季 庄 稼 收 割 之 后 焚 烧 秸 秆,来 表 示
^{qiū tiān} ^{qiū tiān shì zhuāng jia chéng shú shōu huò de jì jié xiàn zài} ^{qiū} ^{hái biǎo shì yì}
秋 天。秋 天 是 庄 稼 成 熟 收 获 的 季 节。现 在 "秋" 还 表 示 一
^{nián de shí guāng rú} ^{yí rì bù jiàn} ^{rú gé sān qiū}
年 的 时 光,如 "一 日 不 见,如 隔 三 秋"。

《说文解字》:
"气,云气也。象形。"

金文
小篆
隶书
楷书

^{jiǎ gǔ wén lǐ} ^{qì} ^{yǔ sān xiāng sì} ^{yī dài biǎo hùn dùn chū shǐ} ^{èr dài}
甲 骨 文 里 "气" 与 "三" 相 似。"一" 代 表 混 沌 初 始,"二" 代
^{biǎo tiān dì zài} ^{èr zhī jiān jiā yì héng dài biǎo tiān dì zhī jiān de qì liú hòu lái jīn}
表 天 地。在 "二" 之 间 加 一 横,代 表 天 地 之 间 的 气 流。后 来 金
^{wén zhōng jiā le} ^{mǐ} ^{biǎo shì shí wù chǎn shēng de qì tǐ zǒng zhī} ^{qì shì hěn chōu}
文 中 加 了 "米",表 示 食 物 产 生 的 气 体。总 之,"气" 是 很 抽
^{xiàng de dōng xi} ^{tā kàn bú jiàn yě mō bú zháo bǐ rú wǒ men lài yǐ shēng cún de} ^{kōng}
象 的 东 西,它 看 不 见 也 摸 不 着。比 如 我 们 赖 以 生 存 的 "空
^{qì} ^{fàn cài de} ^{qì wèi} ^{yí gè rén hū xī de} ^{qì xī} ^{mā mā zǒng xǐ huān duì wǒ}
气",饭 菜 的 "气 味",一 个 人 呼 吸 的 "气 息",妈 妈 总 喜 欢 对 我
^{fā} ^{pí qì} ^{dāng bīng de gē gē kàn qǐ lái hěn shén qì} ^{děng děng}
发 "脾 气",当 兵 的 哥 哥 看 起 来 很 "神 气",等 等。

liǎo/le

了

金文

小篆

隶书

楷书

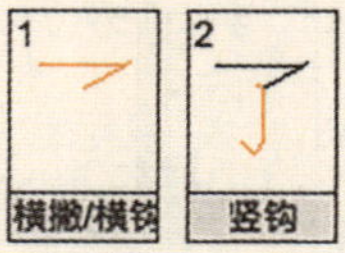

《说文解字》：
“尥也。从子无臂。象形。”

xiǎo zhuàn de liǎo zì jiù xiàng yīng ér shù fù zhù shuāng bì de yàng zi rú tóng
小篆的“了”字就像婴儿束缚住双臂的样子，如同
hái zài qiǎng bǎo zhōng de yīng ér yí yàng suǒ yǐ liǎo zì běn lái de yì si shì zhǐ shù
还在襁褓中的婴儿一样，所以“了”字本来的意思是指束
fù yīng ér de shuāng bì hòu lái yòng lái biǎo dá jié shù míng bai de yì si rú liǎo rán
缚婴儿的双臂。后来用来表达结束、明白的意思，如“了然
yú xiōng zhǐ xīn lǐ fēi cháng míng bai yě yòng zài dòng cí huò xíng róng cí hòu biǎo shì
于胸”，指心里非常明白。也用在动词或形容词后，表示
wán chéng huò biàn huà dú zài běn kè zhōng dú biǎo shì biàn huà
完成或变化，读le。在本课中读le，表示变化。

jiǎ gǔ wén jīn wén de shù yòu bian shì yì zhī shǒu zuǒ bian de shàng bàn bù
甲骨文、金文的“树”，右边是一只手，左边的上半部
fen xíng sì shù miáo xià bàn bù fen biǎo shì róng qì zhěng gè zì biǎo xiàn de jiù shì shǒu chí
分形似树苗，下半部分表示容器，整个字表现的就是手持
shù miáo zāi zhòng zài mǒu gè dì fang de qíng jǐng suǒ yǐ shù de běn yì jiù shì zhòng zhí
树苗栽种在某个地方的情景，所以“树”的本义就是种植。
xiǎo zhuàn de shù zuǒ bian jiā shàng le mù yì yì yě cóng zhòng zhí biàn wéi fàn zhǐ
小篆的“树”左边加上了“木”，意义也从种植变为泛指
yí qiè mù běn zhí wù de zǒng chēng
一切木本植物的总称。

shù

树

金文 小篆 隶书 楷书
树 樹 樹 樹

《说文解字》:
"生植之总名。从木，尌声。"

| 1 横 | 2 竖 | 3 撇 | 4 点 | 5 横撇/横钩 | 6 点 | 7 横 | 8 竖钩 | 9 点 |

yè

叶

金文 小篆 隶书 楷书
叶 葉 葉 叶

《说文解字》:
"草木之叶也。"

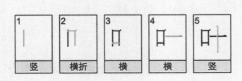

| 1 竖 | 2 横折 | 3 横 | 4 横 | 5 竖 |

"叶"的金文下半部分是个"木"字，上半部分像树叶的形状，所以"叶"指草木的叶子。远离家乡的游子常用"叶落归根"来表示思念故土之情。

pìan

片

1	2	3	4
ノ	ノ	ト	片
撇	竖	横	横折

金文
小篆
隶书
楷书

《说文解字》：
"判木也。从半木。"

"片"的甲骨文像是从中间破开的半棵树，本义就是劈开树木。又引申为扁而薄的东西，如"纸片"；还表示少的时间，如"片刻"；表示看问题不完整、不全面，如"片面"。除此之外，"片"还用作量词，比如"一片面包"。

"大"的甲骨文、金文和小篆字体都像一个正面站立、

dà

大

1	2	3
一	𠂇	大
横	撇	捺

甲骨文
金文
小篆
隶书
楷书

《说文解字》：
"天大，地大，人亦大。故大象人形。"

liǎng bì zhāng kāi de rén yòng rén shū zhǎn de zhuàng tài biǎo shì xíng tǐ shang de dà   yǔ
两臂张开的人，用人舒展的状态表示形体上的"大"，与
xiǎo xiāng duì   rén shì wàn wù zhī líng suǒ yǐ shàng gǔ shí dài yǐ rén wèi dà biǎo dá chū
"小"相对。人是万物之灵，所以上古时代以人为大，表达出
gǔ rén xī wàng zì jǐ néng gòu gēng hǎo de shēng cún zài tiān dì jiān de měi hǎo yuàn wàng
古人希望自己能够更好地生存在天地间的美好愿望。
dà   hái yǐn shēn wéi zhuān jiā nèi xíng rú dà shī děng
"大"还引申为专家、内行，如"大师"等。

fēi zì de xiǎo zhuàn jiù xiàng xiǎo niǎo zhèn chì fēi xiáng de yàng zi shàng miàn shì
"飞"字的小篆就像小鸟振翅飞翔的样子，上面是
niǎo tóu xià miàn shì yí duì zhāng kāi de chì bǎng suǒ yǐ fēi de běn yì jiù shì niǎo fēi
鸟头，下面是一对张开的翅膀。所以"飞"的本义就是鸟飞
xiáng   fēi hòu lái yě zhǐ wù tǐ suí fēng zài kōng zhōng piāo yóu fú dàng rú shù yè fēi
翔。"飞"后来也指物体随风在空中飘游浮荡，如"树叶飞
wǔ   yě zhǐ yì wài de tū rán de rú fēi lái hèng huò
舞"。也指意外的、突然的，如"飞来横祸"。

97

fēi

金文 小篆 隶书 楷书

飞

1	2	3
㇆	飞	飞
横折弯钩	撇	点

《说文解字》：
"鸟翥也。象形。"

huì/kuài

甲骨文 小篆 隶书 楷书

会

1	2	3	4	5	6
撇	捺	横	横	撇折	点

《说文解字》：
"合也。从亼,从曾省。曾,益也。"

huì de jiǎ gǔ wén shàng miàn shì yí gè cāng dǐng zhōng jiān shì chǔ cún de gǔ lì
"会"的甲骨文上面是一个仓顶,中间是储存的谷粒,
xià miàn shì cāng tǐ yuán lái de yì si zhǐ de shì chǔ cún gǔ wù de liáng cāng hòu lái
下面是仓体,原来的意思指的是"储存谷物的粮仓",后来
yóu bǎ liáng shi dōu fàng dào yì qǐ yǐn chū jù hé de yì si rú jù huì zài yóu jù
由把粮食都放到一起引出"聚合"的意思,如"聚会"。再由"聚
hé yǐn chū duō shǔ rén de jí hé huò zǔ chéng de tuán tǐ rú shāng huì hái yǐn shēn
合"引出多数人的集合或组成的团体,如"商会"。还引申
wéi lǐng wù lǐ jiě rú tǐ huì hái kě biǎo shì néng shàn cháng rú wǒ huì yóu yǒng
为领悟、理解,如"体会"。还可表示能、擅长,如"我会游泳"。
lìng dú rú kuài jì zài běn kè zhōng dú yì si shì dòng zuò fā shēng shí
另读kuài,如"会计"。在本课中读huì,意思是动作发生时
jiān duǎn
间短。

《说文解字》:
"箇,竹枚也。从竹,固声。"

gè de gǔ wén zì zhōng shàng bù shì zhú biǎo shì zhú zǐ de shù liàng běn yì shì
"个"的古文字中上部是竹,表示竹子的数量,本义是
zhǐ gè tǐ liàng cí biǎo shì dān dú de rén huò wù yě yǒu dān dú de de yì si rú
指个体量词,表示单独的人或物。也有"单独的"的意思,如
gè tǐ
"个体"。

rén

人

| 1 撇 | 2 捺 |

甲骨文
金文
小篆
隶书
楷书

《说文解字》：
"天地之性最贵者也。"

　　甲骨文的"人"字像一个侧面站立的人形，头在上面，两手向前下方伸出。"人"是天地间最尊贵的生物，是宇宙的精华。在古代，"人"指老百姓。现在，"人"也指人的品质、性情，如"人品""人格"等。

　　"子"的古文像小儿在襁褓中，有头、身、臂膀，两足像并起来的样子。"子"的本义就是婴儿。后来"子"的意思引申为子嗣，儿子女儿都称为"子"。汉字中含有"子"字的字多数都和小孩有关，比如"孩、孙、孕、孝"等。另外，古代对男子的美称或尊称亦可称为"子"，特指有道德和有学问的人，如"墨子、庄子"等。

zǐ

1	2	3
了	了	子
横撇/横钩	竖钩	横

甲骨文
金文
小篆
隶书
楷书
子

《说文解字》:
"象形。李阳冰曰:'子在襁褓中,
足并也。'"

✎ 贴一贴

<ruby>在<rt>zài</rt></ruby> <ruby>附<rt>fù</rt></ruby> <ruby>页<rt>yè</rt></ruby> <ruby>找<rt>zhǎo</rt></ruby> <ruby>出<rt>chū</rt></ruby> <ruby>带<rt>dài</rt></ruby> <ruby>有<rt>yǒu</rt></ruby> <ruby>下<rt>xià</rt></ruby> <ruby>列<rt>liè</rt></ruby> <ruby>偏<rt>piān</rt></ruby> <ruby>旁<rt>páng</rt></ruby> <ruby>的<rt>de</rt></ruby> <ruby>字<rt>zì</rt></ruby>，<ruby>贴<rt>tiē</rt></ruby> <ruby>在<rt>zài</rt></ruby> <ruby>相<rt>xiāng</rt></ruby> <ruby>应<rt>yìng</rt></ruby> <ruby>的<rt>de</rt></ruby> <ruby>格<rt>gé</rt></ruby> <ruby>子<rt>zi</rt></ruby> <ruby>里<rt>li</rt></ruby>

一、在附页找出带有下列偏旁的字，贴在相应的格子里。

木： ☐ ☐ ☐

口： ☐ ☐ ☐

人： ☐ ☐ ☐

qǐng zài fù yè zhǎo chū xiāng yìng de tú tiē zài fāng kuàng li
二、请 在 附 页 找 出 相 应 的 图 贴 在 方 框 里。

一片片

一个个

连一连

jiāng pīn yīn yǔ duì yìng de zì lián qǐ lái
三、将 拼 音 与 对 应 的 字 连 起 来。

qiū　　piàn　　gè　　qì　　yè　　dà　　le　　shù　　fēi

片　秋　个　大　叶　气　树　了　飞

写一写

nǐ néng xiě chū xià liè gǔ wén zì de jiǎn tǐ zì ma
四、你 能 写 出 下 列 古 文 字 的 简 体 字 吗?

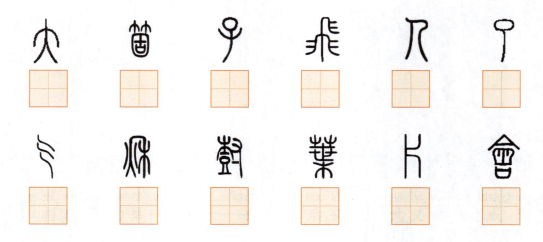

听妈妈讲故事

女娲造人
nǚ wā zào rén

pán gǔ kāi tiān pì dì zhī hòu，tiān shang yǒu le tài yáng、yuè liang hé xīng xīng，dì
盘古开天辟地之后，天上有了太阳、月亮和星星，地
shang yǒu le shān chuān cǎo mù，yǒu le niǎo shòu chóng yú，què méi yǒu rén lèi。bù zhī
上有了山川草木，有了鸟兽虫鱼，却没有人类。不知
dào zài shén me shí hou，chū xiàn le yí gè nǚ shén，jiào zuò "nǚ wā"。nǚ wā gǎn dào fēi
道在什么时候，出现了一个女神，叫作"女娲"。女娲感到非
cháng gū dú，tā jué dé yìng gāi tiān diǎn dōng xi，ràng tiān dì biàn de fù yǒu shēng qì。
常孤独，她觉得应该添点东西，让天地变得富有生气。
yǒu yì tiān，tā zài yí gè chí zi páng biān dūn xià lái。chí shuǐ zhào jiàn le tā de
有一天，她在一个池子旁边蹲下来。池水照见了她的
miàn róng，tā zuò shén me，chí shuǐ lǐ de yǐng zi jiù zuò shén me。tā měng rán xǐng wù
面容，她做什么，池水里的影子就做什么。她猛然醒悟
le，kě yǐ chuàng zào yī zhǒng xiàng zì jǐ de shēng wù。yú shì，tā cóng chí biān zhuā qǐ
了，可以创造一种像自己的生物。于是，她从池边抓起
yī tuán huáng ní，chān huo le shuǐ，róu niē chéng le yí gè wá wa，zhè ge wá wa yì jiē
一团黄泥，掺和了水，揉捏成了一个娃娃。这个娃娃一接
chù dào dì miàn，mǎ shàng jiù huó le。nǚ wā gěi zhè kě ài de xiǎo dōng xi qǔ le yí
触到地面，马上就活了。女娲给这可爱的小东西取了一

个 名字，叫作"人"。人的身体虽然小，但和鸟、兽都不相同，看起来有一种 管理宇宙的非凡气概。女娲又继续用 黄泥做了许多能 说会走的可爱的小人儿。从此，她再也不感觉到孤独和寂寞了。

大地上虽然有了人类，但人类总是要死的，怎样才能让人类长久地生活在大地上呢？后来她想出了一个办法：把那些小人儿分为男女，让男人和女人结合起来，叫他们自己去创造后代。这样，人类的种子便绵延下来。

课文2

小 小 的 船

和家长一起学

《说文解字》：
"旳，明也。从日，勺聲。"

dì　yòu xiě zuò　dì　xíng páng wéi　rì　biǎo shì tài yáng guāng míng liàng　yòu
"的"又写作"旳"。形旁为"日"，表示太阳光明亮，右
bian sháo　wéi sháo xīng zhǐ běi dǒu yǒu míng què dìng wèi de yì si　dì běn yì shì
边"勺"为勺星，指北斗，有明确、定位的意思。"的"本义是
rì guāng zhào yào xià xǐng mù　míng què　hòu lái yǐn shēn wéi dìng wèi míng què de jiàn bǎ
日光照耀下醒目、明确，后来引申为定位明确的箭靶、

bǎ xīn   rú   yǒu dì fàng shǐ   yì si shì duì zhǔn bǎ zi fàng jiàn   bǐ yù shuō huà zuò shì
靶心，如"有的放矢"，意思是对准靶子放箭，比喻说话做事
yǒu míng què de mù dì xìng hé zhēn duì xìng   yòu yǐn shēn wéi què shí   rú   dí dí què què
有明确的目的性和针对性。又引申为确实，如"的的确确"，
dú   zuò zhù cí shí dú   biǎo shì lǐng shǔ guān xì huò xiū shì guān xì   rú   wǒ de shū
读dí。作助词时读de，表示领属关系或修饰关系，如"我的书
bāo   xuě bái de qún zi   běn kè zhōng dú   biǎo xiū shì guān xì
包""雪白的裙子"。本课中读de，表修饰关系。

chuán
船

《说文解字》：
"舟也。从舟，铅省声。"

	金文
船	小篆
船	隶书
船	楷书

| 1 撇 | 2 撇 | 3 横折钩 | 4 点 | 5 横 | 6 点 | 7 撇 | 8 横折折/横 | 9 竖 | 10 横折 | 11 横 |

chuán   de gǔ wén zì xíng jiù xiàng yì tiáo chuán shùn shuǐ ér xíng de yàng zi   běn yì
"船"的古文字形就像一条船顺水而行的样子，本义
jiù shì yì zhǒng shuǐ yùn gōng jù   gǔ rén chēng xiá cháng de shuǐ shang jiāo tōng gōng jù wéi
就是一种水运工具。古人称狭长的水上交通工具为
zhōu kuān dà de wéi chuán   xiàn zài hái kě yǐ biǎo shì wéi zhōu xíng de háng tiān qì   rú   tài
舟，宽大的为船。现在还可以表示为舟形的航天器，如"太
kōng fēi chuán
空飞船"。

liǎng

金文
小篆
隶书
楷书

1	2	3	4	5	6	7
横	竖	横折钩	撇	点	撇	点

《说文解字》:
"二十四铢为一两。从
一,网平分,亦声。"

liǎng de jīn wén zì xíng xiàng yí liàng shuāng tào mǎ chē shàng yǒu chē è hé yí duì
"两"的金文字形像一辆双套马车,上有车轭和一对
mǎ ān běn yì jiù shì liǎng gè shuāng chóng hòu lái yǐn shēn wéi shuāng fāng rú liǎng quán
马鞍,本义就是两个、双重。后来引申为双方,如"两全
qí měi liǎng hái kě yǐ zuò liàng cí biǎo shì jì liàng dān wèi bǐ rú liǎng jīn zhòng
其美"。"两"还可以做量词,表示计量单位,比如"两斤重"。

tóu de jīn wén zì xíng zuǒ bian dòu shì shēng páng yòu bian yè biǎo shì nǎo
"头"的金文字形左边"豆"是声旁,右边"页"表示脑
dai běn yì jiù shì tóu bù yóu yú tóu chǔ yú shēn tǐ de zuì shàng miàn suǒ yǐ biǎo shì cì
袋,本义就是头部。由于头处于身体的最上面,所以表示次
xù zuì qián de bǐ rú tóu děng cāng yě kě yǐ biǎo shì dǐng duān rú shān tóu bǐ tóu
序最前的,比如"头等舱";也可以表示顶端,如"山头笔头"。
yòu yīn wèi rén hé dòng wù dōu zhǐ yǒu yí gè tóu suǒ yǐ yě kě yǐ biǎo shì jì suàn shēng
又因为人和动物都只有一个头,所以也可以表示计算牲
chù shù liàng de liàng cí rú yì tóu niú
畜数量的量词,如"一头牛"。

tóu

头

金文 小篆 隶书 楷书

《说文解字》：
"首也。从页，豆声。"

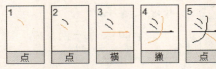

1	2	3	4	5
点	点	横	撇	点

zài

在

甲骨文 金文 小篆 隶书 楷书

《说文解字》：
"存也。从土，才声"

1	2	3	4	5	6
横	撇	竖	横	竖	横

"在"的甲骨文字形像房柱和房梁，表示居所。金文增加了"土"，表示赖以生存的居所和田地，所以"在"的本义是存在、生存。后来引申为居于、处于的意思，如"在家、在前面"。

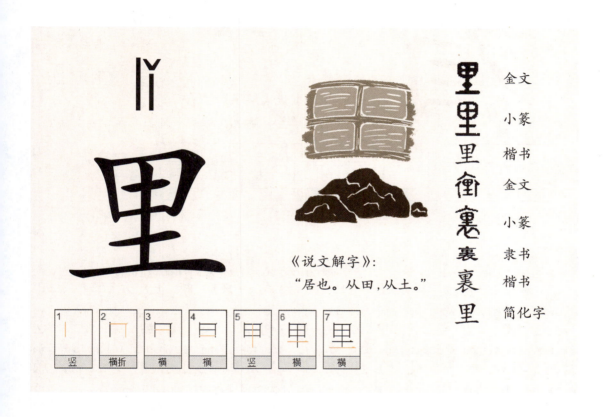

《说文解字》：
"居也。从田，从土。"

金文
小篆
楷书
金文
小篆
隶书
楷书
简化字

1	2	3	4	5	6	7
竖	横折	横	横	竖	横	横

简化字"里"有两个来源，"里"和"裏"。"里"字由"田"和"土"构成，指人所居住的地方，后来引申为家乡，如"故里、乡里"；还指家乡的街坊，如"邻里"；又被借用作长度单位，如"公里、里程"。"裏"是指衣服的内层，如"绿衣黄里"；后来引申为方位词里边，与"外"相对，如"里面，心里"。

kàn/kān

看

金文
小篆
隶书
楷书

《说文解字》:
"看,睎也。从手下目。"

1	2	3	4	5	6	7	8	9
撇	横	横	撇	竖	横折	横	横	横

　　"看"的金文字形是一只手放在一只眼睛上方,表示用手遮光远望。引申为观察、判断,如"看病、看相"。也指观察之后形成的想法,如"看法"。还可引申为注视、欣赏,如"看中、看书"。现在还有守护、监视的意思,读 kān,如"看门、看管"。本课中读 kàn,意思是"观看"。

　　"见"的甲骨文上面是一只眼睛,下面是一个人,表示人睁着眼睛看,本义就是看见、看到。引申为看法、观点,如"见解、主见"。"见"还可以表示被动,如"见笑",意思是被别人笑话。

jiàn

见

甲骨文
金文
小篆
隶书
楷书

《说文解字》：
"视也。从儿，从目。"

1 竖	2 横折	3 撇	4 竖弯钩

shǎn

闪

金文
小篆
隶书
楷书

《说文解字》：
"窥头门中也。从人在门中。"

1 点	2 竖	3 横折钩	4 撇	5 点

shǎn de xiǎo zhuàn zì xíng wài miàn bù fen biǎo shì mén lǐ miàn shì yí gè
"闪"的小篆字形外面部分表示"门",里面是一个
rén biǎo shì yí gè rén bǎ tóu shēn jìn mén lǐ tōu kàn shǎn de běn yì jiù shì kuài
人,表示一个人把头伸进门里偷看,"闪"的本义就是快
sù de xiàng mén nèi tōu kàn yǐn shēn wéi kuài sù de xiǎn xiàn hòu yòu xiāo shī rú shǎn
速地向门内偷看。引申为快速的显现后又消失,如"闪
diàn huò zhě shì kuài sù zhuǎn shēn duǒ bì rú shǎn duǒ shǎn ràng zài rì cháng
电";或者是快速转身躲避,如"闪躲、闪让"。在日常
kǒu yǔ zhōng hái biǎo shì niǔ shāng rú shǎn le yāo
口语中还表示扭伤,如"闪了腰"。

xīng

星

甲骨文
金文
小篆
隶书
楷书

《说文解字》:
"万物之精,上为列星。从晶,生声。"

1 竖	2 横折	3 横	4 横	5 撇	6 横	7 横	8 竖	9 横

xīng de jiǎ gǔ wén zì xíng xiàng qún xīng luó liè de yàng zi xīng jiù shì zhǐ yè
"星"的甲骨文字形像群星罗列的样子,"星"就是指夜
wǎn tiān kōng zhōng néng shǎn shuò fā guāng de tiān tǐ jí xīng xing hòu lái zēng jiā biǎo yīn
晚天空中能闪烁发光的天体,即星星。后来增加表音
de shēng páng shēng yóu yú yè wǎn yáo wàng jiàn de xīng xing fēn bù guǎng fàn xiǎo ér
的声旁"生"。由于夜晚遥望见的星星分布广泛,小而
míng liàng suǒ yǐ biǎo shì xì suì de kē lì wù tǐ rú xīng huǒ yě biǎo shì mì jí huò
明亮,所以表示细碎的颗粒物体,如"星火";也表示密集或

zhě líng sǎn de yì si rú xīng luó qí bù líng líng xīng xīng xiàn zài xīng hái bǐ yù
者零散的意思，如"星罗棋布、零零星星"。现在，"星"还比喻
mǒu yī fāng miàn jié chū de rén wù bǐ rú gē xīng yǐng xīng
某一方 面杰出的人物，比如"歌星、影星"。

yuè

月

| 1 ノ | 2 刀 | 3 月 | 4 月 |
| 撇 | 横折钩 | 横 | 横 |

甲骨文
金文
小篆
隶书
楷书

《说文解字》：
"阙也。大阴之精。"

jiǎ gǔ wén hé jīn wén zhōng de yuè zì xíng xiàng yì wān xīn yuè suǒ yǐ yuè
甲骨文和金文中的"月"字形像一弯新月，所以"月"
de běn yì jiù shì yuè liang yuè hái bèi yòng zuò miáo shù yuè liang yuán quē yí cì suǒ
的本义就是月亮。"月"还被用作描述月亮圆缺一次所
yòng de shí jiān dà yuē sān shí tiān yuè zì shì gè bù shǒu zì hé yuè zì zǔ chéng de
用的时间，大约三十天。"月"字是个部首字，和月字组 成的
zì dà duō hé yuè liang shí jiān yǒu guān rú míng shuò děng dàn wǒ men fā xiàn hěn
字大多和月亮、时间有关，如"明、朔"等。但我们发 现很
duō yǔ shēn tǐ yǒu guān de zì yě shì yuè zì páng bǐ rú jiǎo tuǐ gān fèi qí shí zhè
多与身体有关的字也是月字旁，比如脚、腿、肝、肺，其实这
xiē zì lǐ de piān páng bù shì yuè ér shì ròu zài gǔ wén zì zhōng tā men běn shì
些字里的偏旁不是"月"而是"肉"，在古文字中，它们本是
liǎng gè zì hòu lái yīn wèi tā men de xiǎo zhuàn zì tǐ hěn xiāng jìn biàn hé bìng wéi yī gè
两个字，后来因为它们的小 篆字体很相近，便合并为一个
piān páng
偏旁。

ér

儿

《说文解字》：

"兒，孺子也。从儿，象小兒头囟未合。"

甲骨文
金文
小篆
隶书
楷书

　　ér de jiǎ gǔ wén zì xíng xiàng yī gè tóu dǐng xìn mén hái méi yǒu zhǎng zài yī
"儿"的甲骨文字形 像一个头顶囟门还没有长在一
qǐ de xiǎo hái yǒu dà nǎo dai yǒu shǒu bì yǒu shēn zi hé tuǐ běn yì jiù shì yòu
起的小孩，有大脑袋、有手臂、有身子和腿，本义就是幼
ér xiǎo háir xiàn zài ér cháng yòng zuò cí yǔ de hòu zhuì yǔ suǒ fù de cí hé
儿、小孩儿。现在"儿"常 用作词语的后缀，与所附的词合
chéng ér huà yīn kě yǐ biǎo shì xì xiǎo xǐ ài qīn qiè děng gǎn qíng bǐ rú niǎor
成 儿化音，可以表示细小、喜爱、亲切等 感情，比如"鸟儿、
huār lǎo tóur
花儿、老头儿"。

✎ 写一写

kàn pīn yīn xiě cí yǔ
一、看拼音，写词语。

dà rén　　　yuèr　　　xiǎo chuán　　rén tóu　　shān lǐ

✎ 连一连

zhào yàng zi   zhǎo chū xià liè zì de piān páng   gěi tā men lián xiàn
二、照样子，找出下列字的偏旁，给它们连线。

门　　木　　口

问　　树　　样　　闪　　吗　　吃

gǔ jīn wén zì lián lián kàn
三、古今文字连连看。

的　星　船　闪　两　见　头　看　在　里

閒　眷　裏　杜　兩　昀　星　見　頭　船

✎ 填一填

nǐ néng bǎ kè wén bǔ chōng wán zhěng ma
四、你能把课文补充完整吗？

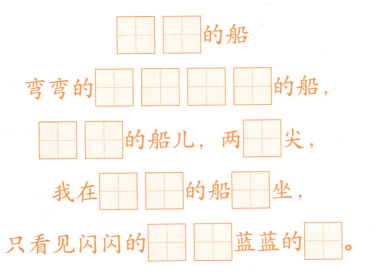

　　　　□□的船

弯弯的□□□的船，

□□的船儿，两□尖，

我在□□的船□坐，

只看见闪闪的□□蓝蓝的□。

听妈妈讲故事

cháng é bēn yuè
嫦娥奔月

古时候，有一个善于射箭的英雄名叫后羿，他有一个美丽贤惠的妻子名叫嫦娥，大家都非常喜欢她。有一天，西王母赠给后羿一包长生不老药，吃了可以升天。后羿舍不得离开心爱的妻子和乡亲，就把长生不老药交给嫦娥收藏起来。

后羿有个徒弟叫蓬蒙，一心想偷吃后羿的长生不老药。这一年的八月十五，后羿带着徒弟们出门打猎去了。蓬蒙闯进嫦娥的住所，威逼嫦娥交出长生不老药。嫦娥迫不得已，把药全部吞下肚里。她变得身轻如燕，飘出窗口，飞上云霄。由于嫦娥深爱自己的丈夫，最后她就在离地球最近的月亮上停了下来。

听到消息，后羿拼命朝月亮追去。可是，无论怎样他也追不上月亮。后羿痛苦不已，只好在每年的八月十五晚上，和乡亲们在月光下遥祭月宫中的妻子。后来人们就把这一天定为中秋节。

课文 3

江　南

 和家长一起学

《说文解字》：
"水。出蜀湔氐徼外岷山，入海。从水，工声。"

jiāng zì de zì xíng yì zhí dōu shì yóu shuǐ hé gōng gòu chéng shuǐ biǎo shì hé liú
"江"字的字形一直都是由"水"和"工"构成，"水"表示河流，
gōng zuò shēng páng shì jù de běn zì biǎo shì dà jiāng zì zuì kāi shǐ jiù yòng lái
"工"作声旁，是"巨"的本字，表示大。"江"字最开始就用来
zhuān zhǐ wǒ guó de dì yī dà hé cháng jiāng hòu lái tā de yì yì kuò dà chéng wéi suǒ
专指我国的第一大河——长江。后来它的意义扩大，成为所

yǒu dà hé de tǒng chēng bǐ rú jiāng hé
有大河的统 称，比如"江河"。

nán
南

《说文解字》：
"草木至南方，有枝
任也。从宋，羊声。"

甲骨文
金文
小篆
隶书
楷书

1	2	3	4	5	6	7	8	9
横	竖	竖	横折钩	点	撇	横	横	竖

jiǎ gǔ wén jīn wén zhōng de nán zì jiù xiàng shì yí gè biān zhōng yí yàng de dǎ
甲骨文、金文 中的"南"字，就像是一个编 钟一样的打
jī yuè qì zhōng zài gǔ dài céng shì yòng yú zòu yuè de lǐ qì suǒ yǐ nán jiù biǎo shì
击乐器。钟在古代曾是用于奏乐的礼器，所以"南"就表示
yuè qì hòu lái biàn chéng le zhuān zhǐ fāng xiàng de míng cí zhǐ nán fāng shuō wén jiě zì
乐器。后来变 成了专指方 向的名词，指南方。《说 文解字》
zhōng de jiě shì shì zhǐ cǎo mù chéng shòu le nán fāng chōng zú de yáng guāng ér zhǎng de
中的解释是指草木承 受了南方充 足的阳 光而长得
mào shèng qí zhōng nán réng zhǐ fāng wèi yǔ běi xiāng duì
茂 盛，其中"南"仍指方位，与"北"相对。

kě de jiǎ gǔ wén xíng páng wéi kǒu biǎo shì yǔ shuō huà yǒu guān shēng páng
"可"的甲骨文形 旁为"口"，表示与说话有关；声 旁
wéi kǎo dài biǎo láo dòng gōng jù kě běn yì jiù shì yòng chàng gē lái wèi láo
为"万"，代表劳动 工具。"可"本义就是用 唱歌来为劳

kě

甲骨文
金文
小篆
隶书
楷书

《说文解字》：
"肯也。从口、丂，丂亦声。"

横　竖　横折　横　竖钩

dòng zhù xìng shì gē de běn zì chàng gē néng ràng rén shū fu suǒ yǐ kě yǐn shēn
动助兴，是"歌"的本字。唱歌能让人舒服，所以"可"引申
wéi lìng rén shū fu de shì hé de rú kě kǒu yòu yǐn shēn wéi zhí dé rú kě ài kě xìn
为令人舒服的适合的，如"可口"。又引申为值得，如"可爱、可信"。
xiàn zài kě hái néng biǎo shì xǔ kě tóng yì rú rèn kě yǐ jí biǎo shì zhuǎn zhé
现在，"可"还能表示许可、同意，如"认可"；以及表示转折，
rú kě shì
如"可是"。

cǎi de jiǎ gǔ wén zì xíng shì yòng shǒu zhāi shù shang de guǒ shí cǎi de běn
"采"的甲骨文字形是用手摘树上的果实。"采"的本
yì jiù shì zhāi qǔ rú cǎi mó gu hái kě yǐ biǎo shì cǎi jí shōu jí de yì si rú cǎi
义就是摘取，如"采蘑菇"。还可以表示"采集、收集"的意思，如"采
fǎng zuò míng cí shí hái kě yǐ biǎo shì shén sè jīng shén rú shén cǎi yì yì xíng
访"。作名词时，还可以表示神色、精神，如"神采奕奕"，形
róng yī gè rén jīng shén bǎo mǎn de yàng zi
容一个人精神饱满的样子。

cǎi

采

甲骨文
金文
小篆　书
隶书
楷书

《说文解字》：
"捋取也。从木，从爪。"

1	2	3	4	5	6	7	8
撇	点	点	撇	横	竖	撇	捺

lián

莲

金文
小篆　书
隶书
楷书

《说文解字》：
"芙蕖之实也。从艸，连声。"

1	2	3	4	5	6	7	8	9	10
横	竖	竖	横	撇折	横	竖	点	横折折撇	捺

"莲"由"艹"和"连"组成,"艹"表示植物,"连"表示声音,本义是指莲子。也有人说"莲"指荷花。荷花又被称作"芙蓉""芙蕖""菡萏"等。

yú

《说文解字》:
"水虫也。象形。鱼尾与燕尾相似。"

甲骨文
金文
小篆
隶书
楷书

1	2	3	4	5	6	7	8
撇	横撇/横钩	竖	横折	横	竖	横	横

"鱼"的甲骨文字形就是一条鱼的样子:尖尖的鱼头,两边有鱼鳍,剪刀一样的尾巴。《说文解字》说鱼的尾巴与燕子的尾巴相似,隶书的"鱼"字还保留四点底,与"燕"的四点底一样,表示尾巴。但"煮""烈"等字的四点底是表示"火"。

"东"的甲骨文字形像两头扎起来装了货物的一个大

kǒu dài běn yì shì yì zhǒng liǎng tóu kāi kǒu de dài zi hòu lái dōng yóu rì hé mù
口袋,本义是一种 两头开口的袋子。后来"东"由"日"和"木"
zǔ chéng yì si shì tài yáng gāng gāng shēng qǐ hái méi shēng dào shù shāo de gāo dù
组 成,意思是太阳 刚 刚 升起,还没升到树梢的高度,
biǎo shì tài yáng shēng qǐ de fāng xiàng rú dōng bian yǔ xī xiāng duì gǔ shí hou
表示太阳 升起的方向,如"东边",与"西"相对。古时候
zhǔ rén de wèi zi zài dōng bīn kè de wèi zi zài xī suǒ yǐ zhǔ rén chēng wéi dōng rú
主人的位子在东,宾客的位子在西,所以主人 称 为"东",如
fáng dōng
"房东"。

《说文解字》:
"动也,从木。官溥说:'从日在木中。'"

xī de jiǎ gǔ wén hé jīn wén xiàng yí gè niǎo de cháo xué zhuàn shū zì xíng gèng
"西"的甲骨文和金文 像一个鸟的巢穴,篆书字形更
xiàng yì zhī niǎo zài cháo zhōng xiē xi suǒ yǐ xī de běn yì shì qī xī xī shì qī
像一只鸟在巢 中歇息,所以"西"的本义是栖息,"西"是"栖"
de běn zì yīn wèi niǎor huí dào niǎo cháo de shí hou zhèng hǎo shì bàng wǎn tài yáng xī
的本字。因为鸟儿回到鸟巢的时候正 好是傍晚太阳西
xià de shí hou suǒ yǐ jiù jiè yòng xī lái biǎo shì fāng xiàng yǔ dōng xiāng duì
下的时候,所以就借用"西"来表示方 向,与"东"相对。

xī

西

1	2	3	4	5	6
横	竖	横折	撇	竖折/竖弯	横

甲骨文
金文
小篆
隶书
楷书

《说文解字》：
"鸟在巢上。象形。日在西方而鸟栖，故因以为东西之西。"

běi

北

1	2	3	4	5
竖	横	提	撇	竖弯钩

甲骨文
金文
小篆
隶书
楷书

《说文解字》：
"乖也。从二人相背。"

jiǎ gǔ wén hé jīn wén de   běi zì kě yǐ kàn zuò shì liǎng gè rén bèi duì bèi   yí gè
甲骨文和金文的"北"字可以看作是两个人背对背，一个
xiàng nán   yí gè xiàng běi suǒ yǐ tā de běn yì jiù shì bèi duì bèi wéi bèi de yì si   běi
向南，一个向北，所以它的本义就是背对背、违背的意思，"北"
shì bèi   de běn zì   běi hái zhǐ dǎ le bài zhàng de jūn duì   gǔ dài liǎng jūn dǎ zhàng
是"背"的本字。"北"还指打了败仗的军队。古代两军打仗
shí   dǎ le bài zhàng de yì fāng yào zhuǎn xiàng hòu táo pǎo   yǔ dǎ shèng de jūn duì zhèng
时，打了败仗的一方要转向后逃跑，与打胜的军队正
hǎo fāng xiàng xiāng fǎn yīn cǐ chēng wéi   bài běi   hòu lái   běi zhuān zhǐ běi fāng yǔ   nán
好方向相反，因此称为"败北"。后来"北"专指北方，与"南"
xiāng duì
相对。

✏️ 连一连

qǐng jiāng pīn yīn hé duì yìng de hàn zì lián qǐ lái
一、请将拼音和对应的汉字连起来。

lián   dōng   běi   yú   nán   jiāng   kě   xī   cǎi

东　莲　北　江　鱼　南　西　采　可

✏️ 写一写

wǒ néng xiě chū xià miàn de bǐ huà
二、我能写出下面的笔画。

竖钩 ⬜　竖弯 ⬜　横钩 ⬜

横折钩 ⬜　竖弯钩 ⬜　撇 ⬜

三、请写出下面古文字的简化字吧。
_{qǐng xiě chū xià miàn gǔ wén zì de jiǎn huà zì ba}

 读一读

四、你会读下面的词语吗？会读的读一读，并在下面的
_{nǐ huì dú xià miàn de cí yǔ ma huì dú de dú yì dú bìng zài xià miàn de}

方框里贴上大拇指，不会的请教别人吧。
_{fāng kuàng lǐ tiē shàng dà mǔ zhǐ bù huì de qǐng jiào bié rén ba}

江南　　莲花　　北方　　南边　　采蜜　　金鱼

👓 听妈妈讲故事

得其所哉
_{dé qí suǒ zāi}

子产是春秋时期郑国的一位政治家，他从政二十
_{zǐ chǎn shì chūn qiū shí qī zhèng guó de yí wèi zhèng zhì jiā tā cóng zhèng èr shí}

多年，把郑国治理得很有成绩。关于子产，流传着很多
_{duō nián bǎ zhèng guó zhì lǐ de hěn yǒu chéng jì guān yú zǐ chǎn liú chuán zhe hěn duō}

有趣的小故事。
_{yǒu qù de xiǎo gù shi}

据说，有一次，有人送了一条活鱼给子产，子产便叫
_{jù shuō yǒu yī cì yǒu rén sòng le yì tiáo huó yú gěi zǐ chǎn zǐ chǎn biàn jiào}

主管池塘的人把它畜养在池塘里。那人表面答应后却
_{zhǔ guǎn chí táng de rén bǎ tā xù yǎng zài chí táng lǐ nà rén biǎo miàn dā yìng hòu què}

把鱼煮来自己吃了,并回禀子产说:"按照您的吩咐,我把鱼放到了池塘。刚放进池塘里时,它还要死不活的;一会儿便摇摆着尾巴活动起来了;突然间,一下子就游得不知去向了。"子产说:"得其所哉(它去了它应该去的地方啦)!"那人从子产那里出来后说:"谁说子产聪明呢?我明明已经把鱼煮来吃了,可他还说'得其所哉,得其所哉!'"

其实,子产是在感叹,鱼儿回到水中,能够自由自在地游弋,算是得到了理想的去处。后来,人们形容一个人的境遇符合人愿、非常满意,就叫"得其所哉"。

课文 4

四 季

 和家长一起学

jiān

尖

尖尖 隶书 楷书

1	2	3	4	5	6
竖	撇	点	横	撇	捺

《说文解字》：
"锐意也。"

<small>jiān zì shì yí gè hòu qǐ de huì yì zì cóng zì xíng lái kàn yì tóu xiǎo yì tóu</small>
"尖"字是一个后起的会意字。从字形来看，一头小一头
<small>dà biǎo shì ruì lì yòu zhǐ wù tǐ xì xiǎo ruì lì de bù fen rú bǐ jiān zhēn jiānr</small>
大，表示锐利。又指物体细小锐利的部分，如"笔尖、针尖儿"。
<small>hái kě yǐn shēn wéi chāo chū tóng lèi de rén huò wù rú mào jiān bá jiānr xiàn zài</small>
还可引申为超出同类的人或物，如"冒尖、拔尖儿"。现在

jiān hái kě yǐ zhǐ shēng yīn gāo ér xì rú jiān yīn shuō huà kè bó rú jiān kè
"尖"还可以指声音高而细,如"尖音";说话刻薄,如"尖刻"。

shuō/shuì

说

甲骨文
金文
小篆
隶书
楷书

《说文解字》:
"释也。从言、兑。"

1	2	3	4	5	6	7	8	9
点	横折提	点	撇	竖	横折	横	撇	竖弯钩

shuō de jiǎ gǔ wén zì xíng xiàng yí gè zhù dǎo de zhǔ chí niàn niàn yǒu cí hòu lái
"说"的甲骨文字形像一个祝祷的主持念念有词,后来
zēng jiā le yán zì páng biǎo shì shuō huà suǒ yǐ shuō de běn yì jiù shì jiǎng huà
增加了"言"字旁,表示说话,所以"说"的本义就是讲话、
kǒu tóu biǎo dá rú shí huà shí shuō yǐn shēn wéi jiě shì chǎn shù rú shuō míng jiě shuō
口头表达,如"实话实说"。引申为解释、阐述,如"说明、解说"。
hái kě zhǐ chǎn shù de guān diǎn sī xiǎng rú xué shuō chǎn shù guān diǎn shǐ rén jiē shòu
还可指阐述的观点、思想,如"学说"。阐述观点使人接受
jiù yǒu le shuì fú de yì si dú rú yóu shuì běn kè zhōng dú shuō huà
就有了说服的意思,读shuì,如"游说"。本课中读shuō,说话
de yì si
的意思。

chūn de jiǎ gǔ wén zì xíng liǎng biān shì cǎo mù zhōng jiān xiàng yì kē zhǒng zi pò tǔ
"春"的甲骨文字形两边是草木,中间像一颗种子破土
ér chū zuǒ xià fāng shì tài yáng hé qǐ lái biǎo shì dāng qì wēn huí shēng yáng guāng pǔ zhào
而出,左下方是太阳,合起来表示当气温回升,阳光普照

chūn

春

1	2	3	4	5	6	7	8	9
横	横	横	撇	捺	竖	横折	横	横

甲骨文
金文
小篆
隶书
楷书

《说文解字》：
"推也。从艸屯，从
日，艸春时生也。"

dà dì chūn tiān wàn wù shēng zhǎng suǒ yǐ chūn jiù shì zhǐ chūn tiān yì nián zhī zhōng de
大地，春天万物生长，所以"春"就是指春天，一年之中的
dì yī gè jì jié chūn tiān wàn wù xiǎn shì chū bó bó shēng jī suǒ yǐ yòu biǎo shì chōng mǎn
第一个季节。春天万物显示出勃勃生机，所以又表示充满
huó lì rú shī jù bìng shù qián tóu wàn mù chūn
活力，如诗句"病树前头万木春"。

qīng de jiǎ gǔ wén zì xíng shàng miàn biǎo shì shēng chǎn xià miàn biǎo shì jǐng kuàng
"青"的甲骨文字形上面表示生产，下面表示井矿，
hé qǐ lái biǎo shì gǔ rén jiāng cóng kuàng jǐng lǐ tí qǔ chū lái de kuàng shí yán mó chéng
合起来表示古人将从矿井里提取出来的矿石研磨成
fěn zhì chéng yán liào suǒ yǐ qīng zhǐ qīng sè qīng sè jì kě yǐ zhǐ lán sè rú qīng tiān
粉制成颜料，所以"青"指青色。青色既可以指蓝色，如"青天、
zàng qīng yě kě yǐ zhǐ shēn lù sè rú qīng cuì qīng shān lù shuǐ lù sè gěi rén yī
藏青"，也可以指深绿色，如"青翠、青山绿水"。绿色给人一
zhǒng jī jí xiàng shàng de huó lì suǒ yǐ qīng hái kě yǐ bǐ yù nián qīng rú qīng chūn
种积极向上的活力，所以"青"还可以比喻年轻，如"青春
liàng lì zài wǔ xíng zhōng qīng sè duì yìng dōng fāng
靓丽"。在五行中，青色对应东方。

qīng

青

甲骨文
金文
小篆
隶书
楷书

《说文解字》:
"东方色也。木生火,从生、丹。丹青之信言必然。"

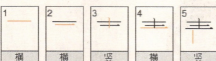

1	2	3	4	5	6	7	8
横	横	竖	横	竖	横折钩	横	横

wā

蛙

金文
小篆
隶书
楷书

《说文解字》:
"蛙也。从虫,圭声。"

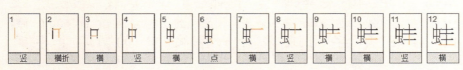

1	2	3	4	5	6	7	8	9	10	11	12
竖	横折	横	竖	横	点	横	竖	横	横	竖	横

wā zì xíng páng shì chóng biǎo shì shì yì zhǒng dòng wù guī zuò shēng páng
"蛙"字形旁是"虫",表示是一种动物,"圭"作声旁,
wā shì yì zhǒng shàn yú tiào yuè hé yóu yǒng de liǎng qī dòng wù dà duō shēng huó zài
"蛙"是一种善于跳跃和游泳的两栖动物,大多生活在
yǒu shuǐ de wā dì lǐ pí fū guāng huá tā yǐ chī hài chóng wèi zhǔ kě yǐ bǎo hù wǒ
有水的洼地里,皮肤光滑。它以吃害虫为主,可以保护我
men de zhuāng jia suǒ yǐ wǒ men yào bǎo hù qīng wā
们的庄稼,所以我们要保护青蛙。

《说文解字》:
"中国之人也。从夊,从页,从臼。"

1	2	3	4	5	6	7	8	9	10
横	撇	竖	横折	横	横	横	撇	横撇/横钩	捺

xià de jīn wén zì xíng shàng miàn bù fen biǎo shì tóu bù zhōng jiān bù fen wéi qū gàn
"夏"的金文字形上面部分表示头部,中间部分为躯干,
liǎng cè wéi shǒu xià bian wéi jiǎo suǒ yǐ xià zì běn lái shì zhǐ rén gǔ dài zhōng guó bèi
两侧为手,下边为脚,所以"夏"字本来是指人。古代中国被
chēng wéi huá xià zhōng guó rén shì huá xià zǐ sūn xià cháo shì wǒ guó lì shǐ shàng dì
称为"华夏",中国人是华夏子孙。夏朝是我国历史上第
yī gè cháo dài hòu lái xià zì yòng lái biǎo shì yì nián zhī zhōng de dì èr gè jì jié
一个朝代。后来"夏"字用来表示一年之中的第二个季节——
xià jì
夏季。

wān

弯

金文
小篆
隶书
楷书
弯

《说文解字》：
"持弓关矢也。从弓，緣声。"

1	2	3	4	5	6	7	8	9
点	横	竖	竖	撇	点	横折	横	竖折折钩

　　　 wān　　　de gǔ wén zì xíng shàng miàn bù fen xiàng xiàn bǎng zài yì qǐ　xià miàn shì yì
　　"弯"的古文字形 上 面部分像线绑在一起,下面是一
bǎ gōng hé qǐ lái biǎo shì lā gōng jiāng gōng bǎng zài xián shang rú　wān gōng shè diāo
把弓,合起来表示拉弓、将 弓 绑在弦上,如"弯弓射雕"。
yǐn shēn wéi qū zhe rú　wān yāo　hái kě yǐ biǎo shì wān qū de xíng zhuàng rú　guǎi wān
引申为曲着,如"弯腰"。还可以表示弯曲的形 状,如"拐弯"。
xiàn zài　wān　hái kě yǐ zuò liàng cí　rú　yì wān xīn yuè
现在,"弯"还可以作量词,如"一弯新月"。

　　　yǔ zhòu jiān hùn dùn de yuán qì gāng gāng fēn kāi de shí hou　qīng yòu qīng de yáng qì
　　宇宙间混沌的元气刚 刚 分开的时候,轻又清的阳气
shàng shēng wéi tiān zhòng yòu zhuó de yīn qì xià chén wéi dì　dì　běn lái shì zhǐ xià chén
上 升为天,重又浊的阴气下沉为地。"地"本来是指下沉
de yīn qì　yīn qì xià chén néng tuō jǔ wàn wù　suǒ yǐ　dì　shì chén fàng wàn wù　shǐ wàn
的阴气。阴气下沉 能托举万物,所以"地"是陈放万物、使万
wù shēng zhǎng de dì fang　dì　yě zhǐ kōng jiān chù suǒ rú　dì diǎn　dì fang
物 生 长的地方。"地"也指空 间、处所,如"地点""地方"。
　 dì　yòu xiàng mǔ qīn yí yàng néng gòu yùn yù xīn de shì wù　yīn cǐ wǒ men cháng cháng bǎ
　"地"又 像母 亲一 样 能 够孕育新的事物,因此我们常 常 把
dà dì bǐ zuò mǔ qīn　dì　hái kě yǐ zuò zhù cí　dú　yòng zài cí huò cí zǔ zhī hòu
大地比作母亲。"地"还可以作助词,读de,用 在词或词组之后

biǎo shì xiū shì hòu miàn de wèi yǔ　rú　màn màn de zǒu　zài běn kè zhōng dú　zhù cí
表示修饰后面的谓语,如"慢慢地走"。在本课中读 de,助词。

dì / de

地

金文
小篆
隶书
楷书

1	2	3	4	5	6
一	十	土	圤	圤	地
横	竖	提	横折钩	竖	竖弯钩

《说文解字》:
"万物所陈列也。从土,也声。"

jiù

就

金文
小篆
隶书
楷书

《说文解字》:
"高也。从京,从尤。尤,异于凡也。"

1	2	3	4	5	6	7	8	9	10	11	12
丶	二	宀	宁	宁	亨	亨	京	京	京	就	就
点	横	竖	横折	横	竖钩	撇	点	横	撇	竖弯钩	点

jiù　　　 de jīn wén zì xíng shàng miàn shì yì zhī shǒu xià miàn shì　jīng　 zhǐ gāo céng
"就"的金文字形 上 面 是 一 只 手，下 面 是"京"，指 高 层
de jiàn zhù wù zhěng zì biǎo shì yòng shǒu jiàn chéng gāo céng jiàn zhù　yǐn shēn wéi wán chéng
的建筑物，整字表示用手建成高层建筑。引申为完成、
shí xiàn　 rú gōng chéng míng jiù　　 zài yǐn shēn wéi jiē jìn　　 qū xiàng zǒu xiàng rú　jiù
实现，如"功 成 名 就"。再引申为接近、趋向、走向，如"就
zhí jiù yè　xiàn zài　 jiù　hái kě yǐ zuò fù cí biǎo shì qiáng liè yǔ qì rú　jiù shì
职、就业"。现在，"就"还可以作副词，表示强烈语气，如"就是、
jiù yào　 yě kě yǐ zuò lián cí　biǎo shì tiáo jiàn chéng jiē děng guān xì　rú　 lèi le jiù
就要"。也可以作连词，表示条件、承接等 关系，如"累了就
xiū xi
休息"。

dōng

《说文解字》：
"四时尽也。从仌，从夂。"

甲骨文
金文
小篆
隶书
楷书

1	2	3	4	5
撇	横撇/横钩	捺	点	点

dōng　 de jiǎ gǔ wén zì xíng xiàng shéng zi de liǎng duān dǎ jié de yàng zi　biǎo shì
"冬"的甲骨文字形像 绳 子 的 两 端 打 结 的 样 子，表示
zhōng duān suǒ yǐ dōng　de běn yì shì zhōng jié　zhè gè yì yì hòu lái xiě zuò　zhōng
终 端，所以"冬"的本义是终结，这个意义后来写作"终"。
yóu yú dōng jì hán lěng　yú shì zài biǎo shì dōng jì de　dōng　zì shang zēng jiā le biǎo
由于冬季寒冷，于是在表示冬季的"冬"字上增加了表
shì hán bīng de　 bīng　dōng jì shì yì nián de zuì hòu yí gè jì jié yīn cǐ　dōng yǐn shēn
示寒冰的"仌"。冬季是一年的最后一个季节，因此"冬"引申

wéi dōng jì gǔ rén gēn jù sì jì de tè zhēng zǒng jié chū le shùn yìng zì rán de chūn shēng
为冬季。古人根据四季的特征,总结出了顺应自然的春生、

xià zhǎng qiū shōu dōng cáng de yǎng shēng zhī dào
夏长、秋收、冬藏的养生之道。

《说文解字》:
"顛也。至高无上,从一、大。"

甲骨文
金文
小篆
隶书
楷书

tiān de jiǎ gǔ wén zì xíng xiàng rén zhàn lì zài dà dì shang tóu dǐng shang jiù shì
"天"的甲骨文字形像人站立在大地上,头顶上就是

gāo gāo de tiān kōng tiān běn lái shì zhǐ tóu dǐng zài jīn wén zhōng tiān zì zì xíng
高高的天空,"天"本来是指头顶。在金文中,"天"字字形

yòng yí gè yuán xíng biǎo shì tóu bù hòu lái wèi le kè xiě fāng biàn jiù yòng yí gè fāng
用一个圆形表示头部。后来,为了刻写方便,就用一个方

xíng huò zhě yì héng huà lái biǎo shì tóu bù yóu tóu dǐng yòu kě yǐ yǐn shēn chū wèi zhi
形或者一横画来表示头部。由"头顶"又可以引申出"位置

zài dǐng bù de de yì yì rú tiān huā bǎn tiān chuāng xiàn zài tiān cháng zhǐ tiān kōng
在顶部的"的意义,如"天花板""天窗"。现在,"天"常指天空。

yóu yú chū xiàn zài kōng zhōng de shǔ guāng xiàng zhēng zhe xīn de yì tiān de kāi shǐ suǒ yǐ
由于出现在空中的曙光象征着新的一天的开始,所以

tiān hái biǎo shì shí jiān yí rì jiù shì yì tiān
"天"还表示时间,一日就是一天。

sì
四

1	2	3	4	5
丨	冂	冂	四	四
竖	横折	撇	竖折/竖弯	横

甲骨文　三
金文　　㐅
小篆　　㐅
隶书　　四
楷书　　四

《说文解字》：
"阴数也，象四分之形。"

　　"四"是数量名称，偶数。甲骨文中，四字是用四条横线表示的。到了金文后期和小篆时"四"的形体发生了变化，字形就像人鼻子出气的样子，后来就将"四"字借作数目字用了，如"四君子"，就指"梅、兰、竹、菊"四种花卉。

　　"是"的金文上面是"日"，表示太阳，中间是手形"又"，表示手，下面是"止"，表示脚。整体表示太阳直射，适宜劳作。篆文将"又"和"止"连写成"正"，强调太阳在头顶上方。古人认为，天下万物没有比太阳还正的，以日为正就是"是"，所以"是"字表示"正、直"的意思。现在"是"还有"对、正确"的含义，表示判定。

shì

是

金文 小篆 隶书 楷书

《说文解字》：
"直也。从日、正。"

1	2	3	4	5	6	7	8	9
丨	冂	日	旦	旦	早	早	昗	是
竖	横折	横	横	横	竖	横	撇	捺

 写一写

gēn jù pīn yīn xiě hàn zì
一、根据拼音写汉字。

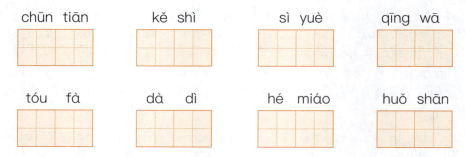

chūn tiān　　　kě shì　　　sì yuè　　　qīng wā

tóu fà　　　dà dì　　　hé miáo　　　huǒ shān

nǐ néng xiě chū xià liè piān páng bù shǒu ma
二、你能写出下列偏旁部首吗？

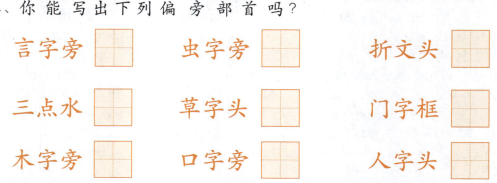

言字旁　　　虫字旁　　　折文头

三点水　　　草字头　　　门字框

木字旁　　　口字旁　　　人字头

猜一猜

cāi mí yǔ　　dǎ yī zì
三、猜谜语（打一字）。

1. 为人要一日三省。（　　）
2. 雾中点点透寒意。（　　）

连一连

gǔ jīn wén zì lián lián kàn
四、古今文字连连看。

冬　　说　　就　　春　　青　　蛙　　夏　　弯

听妈妈讲故事

chūn xià qiū dōng de chuán shuō
春夏秋冬的传说

传说在很久以前，就有了春夏秋冬。春是一个美丽的小姑娘，她性格温和活泼。夏是一个性格暴躁的男子，他是春的哥哥。秋是一个优雅的少女，她性格调皮机灵，和春是一对好朋友。冬是一个老爷爷，他是一个牛脾气，经常为了一点小事而打人，他还是秋的爷爷，夏的死对头。

冬和夏两个人都自以为很了不起，看不起对方。他们一见面就要争吵，然后，不是怒吼着摔跤，就是互相拳打脚踢。这时候，风暴就起来了，雷电交加，狂风暴雨里夹杂着冰雹，天地都震动起来。一天，夏和冬又开始打架了。一会儿是地上七十多摄氏度的极点高温，一会儿是零下几十摄氏度的极点低温，弄得春和秋不得不来调解局面。春和秋决定：春排在冬后面，挡住夏。秋排在夏后面，挡住冬。

于是，在以后的日子里，春夏秋冬轮换交替，人们的生活变得既丰富多彩又安定有秩序，人们在四季的轮换交替中创造自己的幸福。

语文园地四

 和家长一起学

nán 的 甲 骨 文 字 形 左 边 是 "田" ，右 边 是 一 种 农 具 ，像
"男" 的甲骨文字形左边是"田"，右边是一种 农具，像
lí pá de xíng zhuàng chēng wéi lěi zhěng tǐ biǎo shì nán rén zài tián jiān gēng zuò de
犁耙的形 状，称为"耒"，整体表示男人在田间耕作的
chǎng jǐng běn yì jiù shì nán rén yǔ nǚ zì xiāng duì cóng gǔ wén zì xíng kě yǐ kàn chū
场 景，本义就是男人，与"女"字相 对。从古文字形可以看出
gǔ dài de shè huì fēn gōng nán zǐ yì bān shì zài shì wài gàn huó de
古代的社会分 工，男子一般是在室外干活的。

nǔ

甲骨文

金文

小篆

隶书

楷书

《说文解字》：
"妇人也。象形。"

nǔ xiàng yī gè shuāng shǒu fàng zài xiōng qián qū xī guì zuò de nǔ zǐ běn yì
"女"像一个双手放在胸前、屈膝跪坐的女子,本义
jiù shì nǔ xìng nǔ zǐ zài gǔ dài wèi hūn wéi nǔ yǐ hūn wéi fù xiàn zài chéng
就是女性、女子。在古代未婚为"女",已婚为"妇"。现在成
nián de nǔ xìng yì bān chēng wéi nǔ rén zūn chēng tā men wéi nǔ shì duì wèi chéng
年的女性一般称为"女人",尊称她们为"女士";对未成
nián nǔ xìng zé chēng nǔ hái
年女性则称"女孩"。

gǔ wén de kāi zì wài bù shì liǎng shàn dà mén nèi bù de yī shì mén shuān
古文的"开"字,外部是两扇大门,内部的"一"是门闩,
xià miàn shì yì shuāng shǒu biǎo shì yòng shuāng shǒu lā kāi mén shuān kāi mén suǒ yǐ kāi
下面是一双手,表示用双手拉开门闩开门。所以"开"
zì de běn yì jiù shì kāi mén dǎ kāi hòu lái yǐn shēn wéi kāi fā kāi tuò fēn kāi děng
字的本义就是开门、打开。后来引申为开发、开拓、分开等
yì si
意思。

kāi

开

1	2	3	4
横	横	撇	竖

开 金文
開 小篆
開 隶书
开 楷书

《说文解字》：
"张也。从门，从幵。"

guān

关

開 金文
關 小篆
關 隶书
关 楷书

《说文解字》：
"以木横持门户也。从门，丱声。"

1	2	3	4	5	6
点	撇	横	横	撇	捺

guān de jīn wén wài miàn shì yí ge mén de yàng zi nèi bù liǎng tiáo shù xiàn
"关"的金文外面是一个"门"的样子,内部两条竖线
shang de diǎn biǎo shì mén shuān zhěng tǐ biǎo shì yòng shuān zi bǎ mén suǒ shàng guān
上的点表示门闩,整体表示用闩子把门锁上。"关"
de běn yì jiù shì mén shuān yǐn shēn chū guān bì de yì si rú bǎ mén guān shàng hòu
的本义就是门闩,引申出关闭的意思,如"把门关上"。后
lái hái yǐn shēn chū guān kǒu de yì si rú nán guān xiàn zài guān duō yòng lái biǎo
来还引申出关口的意思,如"难关"。现在,"关"多用来表
shì qiān lián tóng shì zhī jiān de guān xì děng
示牵连、同事之间的关系等。

zhèng/zhēng

正

甲骨文
金文
小篆
隶书
楷书

1	2	3	4	5
横	竖	横	竖	横

《说文解字》:
"是也。从止,一以止。"

zhèng de jiǎ gǔ wén zì xíng zhōng shàng miàn fú hào biǎo shì fāng xiàng mù biāo xià
"正"的甲骨文字形中,上面符号表示方向、目标,下
miàn shì zhǐ zú yì si shì cháo zhè ge fāng xiàng huò mù biāo bù piān bù xié de zǒu
面是"止"(足),意思是朝这个方向或目标不偏不斜的走
qù běn yì jiù shì píng zhèng bù piān xié hòu lái yǐn shēn wéi zhèng zhí zhèng pài rú zhèng
去,本义就是平正、不偏斜。后来引申为正直、正派,如"正

rén jūn zǐ   yòu biǎo shì dòng zuò jìn xíng dāng zhōng   rú   tā zhèng zài kāi huì   zhè ge
人 君 子"。又 表 示 动 作 进 行 当 中，如"他 正 在 开 会"。这 个

zì hái dú   zhǐ nóng lì yì nián de dì yī gè yuè   rú   zhēng yuè   běn kè zhōng dú
字 还 读 zhēng，指 农 历 一 年 的 第 一 个 月，如"正 月"。本 课 中 读

          yì si shì bù piān xié
zhèng，意 思 是 不 偏 斜。

fǎn

| 1 | 2 | 3 | 4 |
| 撇 | 撇 | 横撇/横钩 | 捺 |

甲骨文
金文
小篆
隶书
楷书

《说文解字》：
"覆也。从又，厂反形。"

          fǎn   de jiǎ gǔ wén zì xíng xiàng shì yòng shǒu pān yán fān shān   běn yì jiù shì pān
          "反" 的 甲 骨 文 字 形 像 是 用 手 攀 岩 翻 山，本 义 就 是 攀

dēng zhè ge yì yì hòu lái xiě zuò bān   fǎn   jiù yòng lái biǎo shì nì zhuǎn fān zhuǎn rú   yì
登，这 个 意 义 后 来 写 作"扳"，"反"就 用 来 表 示 逆 转、翻 转，如"易

rú fǎn zhǎng   yòu yǐn shēn wéi xiāng fǎn duì lì de yí miàn   yǔ zhèng xiāng duì rú   fǎn fāng
如 反 掌"。又 引 申 为 相 反 对 立 的 一 面，与"正"相 对，如"反 方"。

fǎn fāng zǒng shì yǔ zhèng fāng zhēn fēng xiāng duì   yú shì yǒu le huí jī   duì kàng de yì
反 方 总 是 与 正 方 针 锋 相 对，于 是 有 了 回 击、对 抗 的 意

si rú fǎn duì fǎn pàn
思，如"反 对、反 叛"。

 连一连

fǎn yì cí lián xiàn
一、反义词连线。

正　　开　　男　　南　　上　　大

关　　反　　女　　北　　小　　下

 贴一贴

nǐ huì dú ma　　dú duì de gěi zì jǐ tiē gè dà mǔ zhǐ ba
二、你会读吗？读对的给自己贴个大拇指吧。

大地　夏天　青草　小鱼　春天　树叶　冬天　秋天

□　□　□　□　□　□　□　□

 写一写

qǐng xiě chū xià miàn gǔ wén zì de jiǎn huà zì ba
三、请写出下面古文字的简化字吧。

听妈妈讲故事

kāi chéng bù gōng
开诚布公

　　sān guó shí，shǔ hàn de chéng xiāng zhū gě liàng shì yí gè jì yǒu néng lì yòu zhōng xīn
　　三 国 时，蜀 汉 的 丞 相 诸 葛 亮 是 一 个 既 有 能 力 又 衷 心
de xián chén　dé dào huáng dì liú bèi de zhòng yòng　liú bèi lín zhōng qián céng jiāng zì jǐ
的 贤 臣，得 到 皇 帝 刘 备 的 重 用。刘 备 临 终 前，曾 将 自 己
de ér zǐ liú chán tuō fù gěi tā　ràng tā bāng zhù liú chán zhì lǐ tiān xià　liú bèi shèn zhì
的 儿 子 刘 禅 托 付 给 他，让 他 帮 助 刘 禅 治 理 天 下。刘 备 甚 至
chéng kěn de liú xià yí yán　rú guǒ liú chán bù hǎo hǎo tīng nǐ de huà　zuò chū wēi hài
诚 恳 地 留 下 遗 言：“如 果 刘 禅 不 好 好 听 你 的 话，做 出 危 害
guó jiā de shì　nǐ jiù qǔ ér dài zhī　zì jǐ zuò huáng dì　zhū gě liàng fēi cháng gǎn dòng
国 家 的 事，你 就 取 而 代 之，自 己 做 皇 帝。”诸 葛 亮 非 常 感 动，
biǎo shì yào hǎo hǎo de xiào zhōng shào zhǔ liú chán
表 示 要 好 好 地 效 忠 少 主 刘 禅。
　　liú bèi sǐ hòu　zhū gě liàng jié jìn quán lì bāng zhù liú chán zhì lǐ guó jiā　yǒu rén
　　刘 备 死 后，诸 葛 亮 竭 尽 全 力 帮 助 刘 禅 治 理 国 家。有 人
quàn tā zì fēng wèi wáng　dàn tā yán lì de jù jué le　tā wéi rén chǔ shì gōng zhèng hé
劝 他 自 封 为 王，但 他 严 厉 地 拒 绝 了。他 为 人 处 世 公 正 合
lǐ　bù xùn sī qíng zài gōng dǎ cáo wèi shí　yīn wèi dà yì qīng dí　jiē tíng shī shǒu　tā
理，不 徇 私 情。在 攻 打 曹 魏 时，因 为 大 意 轻 敌，街 亭 失 守，他

挥泪斩杀爱将马谡,自己也请求降职。所以,后人在写史书时,就用"开诚心,布公道"来形容这位贤臣。成语"开诚布公"就是由"开诚心,布公道"缩略而来。人们常用它来比喻对人态度诚恳,坦白无私。

识字 6

画

 和家长一起学

yuǎn　zài　jiǎ　gǔ　wén　zhōng　fēn　wéi　zuǒ　zhōng　yòu　sān　gè　bù fen　zuǒ bian shì yuán　　yī
"远"在甲骨文中分为左中右三个部分。左边是"袁","衣
fu cháng　de yàng zi zhè lǐ biǎo shì yào zǒu hěn cháng de lù zhōng jiān bù fen xiàng　yòu
服长"的样子,这里表示要走很长的路;中间部分像"又",
biǎo shì zhuā chí　yòu bàn bù fen shì chù biǎo shì xíng zǒu　hé qǐ lái jiù biǎo shì dài
表示"抓、持";右半部分是"丁",表示"行走"。合起来就表示"带

shàng yī wù xíng náng yuǎn xíng   hòu lái   hái zhǐ shí jiān shang de cháng jiǔ   rú   jiǔ yuǎn
上 衣 物 行 囊 远 行"。后 来，还 指 时 间 上 的 长 久，如"久 远"；
yě kě yǐ biǎo shì rén yǔ rén zhī jiān de guān xì bù qīn jìn   rú   shū yuǎn
也 可 以 表 示 人 与 人 之 间 的 关 系 不 亲 近，如"疏 远"。

yǒu

1	2	3	4	5	6
一	𠂇	𠂇	有	有	有
横	撇	竖	横折钩	横	横

甲骨文
金文
小篆
隶书
楷书

《说文解字》：
"不宜有也。从月，又声。"

yǒu   de jiǎ gǔ wén hé   yòu   de zì xíng xiāng tóng   dōu shì yì zhī yòu shǒu de xíng
"有"的 甲 骨 文 和"又"的 字 形 相 同，都 是 一 只 右 手 的 形
zhuàng   jīn wén hé xiǎo zhuàn yóu   yòu shǒu   hé   yuè ròu   gòu chéng biǎo shì shǒu zhōng
状。金 文 和 小 篆 由"又（手）"和"月（肉）"构 成，表 示 手 中
yǒu ròu suǒ yǐ   yǒu   de běn yì wéi chí yǒu   yǔ   wú xiāng duì   hòu lái yòu yǒu zhàn yǒu
有 肉，所 以"有"的 本 义 为 持 有，与"无"相 对。后 来 又 有 占 有、
lǐng yǒu de yì si   rú   sūn quán jù yǒu jiāng dōng   yì si shì   sūn quán zhàn lǐng le jiāng
领 有 的 意 思，如"孙 权 据 有 江 东"，意 思 是"孙 权 占 领 了 江
dōng   hái kě biǎo shì cún zài de yì si   yǔ   méi xiāng duì   rú   sān rén xíng   bì yǒu wǒ
东"。还 可 表 示 存 在 的 意 思，与"没"相 对，如"三 人 行，必 有 我
shī yān   yì si shì   jǐ gè rén yī qǐ zǒu lù   yī dìng yǒu kě yǐ zuò wǒ lǎo shī de rén
师 焉"，意 思 是"几 个 人 一 起 走 路，一 定 有 可 以 做 我 老 师 的 人
zài qí zhōng
在 其 中"。

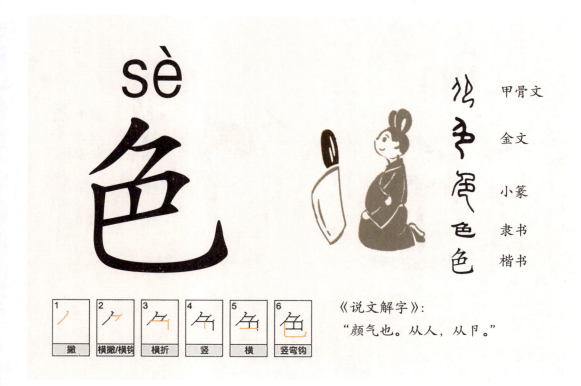

sè
色

甲骨文
金文
小篆
隶书
楷书

1	2	3	4	5	6
撇	横撇/横钩	横折	竖	横	竖弯钩

《说文解字》：
"颜气也。从人，从卩。"

jiǎ gǔ wén de sè zì zuǒ bian wéi yì bǎ dāo yòu bian wéi yí gè guì zuò de rén
甲骨文的"色"字，左边为一把刀，右边为一个跪坐的人，
yǒu duàn jué de yì si shì jué de běn zì zhuàn wén zhōng de sè zì biàn chéng le
有断绝的意思。是"绝"的本字。篆文中的"色"字变成了
shàng miàn shì lì zhe de rén xià miàn shì guì zhe de rén zhěng gè zì xiàng shì lì zhe de rén
上面是立着的人，下面是跪着的人，整个字像是立着的人
zài xùn jiè guì zhe de rén yǒu kàn rén liǎn sè xíng shì de yì si xiàn zài sè bèi jiè yòng
在训诫跪着的人，有看人脸色行事的意思。现在"色"被借用
wéi yán sè nǚ zǐ měi mào yě chēng sè rú tiān zī guó sè
为"颜色"。女子美貌也称"色"，如"天姿国色"。

jìn de zhuàn wén zì xíng zuǒ bian wéi chuò shàng fāng dài biǎo lù xià fāng dài
"近"的篆文字形左边为"辵"，上方代表路，下方代
biǎo jiǎo biǎo míng yǔ xíng zǒu yǒu guān jīn zuò shēng páng jìn de běn yì wéi jù lí jìn
表脚，表明与行走有关。"斤"作声旁。"近"的本义为距离近，
yǔ yuǎn xiāng duì hòu lái yòu zhǐ jiē jìn kào jìn jìn hái zhǐ qīn mì rú jìn qīn
与"远"相对。后来又指"接近靠近"；"近"还指"亲密"，如"近亲、
píng yì jìn rén děng
平易近人"等。

jìn

近

近 金文

訴 小篆

近 隶书

近 楷书

1	2	3	4	5	6	7
			斤	斤		
撇	撇	横	竖	点	横折折撇	捺

《说文解字》：
"附也。从辵，斤声。"

tīng

听

甲骨文

金文

聽 小篆

聽 隶书

听 楷书

1	2	3	4	5	6	7
			叮	听		听
竖	横折	横	撇	撇	横	竖

《说文解字》：
"聆也。从耳、悳，壬聲。"

jiǎ gǔ wén de　　tīng　xiàng yì zhī ěr duo jiè yú xǔ duō zǔi ba zhī jiān　biǎo shì qīng tīng
甲骨文的"听"像一只耳朵介于许多嘴巴之间，表示倾听
zhòng rén fā yán　　tīng zuì jī běn de yì si jiù shì qīng tīng　　xiǎo zhuàn zì xíng biǎo shì　ěr
众人发言。"听"最基本的意思就是"倾听"。小篆字形表示"耳
duo yǒu suǒ dé　　jí yòng ěr duo gǎn shòu shēng yīn　　tīng　hái biǎo shì　tīng cóng　jiē shòu
朵有所得"，即用耳朵感受声音。"听"还表示"听从、接受"
děng yì yì　hòu lái fán tǐ　tīng jiǎn huà wéi　tīng　xué huì qīng tīng shì duì yú měi gè rén dōu
等意义。后来繁体"聽"简化为"听"。学会倾听是对于每个人都
fēi cháng zhòng yào de　qīng tīng shì yì zhǒng liáng hǎo de xí guàn　yě shì yì zhǒng měi dé
非常重要的，倾听是一种良好的习惯，也是一种美德。

wú

无

1	2	3	4
一	二	于	无
横	横	撇	竖弯钩

甲骨文
金文
小篆
隶书
楷书
無
无

《说文解字》：
"亡也。从亡，无声。"

wú　　de fán tǐ zì xiě wèi　wú　　wú hé wǔ zài gǔ shí hou shì yí gè zì　　tā
"无"的繁体字写为"無"，"無"和"舞"在古时候是一个字，它
men de jiǎ gǔ wén kàn qǐ lái xiàng shì yí gè rén ná zhe wù jiàn zài tiào wǔ　hòu lái rén men
们的甲骨文看起来像是一个人拿着物件在跳舞。后来人们
yòu zào le　wǔ　zì lái biǎo shì tiào wǔ　wú　de xiǎo zhuàn zì xíng zēng jiā biǎo yì de
又造了"舞"字来表示跳舞。"無"的小篆字形增加表义的
gòu jiàn wáng　biǎo shì méi yǒu de yì si xiàn zài　wú　jiǎn huà wéi　wú　xiàng wú
构件"亡"，表示"没有"的意思，现在"無"简化为"无"，像"无
sè wú wèi　wú yuàn wú huǐ zhōng de　wú　dōu biǎo shì méi yǒu de yì si
色无味、无怨无悔"中的"无"都表示没有的意思。

shēng
声

金文
小篆
隶书
楷书

| 1 横 | 2 竖 | 3 横 | 4 横折 | 5 竖 | 6 横 | 7 撇 |

《说文解字》：
"音也。从耳，殸声。"

shēng de jiǎ gǔ wén de zhōng jiān shì yì zhī ěr duo shàng miàn shì gǔ yuè qì qìng
"声"的甲骨文的中间是一只耳朵，上面是古乐器"磬"，
yòu bian shì yì zhī shǒu ná zhe yì bǎ xiǎo chuí biǎo xiàn qiāo dǎ de qíng xíng xià miàn shì
右边是一只手拿着一把小锤，表现敲打的情形，下面是
yī gè zuǐ ba biǎo shì zài chàng zhe gē zhěng tǐ biǎo shì yǒu qìng yīn bàn zòu de gē shēng
一个嘴巴表示在唱着歌，整体表示有磬音伴奏的歌声
chuán rù ěr duo yīn ér shēng de běn yì jiù shì yuè yīn hòu lái fàn zhǐ suǒ yǒu de shēng yīn
传入耳朵，因而"声"的本义就是乐音，后来泛指所有的声音。
bìng qiě shēng yīn hái yǒu shuō chū lái ràng rén zhī dào yáng yán de yì si rú shēng míng
并且，声音还有"说出来让人知道，扬言"的意思，如"声明"。
tōng cháng yí gè rén suǒ shuō de huà dài biǎo le tā de xiǎng fǎ cóng ér bié rén duì tā
通常一个人所说的话代表了他的想法，从而别人对他
yě yǒu yí dìng de yìn xiàng yú shì yǐn shēn chū míng wàng shēng yù de yì si rú měi
也有一定的印象，于是引申出"名望、声誉"的意思，如"每
gè rén dōu xī wàng yǒu yí gè hǎo míng shēng
个人都希望有一个好名声"。

qù zì shàng bù shì yí gè rén xíng xià bù shì tā jū zhù de dòng xué yì si jiù
"去"字上部是一个人形，下部是他居住的洞穴，意思就

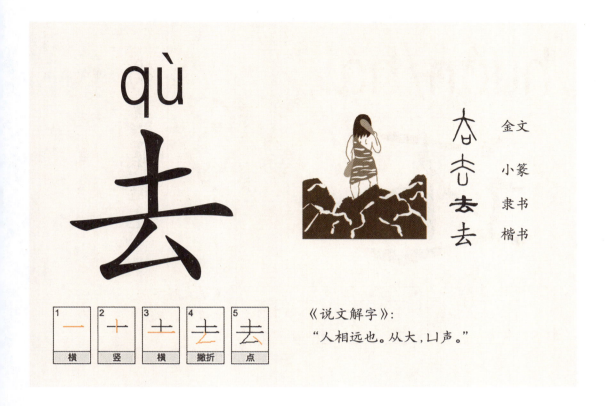

qù

去

1	2	3	4	5
一	十	士	去	去
横	竖	横	撇折	点

金文
小篆
隶书
楷书

《说文解字》：
"人相远也。从大，凵声。"

shì lí kāi zhù dì　qián wǎng bié de dì fāng　chú le　dào mǒu gè dì fāng　　qù zì yǎn
是离开住地，前 往别的地方。除了"到某个地方"，"去"字演
biàn dào jīn tiān yǒu duō zhǒng hán yì　bǐ rú biǎo shì shàng yì nián de　qù nián　biǎo shì
变到今天有多 种含义，比如表示上一年的"去年"；表示
chú diào de　qù chú　biǎo shì rén shì shì de　qù shì děng
除掉的"去除"；表示人逝世的"去世"等。

　　　hái　de jiǎ gǔ wén yóu xíng hé　mù gòu chéng　biǎo shì zǒu zài lù shang huí wàng
　　"还"的甲骨文由"行"和"目"构 成，表示走在路上回望。
jīn wén de　hái fù zá huà　zì de xià miàn jiā le yí gè zhǐ　zú　zhōng jiān jiā le yí
金文的"还"复杂化，字的下 面加了一个止（足），中 间加了一
gè yuán huán de xíng zhuàng tū chū le fǎn huí de yì si　xiǎo zhuàn de　hái zuǒ bian chéng
个圆环的形 状，突出了返回的意思。小 篆的"还"左边成
le zǒu bù　réng rán biǎo shì xíng zǒu　yòu bian shì shēng páng huán　huán de běn yì shì
了辵部，仍然表示行走，右边是声 旁睘。"还"的本义是
fǎn huí yuán chù　xiàn zài　huán yǒu guī huán huī fù huí bào děng yì　dú zuò　shí
返回（原处）。现在，"还"有归还、恢复、回报等义。读作"hái"时，
duō zuò fù cí biǎo shì chí xù　chóng fù děng yì si běn kè zhōng dú　biǎo shì chóng fù
多作副词，表示持续、重复等意思。本课中 读hái，表示重复。

huán/hái

还

	甲骨文
	金文
	小篆
	隶书
	楷书

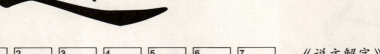

1 一	2 ᐠ	3 ᐟ	4 不	5 不	6 还	7 还
横	撇	竖	点	点	横折折撇	捺

《说文解字》：
"復也。从辵，睘声。"

lái

来

	甲骨文
	金文
	小篆
	隶书
	楷书

《说文解字》：
"周所受瑞麦来麰。一来二缝，象芒束之形。天所来也，故为行来之来。"

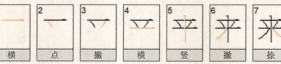

1 一	2 二	3 丷	4 立	5 平	6 来	7 来
横	点	撇	横	竖	撇	捺

lái de jiǎ gǔ wén zì xíng xiàng shì mài suì de gǎn zi shangzhǎng zhe hěn duō shēn
　"来"的甲骨文字形像是麦穗的秆子上长着很多伸

cháng de mài suì běn yì jiù shì mài zi zài gǔ dài xiǎo mài bèi chēng wéi lái dà
长的麦穗。本义就是麦子。在古代,小麦被称为"来",大

mài bèi chēng wéi móu hòu lái xiě zuò móu shuō wén jiě zì rèn wéi mài zi shì
麦被称为"麰"(后来写作"牟")。《说文解字》认为麦子是

lǎo tiān jiàng xià lái de shì wù cóng ér yǐn shēn wéi dào lái de lái yǔ qù xiāng duì
老天降下来的事物,从而引申为到来的"来",与"去"相对。

xiàn zài lái de běn yì jiàn jiàn xiāo shī
现在,"来"的本义渐渐消失。

shuǐ

水

1	2	3	4
亅	刀	才	水
竖钩	横撇/横钩	撇	捺

甲骨文
金文
小篆
隶书
楷书

《说文解字》:
"象众水并流,中有微阳之气也。"

shuǐ de jiǎ gǔ wén hé jīn wén zì xíng dōu shì wān wān qū qū de liú shuǐ zhī xíng liǎng
　"水"的甲骨文和金文字形都是弯弯曲曲的流水之行,两

biān de jǐ diǎn dōu shì biǎo shì jī liú zhōng jiàn qǐ de shuǐ huā shuǐ de běn yì shì hé liú
边的几点都是表示激流中溅起的水花。"水"的本义是河流。

shuǐ hòu lái fàn zhǐ jiāng hé hú hǎi yáng děng yí qiè shuǐ yù rú wàn shuǐ qiān
"水"后来泛指江、河、湖、海、洋等一切水域。如"万水千

shān shuǐ lù liǎng qī shuǐ shang rén jiā de shuǐ dōu shì fàn zhǐ shuǐ yù fán shì yóu
山""水陆两栖""水上人家"的"水"都是泛指水域。凡是由

shuǐ zì zǔ chéng de zì dà duō yǔ shuǐ liú yè tǐ yǒu guān rú bō làng jiǔ děng
"水"字组成的字大多与水流、液体有关,如"波、浪、酒"等。

《正韵》：
"与柎通。花萼蹲也。"

bù de jiǎ gǔ wén zì xíng shàng miàn xiàng huā dì de zǐ fáng xià miàn xiàng huā ruǐ
"不"的甲骨文字形 上 面 像 花蒂的子房,下面 像 花蕊

xià chuí de yàng zi bù de běn yì jiù shì è zú jí huā tuō hòu lái bù bèi jiè yòng
下垂的样子。"不"的本义就是萼足,即花托。后来"不"被借用

wéi fǒu dìng xìng fù cí yòng zài dòng cí xíng róng cí huò fù cí qián miàn biǎo shì fǒu dìng
为否定性副词,用在动词、形容词或副词前面,表示否定,

rú chuān liú bù xī xíng róng xíng rén chē mǎ děng xiàng shuǐ liú yí yàng lián xù bù duàn
如"川流不息",形容行人、车马等 像水流一样连续不断。

连一连

wǒ huì lián xiàn
一、我会连线。

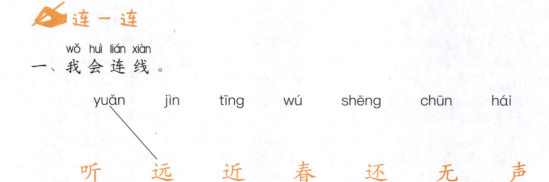

yuǎn   jìn   tīng   wú   shēng   chūn   hái

听   远   近   春   还   无   声

二、请把古诗补充完整。

远看 ☐ 有色，近听 ☐☐ 声。

春 ☐ 花还在， ☐☐ 鸟 ☐ 惊。

三、按要求填空。

"水"字共（　　）画，第一画是（　　）。

"去"字共（　　）画，第二画是（　　）。

"来"字共（　　）画，第一画是（　　）。

"不"字共（　　）画，第三画是（　　）。

贴一贴

qǐng zài fù yè lǐ zhǎo dào xià liè hàn zì duì yìng de gǔ wén zì tiē zài fāng kuàng lǐ

四、请在附页里找到下列汉字对应的古文字贴在方框里。

远 来 有 还 色 去 听 无 近 声

☐ ☐ ☐ ☐ ☐ ☐ ☐ ☐ ☐ ☐

明明白白学汉字

 **听妈妈讲故事**

王冕画荷

元朝时候有个大画家,名叫王冕,最擅长画荷花,许多人为了得到他的荷花画,都不辞辛苦,从老远的地方赶来求取。

王冕虽然很有名,但小时候却很贫困,白天要替人放牛,晚上才能画画。

有一天,王冕在湖边放牛时,忽然下起一阵雨,一会儿雨停了,湖里的荷花和荷叶被雨水冲洗得非常干净。王冕看了非常喜爱,便想把它画下来,于是赶紧用身上的一点零用钱买了纸和笔开始作画。起初当然画得不怎么好,可是王冕并不气馁,仍然不停地画,最后终于越画越像,就跟真的一样。王冕便把荷花画拿去卖,卖的钱拿回家孝敬母亲。

王冕因为荷花画得很好,许多人抢着要买,他的处境便因此渐渐好转,不再替人放牛了,他的声名也渐渐远播,终于成为一个全国有名的大画家。

识字7

大 小 多 少

 和家长一起学

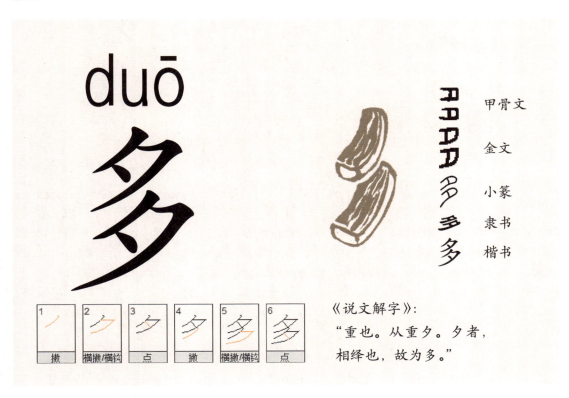

甲骨文
金文
小篆
隶书
楷书

《说文解字》：
"重也。从重夕。夕者，
相绎也，故为多。"

duō de jiǎ gǔ wén zì xíng shì liǎng fèn ròu kuài dié jiā zài yì qǐ biǎo shì shù liàng
"多"的甲骨文字形是两份肉块叠加在一起，表示数量

duō yǔ shǎo xiāng duì zhè lèi yòng liǎng sān gè tóng yàng de shì wù biǎo shì zhòng duō
多，与"少"相对。这类用两三个同样的事物表示"众多"

de gòu zì fǎ bǐ jiào cháng yòng rú sēn lín duō xiàn zài hái kě yǐ yòng zuò dòng
的构字法比较常用，如"森、林"。"多"现在还可以用作动

cí biǎo shì chāo chū duō yú de yì si rú duō cǐ yì jǔ
词，表示"超出，多余"的意思，如"多此一举"。

shǎo/shào

少

1	2	3	4
丨	丿	小	少
竖	撇	点	撇

甲骨文
金文
小篆
隶书
楷书

《说文解字》：
"不多也。从小，丿声。"

shǎo de jiǎ gǔ wén zì xíng shì zài xiǎo zì shang jiā yì diǎn biǎo shì shù
"少"的甲骨文字形是在"小"（小）字上加一点，表示数
liàng shǎo yǔ duō xiāng duì zuò dòng cí biǎo shì yí shī rú shǎo le dōng xī hái kě
量少，与"多"相对。作动词表示遗失，如"少了东西"。还可
yǐ dú biǎo shì nián jì jiào xiǎo huò jiào nián qīng de rú shào nián huò shì cì jí
以读shào，表示年纪较小或较年轻的，如"少年"；或是次级
de fù de rú shào xiào zài běn kè zhōng dú biǎo shì shù liàng bù duō
的，副的，如"少校"。在本课中读shǎo，表示数量不多。

huáng de jiǎ gǔ wén zì xíng xiàng yī gè zhèng miàn zhàn lì de rén fù bù shí mǎn de yàng
"黄"的甲古文字形像一个正面站立的人腹部实满的样
zi biǎo shì yī zhǒng shēn tǐ miàn mù jiē biàn huáng sè de bìng zhēng suǒ yǐ huáng běn yì jiù shì
子，表示一种身体面目皆变黄色的病征，所以"黄"本义就是
huáng sè hòu lái yǐn shēn wéi huáng sè de shì wù rú dàn huáng xiàn zài kǒu yǔ zhōng jīng cháng
黄色。后来引申为黄色的事物，如"蛋黄"。现在口语中经常
yòng lái biǎo shì shì qíng shī bài huò jì huà bù néng shí xiàn de yì si rú zhè shì huáng le
用来表示事情失败或计划不能实现的意思，如"这事黄了"。

huáng

黄

甲骨文
金文
小篆
隶书
楷书

《说文解字》：
"地之色也。"

1 横	2 竖	3 竖	4 横	5 竖	6 横折	7 横	8 竖	9 横	10 撇	11 点

niú

牛

甲骨文
金文
小篆
隶书
楷书

1 撇	2 横	3 横	4 竖

《说文解字》：
"大牲也。象角头三、封尾之形。"

"牛"的甲骨文字形像牛头的形状，上方为弯折的牛角，下方表示牛耳。牛儿四肢强健发达，执着踏实，所以可以表示非常厉害、强势有力的意思，如"牛气"。又因为牛的习气比较执拗，因此可以形容人固执、倔强，如"牛脾气"。

zhī/zhǐ

只

	甲骨文	简化字
	金文	小篆
	小篆	隶书
	隶书	楷书
	楷书	

只 隻 篼 隻 隻

只 只 只

| 1 | 2 | 3 | 4 | 5 |
| 竖 | 横折 | 横 | 撇 | 点 |

《说文解字》：
"语巳词也。从口，
象气下引之形。"

简化字"只"有两个来源，"隻"和"只"。"隻"像一只手捕获了一只鸟，表示单独的，如"只身、只言片语"。又引申为量词，如"两只猫"。"只"字《说文解字》说解为像是人说话时向外发声和出气的样子，是一个语气词。后来用作副词，表示仅限于某个范围，如"只有、只好"。

猫　小篆
貓　隶书
猫　楷书

《说文解字》：
"狸属。从豸，苗声。"

1	2	3	4	5	6	7	8	9	10	11
撇	弯钩	撇	横	竖	竖	竖	横折	横	竖	横

　　māo　de xiǎo zhuàn zì xíng zuǒ bian shì zhì xíng zhuàng xiàng shí ròu de dòng wù yòu
　"猫"的小篆字形左边是"豸"，形状像食肉的动物，右
bian miáo zuò shēng páng māo jiù shì yì zhǒng xíng dòng mǐn jié de xiǎo xíng shí ròu dòng
边"苗"作声旁。"猫"就是一种行动敏捷的小型食肉动
wù kě yǐ zài jiā zhōng sì yǎng shàn cháng bǔ zhuō lǎo shǔ zuò dòng cí shí yǒu duǒ cáng de
物，可以在家中饲养，擅长捕捉老鼠。作动词时有躲藏的
yì si rú māo zài jiā lǐ kǒu yǔ zhōng duǒ māo māo jiù shì zhuō mí cáng de yì si
意思，如"猫在家里"。口语中"躲猫猫"就是捉迷藏的意思。

　　biān de jiǎ gǔ wén zì xíng zuǒ bian shì xíng páng chuò biǎo shì xíng zǒu yòu bian
　"边"的甲骨文字形左边是形旁"辵"，表示行走，右边
shàng miàn shì bí zi dài biǎo miàn bù zhōng jiān shì shān dòng dǐ xià shì yí gè dài zhe jiā
上面是鼻子，代表面部，中间是山洞，底下是一个戴着枷
suǒ de fàn rén hé qǐ lái biǎo shì liǎn shang cì le zì de fàn rén bèi fā pèi dào shēn shān
锁的犯人，合起来表示脸上刺了字的犯人被发配到深山
biān jiāng biān zì běn yì jiù shì biān yuán yě zhǐ guó jiā yǔ guó jiā huò guó jiā yǔ dì
边疆。"边"字本义就是边缘，也指国家与国家或国家与地
qū zhī jiān de jiāo jiè chù rú biān jiāng hái yǐn shēn wéi tóng shí rú biān zǒu biān chàng
区之间的交界处，如"边疆"。还引申为同时，如"边走边唱"。
xiàn zài biān yě cháng yòng lái biǎo shì cè miàn fāng wèi rú dōng bian shàng bian
现在"边"也常用来表示侧面、方位，如"东边、上边"。

biān

边

1 横折钩	2 撇	3 点	4 横折折撇	5 捺

金文 小篆 隶书 楷书

《说文解字》：
"行垂崖也。从辵，旁声。"

yā

鸭

小篆 隶书 楷书

《说文解字》：
"鹜也。俗谓之鸭。从鸟，甲声。"

1 竖	2 横折	3 横	4 横	5 竖	6 撇	7 横折钩	8 点	9 竖折折钩	10 横

yā　　　de xiǎo zhuàn zì xíng zuǒ bian shì　jiǎ　　zuò shēng páng　yě biǎo shì　gā
"鸭"的小篆字形左边是"甲",作声旁,也表示"呷

gā　de jiào shēng yòu bian shì xíng páng niǎo　shuō míng　yā　shì qín lèi de yì zhǒng　yā
呷"的叫声,右边是形旁"鸟",说明"鸭"是禽类的一种。"鸭"

jiù shì yā zi　　yì zhǒng zuǐ biǎn tuǐ duǎn　zhǐ jiān yǒu pǔ　shàn cháng yóu yǒng　dàn shì bù
就是鸭子,一种嘴扁腿短,趾间有蹼,擅长游泳,但是不

néng gāo fēi de shuǐ qín
能高飞的水禽。

píng
苹

1	2	3	4	5	6	7	8
横	竖	竖	横	点	撇	横	竖

小篆
隶书
楷书
楷书
简化字

《说文解字》:
"蓱也。无根,浮水
而生者。从艸,平声。"

jiǎn huà zì　píng　yǒu liǎng gè lái yuán　píng　hé píng　　píng　de xiǎo zhuàn zì
简化字"苹"有两个来源,"苹"和"蘋"。"苹"的小篆字

xíng shàng miàn shì xíng páng　cǎo　biǎo shì shuǐ cǎo　xià miàn shì shēng páng píng　　píng
形上面是形旁"艸",表示水草,下面是声旁"平","苹"

zhǐ shēng zhǎng zài shuǐ lǐ de fú píng　zhè gè yì yì hòu lái xiě zuò　píng　　píng shì yóu
指生长在水里的浮萍,这个意义后来写作"萍"。"蘋"是由

cǎo　hé　pín　gòu chéng de xíng shēng zì　zhuān zhǐ yì zhǒng shuǐ guǒ　jí píng guǒ
"艸"和"频"构成的形声字,专指一种水果,即苹果。

guǒ

果

1	2	3	4	5	6	7	8
丨	冂	冃	曰	旦	早	杲	果
竖	横折	横	横	横	竖	撇	捺

甲骨文
金文
小篆
隶书
楷书

《说文解字》：
"木实也。从木，
象果形在木之上。"

　　guǒ de jiǎ gǔ wén zì xíng jiù xiàng yì kē shù shang jiē mǎn le guǒ zi běn yì jiù
　　"果"的甲骨文字形就像一棵树上结满了果子,本义就
shì cǎo mù jiē chū de guǒ shí chūn qù qiū lái jīng guò nóng mín xīn qín láo dòng hé miáo
是草木结出的果实。春去秋来,经过农民辛勤劳动,禾苗
zhǎng chū le guǒ shí rén men kě yǐ shōu huò liáng shi le suǒ yǐ guǒ yòu zhǐ chéng guǒ
长出了果实,人们可以收获粮食了,所以"果"又指成果,
rú shuò guǒ léi léi xiàn zài hái kě yǐ biǎo shì wéi shì qíng fā zhǎn de jié jú rú jié
如"硕果累累"。现在还可以表示为事情发展的结局,如"结
guǒ yě kě yǐ zuò wéi xíng róng cí biǎo shì guǒ duàn de yì si rú guǒ gǎn
果"。也可以作为形容词表示"果断的"意思,如"果敢"。

　　xìng de jiǎ gǔ wén zì xíng shàng miàn shì mù biǎo shì zhí wù xià miàn shì kǒu
　　"杏"的甲骨文字形上面是"木",表示植物,下面是"口",
biǎo shì shì kě yǐ chī de dōng xi xìng jiù shì yì zhǒng shù mù jiē de kě yǐ chī de guǒ
表示是可以吃的东西,"杏"就是一种树木结的可以吃的果
zi zhè zhǒng guǒ zi chéng yuán xíng chéng shú shí shì huáng hóng sè wèi suān tián shī jù méi
子。这种果子呈圆形,成熟时是黄红色,味酸甜。诗句"梅
zi jīn huáng xìng zi féi jiù miáo xiě le yì fú chū xià jiāng nán de tián yuán měi jǐng
子金黄杏子肥"就描写了一幅初夏江南的田园美景。

xìng

杏

甲骨文
小篆
隶书
楷书

横	竖	撇	捺	竖	横折	横

《说文解字》：
"果也。从木，可省声。"

táo

桃

金文
小篆
隶书
楷书

《说文解字》：
"果也。从木，兆声。"

横	竖	撇	点	撇	点	提	竖弯钩	撇	点

táo　de gǔ wén zì xíng zuǒ biān shì　mù　zuò xíng páng biǎo shì zhí wù yòu biān zhào
"桃"的古文字形左边是"木"作形旁，表示植物，右边"兆"
biǎo shì dú yīn　yǒu yù zhào de yì si　　táo　jiù shì yì zhǒng yù shì chūn tiān dào lái de
表示读音，有预兆的意思。"桃"就是一种预示春天到来的
shù mù jiē de guǒ zi　xiàn zài cháng yòng táo lǐ　táo zi hé　lǐ　zi liǎng zhǒng shuǐ guǒ
树木结的果子。现在常用桃李（桃子和李子两种水果）
zhǐ dài xué shēng　rú　táo lǐ fēn fāng　　bǐ yù lǎo shī de xué shēng hěn yǒu chéng jiù
指代学生，如"桃李芬芳"，比喻老师的学生很有成就。

xiǎo

小

1	2	3
丨	丿	小
竖钩	撇	点

甲骨文
金文
小篆
隶书
楷书

《说文解字》：
"物之微也。"

xiǎo　de jiǎ gǔ wén zì xíng xiàng sān kē shā lì　　sān　zài gǔ dài biǎo shì duō zhòng
"小"的甲骨文字形像三颗沙粒，"三"在古代表示多，众
duō xì wēi de shā lì　jù zài yì qǐ jiù shì xiǎo zì　yóu yú shā lì shí fēn xì wēi suǒ
多细微的沙粒聚在一起就是"小"字。由于沙粒十分细微，所
yǐ yòng lái biǎo shì tǐ　jī　miàn jī　shù liàng kōng jiān guī mó děng bù dà de yì si　rú
以用来表示体积、面积、数量、空间规模等不大的意思，如
ǎi xiǎo　xiǎo qiǎo　xiàn zài yě kě yǐ biǎo shì nián líng piān xiǎo　shí jiān jiào duǎn de yì
"矮小、小巧"，现在也可以表示年龄偏小、时间较短的意
si　rú　xiǎo péng you　xiǎo shí hou
思，如"小朋友""小时候"。

niǎo

鸟

撇　横折钩　点　竖折折钩　横

甲骨文
金文
小篆
隶书
楷书

《说文解字》：
"长尾禽總名也。象形。鸟之足似匕，
从匕。"

niǎo　　de jiǎ gǔ wén zì xíng xiàng yì zhī niǎo de xíng zhuàng shàng fāng shì jiān jiān de
"鸟"的甲骨文字形像一只鸟的形状，上方是尖尖的
huì hé yuán xíng de tóu　xià fāng shì xiū cháng de shēn tǐ hé wān qū de zhuǎ zi　　niǎo
喙和圆形的头，下方是修长的身体和弯曲的爪子，"鸟"
běn lái shì zhǐ cháng wěi de fēi qín　yīn wèi niǎor　zǒng shì fēi zài gāo chù suǒ yǐ　niǎo kàn
本来是指长尾的飞禽。因为鸟儿总是飞在高处，所以"鸟瞰"
biǎo shì cóng gāo chù wǎng xià kàn
表示从高处往下看。

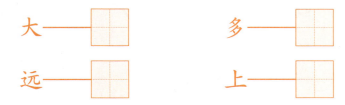

写一写

xiě yī xiě fǎn yì cí
一、写一写反义词。

大 — □　　　　多 — □

远 — □　　　　上 — □

填－填

àn kè wén nèi róng tián kòng
二、按课文内容填空。

一个大，一个 ⬜，一头黄 ⬜ 一只猫。

一边多，一边 ⬜，一群鸭子一只 ⬜。

连－连

lián yì lián   dú yì dú
三、连一连，读一读。

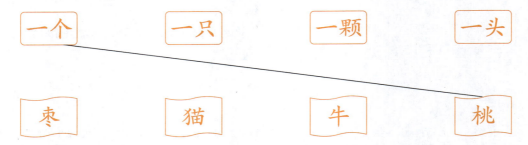

gǔ jīn wén zì lián lián kàn
四、古今文字连连看。

听妈妈讲故事

jīng wèi tián hǎi
精卫填海

chuán shuō hěn jiǔ hěn jiǔ yǐ qián dōng hǎi jīng cháng fàn làn yān mò le xǔ duō tián
传　说很久很久以前，东海经常泛滥，淹没了许多田
dì hé cūn zhuāng yǒu yí cì yán dì de xiǎo nǔ ér dào hǎi shang yóu wán bù xìng bèi yān
地和村庄。有一次，炎帝的小女儿到海上游玩，不幸被淹
sǐ le hòu lái tā biàn chéng le yí zhī měi lì de xiǎo niǎo míng jiào jīng wèi
死了。后来，她变成了一只美丽的小鸟，名叫精卫。
jīng wèi tiān tiān cóng xī shān xián lái xiǎo shí zǐ hé xiǎo shù zhī tóu jìn dà hǎi lǐ
精卫天天从西山衔来小石子和小树枝，投进大海里，
fā shì yào bǎ dà hǎi tián píng hǎi shén shuō xiǎo niǎor nǐ jiù shì gàn shàng yì bǎi
发誓要把大海填平。海神说："小鸟儿，你就是干上一百
nián yě bié xiǎng tián píng wǒ jīng wèi shuō nǎ pà gàn shàng yí wàn nián wǒ yě yào
年，也别想填平我。"精卫说："哪怕干上一万年，我也要
bǎ nǐ tián píng hǎi shén fèn nù de wèn nǐ wéi shí me yào zhè yàng zuò jīng wèi
把你填平！"海神愤怒地问："你为什么要这样做？"精卫
jiān dìng de huí dá wéi le bù ràng nǐ zài duó qù bié rén de shēng mìng shuō wán jīng
坚定地回答："为了不让你再夺去别人的生命。"说完，精
wèi zhāng kāi chì bǎng yòu xiàng xī fēi qù
卫张开翅膀又向西飞去。
rì fù yī rì nián fù yī nián jīng wèi shǐ zhōng zài xī biān de shān lín hé dōng biān de dà
日复一日，年复一年，精卫始终在西边的山林和东边的大
hǎi zhī jiān lái huí yì kē yì kē de bǎ xiǎo shí zǐ tóu rù hǎi zhōng tā hēi sè de shēn yǐng
海之间来回，一颗一颗地把小石子投入海中。它黑色的身影，
zài yí wàng wú jì de hǎi miàn shang xiǎn de shí fēn miǎo xiǎo dàn shì měi dāng dà hǎi shì wēi
在一望无际的海面上，显得十分渺小。但是，每当大海示威
shì de fā chū páo xiào de shēng yīn jiāng hǎi làng xiān de shān yí yàng gāo shí jīng wèi yě háo
似的发出咆哮的声音，将海浪掀得山一样高时，精卫也毫
bù shì ruò de fā chū tā xiū xiū de jiào shēng huá pò le hǎi làng háo bù qū fú
不示弱地发出它"咻——咻——"的叫声，划破了海浪，毫不屈服。

识字 8

小 书 包

和家长一起学

shū

书

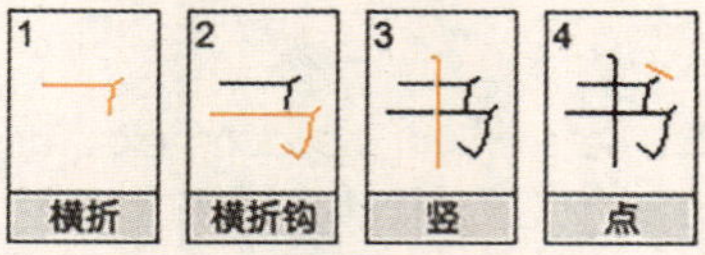

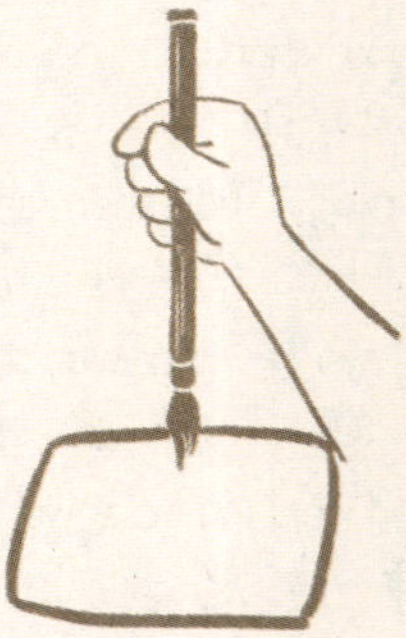

甲骨文

金文

小篆

隶书

楷书

《说文解字》：
“著也。从聿，者声。”

shū de jiǎ gǔ wén zì xíng de shàng bù shì yǐ shǒu wò bǐ de xíng xiàng xià bù de
“书”的甲骨文字形的上部是以手握笔的形象，下部的
kǒu biǎo shì xiě chū lái de zì shū de běn yì wèi zhù xiě jì zǎi hòu lái yóu shū
“口”表示写出来的字。“书”的本义为著写、记载。后来由“书”
de běn yì yòu yǐn chū shū xiě chéng de dōng xi zhǐ wén zì rú shū fǎ xiě chū de
的本义又引出书写成的东西，指文字，如“书法”。写出的

dōng xi jí lù chéng cè jiù shì xiàn zài yuè dú de shū jí
东 西 辑 录 成 册 就 是 现 在 阅 读 的 书 籍。

bāo
包

1	2	3	4	5
丿	勹	勹	勹	包
撇	横折钩	横折	横	竖弯钩

金文
小篆
隶书
楷书

《说文解字》:
"象人裹妊,巳在中,象子未成形也。"

bāo yóu bāo hé sì gòu chéng bāo zì yǒu bāo wéi de hán yì sì zì
"包"由"勹"和"巳"构 成,"勹"字有包围的含义,"巳"字
xiàng shì yǒu qí dài de tāi ér zhěng gè zì kàn shàng qù xiàng fù nǚ huái yùn de yàng zi
像 是 有 脐 带 的 胎 儿, 整 个 字 看 上 去 像 妇 女 怀 孕 的 样 子,
běn yì wéi bāo yī hòu lái xiě zuò bāo yóu bāo yī yǐn shēn wéi bāo guǒ rú bāo shū
本 义 为"胞 衣",后 来 写 作"胞"。由"胞 衣"引 申 为"包 裹",如"包 书、
bāo jiǎo zi hòu lái yòu yǐn shēn wéi zhuāng dōng xi de kǒu dài rú shū bāo xiàn zài
包 饺 子"。后 来 又 引 申 为" 装 东 西 的 口 袋",如"书 包",现 在
hái yǒu bāo kuò bāo hán chéng bāo děng yì yì
还 有"包 括""包 含""承 包"等 意 义。

chǐ xiàng chéng rén shǒu bì de xíng zhuàng rén de shǒu wàn xià yí cùn de dòng mài
"尺"像 成 人 手 臂 的 形 状,人 的 手 腕 下 一 寸 的 动 脉
wèi zhi jiù shì cùn kǒu shí cùn wéi yì chǐ suǒ yǐ chǐ shì yì zhǒng cháng dù dān wèi
位 置 就 是"寸 口",十 寸 为 一 尺,所 以"尺"是 一 种 长 度 单 位。
hòu lái hái yǐn shēn wéi cè liáng gōng jù de yì si zài gǔ dài hěn duō cè liáng dān wèi dōu
后 来 还 引 申 为 测 量 工 具 的 意 思。在 古 代, 很 多 测 量 单 位 都
shì yǐ rén tǐ qì guān wéi yī jù de rú cùn chǐ zhǐ xún děng
是 以 人 体 器 官 为 依 据 的,如"寸、尺、咫、寻"等。

chǐ

尺

1	2	3	4
横折	横	撇	捺

金文　小篆　隶书　楷书

《说文解字》：
"十寸也。人手却十分动
脉为寸口，十寸为尺。"

zuò

作

1	2	3	4	5	6	7
撇	竖	撇	横	竖	横	横

甲骨文　金文　小篆　隶书　楷书

《说文解字》：
"起也。从人，从乍。"

zuò yǔ zhà de jiǎ gǔ wén hé jīn wén zì xíng xiāng tóng xiàng zuò yī zhī
"作"与"乍"的甲骨文和金文字形相同,像作衣之
chū jǐn chéng yī lǐng de xíng zhuàng běn yì wéi zhì zuò hòu zhà zì jiā rén zuò
初仅成衣领的形状,本义为制作。后"乍"字加"人","作"
yǐn shēn wéi cóng shì mǒu xiàng huó dòng rú chuàng zuò xiě zuò děng zài yǐn
引申为"从事某项活动",如"创作、写作"等。再引
shēn wéi chuàng zuò de zuò pǐn rú jiā zuò jié zuò děng
申为创作的作品,如"佳作、杰作"等。

《说文解字》:
"大版也。所以饰县钟鼓。捷业
如锯齿,以白画之。象其鉏铻
相承也,从丵,从巾,巾象版。"

yè jīn wén xiàng gǔ dài yuè qì jià de héng mù shang qǐ zhuāng shì zuò yòng de dà
"业"金文像古代乐器架的横木上起装饰作用的大
bǎn běn yì jiù shì xuán guà yuè qì de dà bǎn shuō wén rèn wéi zhè zhǒng dà bǎn zhǔ yào
版,本义就是悬挂乐器的大版。《说文》认为这种大版主要
yòng lái xuán guà zhōng gǔ děng yuè qì wài xíng xiàng jù chǐ gǔ dài shū cè de jiā bǎn yě
用来悬挂钟、鼓等乐器,外形像锯齿。古代书册的夹板也
chēng yè suǒ yǐ dú shū yě kě yǐ chēng yè rú xué yè hòu lái yè yòu zhǐ cóng
称"业",所以读书也可以称"业",如"学业"。后来"业"又指从
shì de gōng zuò rú ān jū lè yè
事的工作,如"安居乐业"。

bǎn

金文
小篆
隶书
楷书

本
本

《说文解字》：
"木下曰本。从木，一在其下。"

1 一 横
2 十 竖
3 才 撇
4 木 捺
5 本 横

　　"本"字的金文是木字的下边有一个点，指明是根的部
分，小篆用一横取代了一点。"本"的本义为树根，泛指草
木的根。后来引申为事物的根源，如"忘本""根本"。再引
申为版本、本子，如"账本""书本"。

　　金文的"笔"像是用手拿着笔写字的样子，"笔"的本义
是指古代用的毛笔。古时毛笔笔杆是用竹子做的，所以小
篆加了"竹"字头。"笔"后来引申为书写，如"代笔"；以及书写
内容、书写风格，如"随笔""文笔"等。

bǐ

金文 小篆 隶书 楷书

《说文解字》：
"秦谓之笔，从聿从竹。"

1	2	3	4	5	6	7	8	9	10
撇	横	点	撇	横	点	撇	横	横	竖弯钩

dāo

甲骨文 金文 小篆 隶书 楷书

《说文解字》：
"兵也。象形。"

1	2
横折钩	撇

　　"刀"的甲骨文、金文和小篆都是一把刀的样子,上面是刀柄,下面是刀身。"刀"的本义是指古代的一种兵器。后来,"刀"也可指用于切割砍削的工具,如"剪刀、菜刀"等。

《说文解字》:
"试也。从言,果声。"

1	2	3	4	5	6	7	8	9	10
点	横折提	竖	横折	横	横	横	竖	撇	捺

　　"课"由形旁"言"和声旁"果"构成,本义是考核、检验。在古代,"课"还引申为赋税。现在,"课"用来表示教学的时间单位,如"上午有四节课";还表示教学科目,如"语文课"。

　　"早"字的甲骨文字形上边为"日",表示太阳,下边像"十",为"甲"的古文字形,像种子皮破裂开来的样子,所以"早"的意思就是太阳即将冲破黑暗,即早晨。又引申为时间靠

qián de yǔ wǎn xiāng duì rú zǎo tuì　　zǎo chén shì yì tiān zhōng zuì bǎo guì de shí guāng
前 的，与"晚"相 对，如"早 退"。早 晨 是 一 天 中 最 宝 贵 的 时 光，
lǔ xùn xiān shēng céng bǎ　zǎo　zì kè zài zì jǐ de shū zhuō shang　tí xǐng zì jǐ bù yào
鲁 迅 先 生 曾 把"早"字 刻 在 自 己 的 书 桌 上，提 醒 自 己 不 要
chí dào
迟 到。

《说文解字》：
"晨也。从日在甲上。"

jiào biǎo shì yòng liǎng mù xiāng jiāo zhì zuò ér chéng de xíng jù　tào zài fàn rén jiǎo
"校"表 示 用 两 木 相 交 制 作 而 成 的 刑 具，套 在 犯 人 脚
shang　shǐ shuāng jiǎo bù néng zì yóu huó dòng　běn yì shì gǔ dài yòng lái jiāng liǎng jiǎo lián
上，使 双 脚 不 能 自 由 活 动。本 义 是 古 代 用 来 将 两 脚 连
suǒ de mù zhì xíng jù　yòng lái guī fàn rén de xíng wéi　hòu lái bǎ guī fàn rén de xíng wéi
锁 的 木 制 刑 具，用 来 规 范 人 的 行 为。后 来 把 规 范 人 的 行 为
de chǎng suǒ yě chēng xiào　rú xué xiào　dāng dú yīn wéi　　shí kě biǎo shì dìng zhèng
的 场 所 也 称"校"，如"学 校"。当 读 音 为 jiào 时，可 表 示 订 正、
hé duì　rú　jiào duì　hái kě biǎo shì bǐ jiào de yì si rú　jiào chǎng　zài běn kè dú
核 对，如"校 对"，还 可 表 示 比 较 的 意 思，如"校 场"。在 本 课 读
　　zhǐ xué xiào
xiào，指 学 校。

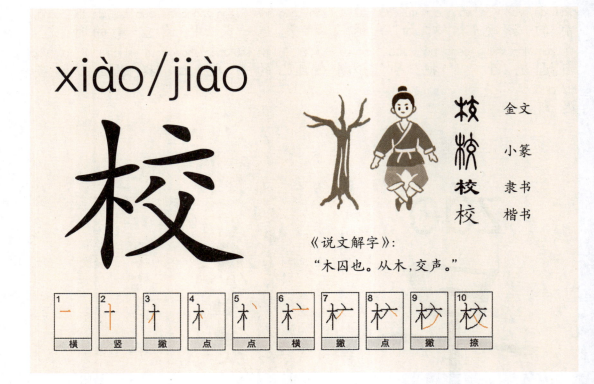

xiào/jiào

校

<table>
<tr><td>金文</td></tr>
<tr><td>小篆</td></tr>
<tr><td>隶书</td></tr>
<tr><td>楷书</td></tr>
</table>

《说文解字》：
"木囚也。从木，交声。"

1 横	2 竖	3 撇	4 点	5 点	6 横	7 撇	8 点	9 撇	10 捺

连一连

一、拼一拼，连一连。
pīn yì pīn　　lián yì lián

尺子　　　橡皮　　　铅笔　　　尺子

xiàng pí　　chǐ zi　　bǐ dài　　qiān bǐ

 **写一写**

二、读拼音，写汉字。
dú pīn yīn　　xiě hàn zì

1.妈妈天天起得很zǎo。

2.我的书包里有转笔dāo和chǐ子。

3.今天，我看了一běn shū。

三、请写出下面古文字的简化字吧。
qǐng xiě chū xià miàn gǔ wén zì de jiǎn huà zì ba

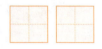 **猜一猜**

四、猜谜语。（打一字）
cāi mí yǔ　　dǎ yí zì

1.短弓长箭丹心谱。　　（　　　　）
duǎn gōng cháng jiàn dān xīn pǔ

2.勾手上篮。　　（　　　　）
gōu shǒu shàng lán

听妈妈讲故事

闻鸡起舞
wén jī qǐ wǔ

晋代的祖逖是个胸怀坦荡、具有远大抱负的人。可他小时候却是个不爱读书的淘气孩子。进入青年时代，他意识到自己知识的贫乏，深感不读书没法报效国家，于是就发奋读起书来。

后来，他的学问大有长进，并且和儿时的好友刘琨一起担任司州主簿。他与刘琨感情深厚，常常同床而卧。

一天夜里，祖逖翻来覆去睡不着。他想，怎样才能为国家效力呢？到了后半夜，他听到鸡叫的声音，受到启发，决心练就过硬的本领，报效国家。于是，他推醒刘琨，两个人起床到院子里练习武艺。祖逖手执长剑，刘琨手挥大刀，认真地挥舞起来。从此以后，无论是凛冽的寒冬，还是炎热的酷暑，无论是刮风，还是下雨，一听到鸡叫，他们就立刻起身练武。

由于勤学苦练，他们的武艺都很高强。后来，祖逖当上了将军。他带领的队伍纪律严明，作战勇敢，打了不少胜仗，得到了老百姓的支持和拥护。

识字 9

日 月 明

和家长一起学

míng

明

甲骨文
金文
小篆
隶书
楷书

《说文解字》：
"明，照也。从月、从囧。"

1 竖	2 横折	3 横	4 横	5 撇	6 横折钩	7 横	8 横

jiǎ gǔ wén de míng xiàng rì yuè tóng huī běn yì jiù shì míng liàng shuō wén chēng
甲骨文的"明"像日月同辉，本义就是明亮。《说文》称
míng zuǒ bian wéi jiǒng biǎo shì chuāng hu zhěng zì yì si shì yuè guāng tòu guò chuāng hù
"明"左边为囧，表示窗户，整字意思是月光透过窗户
zhào liàng fáng jiān zhè yě shì biǎo shì míng liàng hòu lái yǐn shēn wéi kàn de qīng chu de rú
照亮房间，这也是表示明亮。后来引申为看得清楚的，如

míng bai　míng xī　　zài yǐn shēn wéi kāi wù de　jué xǐng de　rú　míng zhì cōng míng
"明白、明晰"。再引申为开悟的、觉醒的,如"明智、聪明"。

甲骨文
金文
小篆
隶书
楷书

《说文解字》:
"治功曰力,能圉大灾。"

1　力
横折钩　撇

　　lì　de jiǎ gǔ wén zì xíng xiàng yì zhǒng yǒu bǐng yǒu jiān de fān tǔ gōng jù　lěi
　　"力"的甲骨文字形像一种有柄有尖的翻土工具"耒",
rén men shǒu wò lěi jù jìn xíng láo zuò xū yào lì qì suǒ yǐ lì zhǐ lì qì tǐ lì
人们手握耒具进行劳作需要力气,所以"力"指力气、体力、
lì liàng hòu lái yǐn shēn wéi néng lì quán lì hái kě yǐ biǎo shì nǔ lì zhì lì yú de yì
力量,后来引申为能力、权力。还可以表示努力、致力于的意
si　rú　lì wǎn kuáng lán　bǐ yù jìn lì wǎn huí wēi xiǎn de jú shì
思,如"力挽狂澜",比喻尽力挽回危险的局势。

　　chén　de jiǎ gǔ wén zì xíng yóu yáng tí fēi bēn de　lù　hé　tǔ gòu chéng biǎo
　　"尘"的甲骨文字形由扬蹄飞奔的"鹿"和"土"构成,表
shì chén jiù shì qún lù bēn pǎo shí yáng qǐ de chén tǔ hòu lái yǐn shēn wéi sú shì fēi
示"尘"就是群鹿奔跑时扬起的尘土。后来引申为俗世、非
kōng líng qīng jìng de rén jiān　rú fán chén hóng chén　zài gǔ jí lǐ　chén yǔ āi
空灵清静的人间,如"凡尘、红尘"。在古籍里,"尘"与"埃"
yì si xiāng jìn fēi tǔ wéi chén luò chén wéi āi
意思相近,飞土为"尘",落尘为"埃"。

chén

尘

甲骨文
金文
小篆
隶书
楷书

1	2	3	4	5	6
竖	撇	点	横	竖	横

《说文解字》：
"鹿行扬土也。从麤，从土。"

cóng

从

甲骨文
金文
小篆
隶书
楷书

1	2	3	4
撇	点	撇	捺

《说文解字》：
"相听也。从二人。随行也。"

"从"的甲骨文字形是一个人走在前面,另一个人紧跟在后面,本义就是跟随、随行。跟在后面的人就是随从,也是从属的,于是有了从属的、次要的意思,如"主从、从犯"。还引申为顺从、听从的意思,如"服从命令"。现在,"从"还有介词用法,引出起点,如"从北京到天津"。

zhòng

甲骨文
金文
小篆
隶书
楷书

1	2	3	4	5	6
撇	捺	撇	点	撇	捺

《说文解字》:
"多也。从乑目,众意。"

"众"的甲骨文字形上面是"日",下面是三人相随,"三"表示众多,合起来表示日光下相随、同行的一群人,本义就是许多人。字形演变中,金文将"日"变为"目",后来逐

jiàn jiǎn huà wéi zhòng　 xiàn zài tōng cháng biǎo shì guǎng dà de rén qún lǎo bǎi xìng rú　 qún
渐 简 化 为 "众"。现 在 通 常 表 示 广 大 的 人 群、老 百 姓,如 "群

zhòng wàn zhòng yì xīn　 zuò wéi xíng róng cí　 hái kě yǐ biǎo shì dà liàng de　 xǔ duō
众、万 众 一 心"。作 为 形 容 词,还 可 以 表 示 大 量 的、许 多

de　 rú zhòng shēng rén duō shì zhòng
的,如 "众 生、人 多 势 众"。

shuāng

小篆
隶书
楷书

《说文解字》:
"隹二枚也。从雔,又持之。"

横撇/横钩　点　横撇/横钩　捺

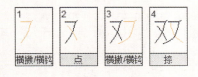

shuāng　 de xiǎo zhuàn zì xíng shàng bàn bù fen xiàng liǎng zhǐ niǎor　 xià bàn bù fen
　 "双" 的 小 篆 字 形 上 半 部 分 像 两 只 鸟 儿,下 半 部 分

shì yì zhī shǒu biǎo shì yì zhī shǒu zhuā zhù le liǎng zhǐ niǎo shuāng zì běn yì jiù shì liǎng gè
是 一 只 手,表 示 一 只 手 抓 住 了 两 只 鸟,"双" 字 本 义 就 是 两 个,

rú shuāng shǒu　 hòu lái yǐn shēn wéi ǒu shù de　 rú　 hǎo shì chéng shuāng　 xiàn zài hái kě
如 "双 手"。后 来 引 申 为 偶 数 的,如 "好 事 成 双"。现 在 还 可

yǐ zuò liàng cí　 yòng yú chéng duì de dōng xi　 rú　 yì shuāng kuài zi
以 作 量 词,用 于 成 对 的 东 西,如 "一 双 筷 子"。

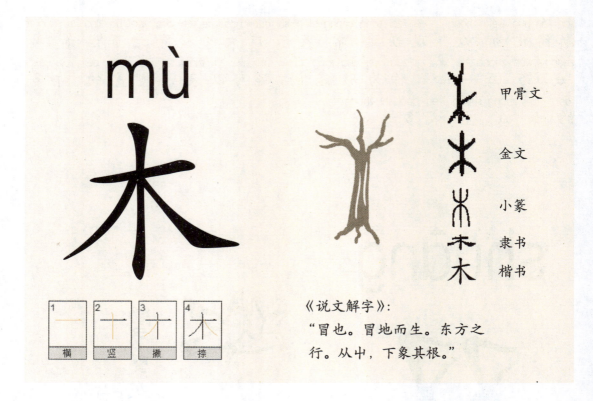

mù

甲骨文
金文
小篆
隶书
楷书

《说文解字》：
"冒也。冒地而生。东方之
行。从中，下象其根。"

笔画：横　竖　撇　捺

　　"木"的甲骨文字形就是一棵树，有树枝、树干，还有扎
向土里的树根，本义就是树。树可以成为建筑材料，于是有
了树材、树料的意思，如"木头、木马"。作为材料的木不会移
动，又引申为不会动的、反应慢点、不灵活的，如"木讷、麻
木"。凡是由"木"构成的字都跟树木有关，如"根、梢"。

　　"林"的甲骨文字形是两棵并排在一起的树，本义就是
丛聚的树木，如"丛林"。又引申为聚集成片的人或物，如
"武林、碑林"。还可以表示众多的，如"林林总总"。

lín

林

甲骨文
金文
小篆
隶书
楷书

《说文解字》：
"平土有丛木曰林。从二木。"

1 横	2 竖	3 撇	4 点	5 横	6 竖	7 撇	8 捺

sēn

森

甲骨文
小篆
隶书
楷书

《说文解字》：
"木多貌。从林，从木。"

1 横	2 竖	3 撇	4 捺	5 横	6 竖	7 撇	8 点	9 横	10 竖	11 撇	12 捺

^{sēn} ^{yóu} ^{sān} ^{mù} ^{gòu chéng} ^{biǎo shì} ^{shù mù} ^{jí} ^{duō} ^{de} ^{yàng zi} ^{yóu} ^{yú} ^{mào} ^{mì}
"森"由 三 "木"构 成,表 示 树 木 极 多 的 样 子。由 于 茂 密

^{de} ^{shù mù} ^{jù jí} ^{zài} ^{yì qǐ} ^{huì} ^{zhē} ^{zhù} ^{yáng guāng} ^{suǒ yǐ} ^{yǐn shēn} ^{wéi} ^{yōu} ^{sēn} ^{de} ^{kě pà}
的 树 木 聚 集 在 一 起,会 遮 住 阳 光,所 以 引 申 为 幽 森 的、可 怕

^{de} ^{rú} ^{yīn sēn} ^{hái} ^{kě yǐ} ^{biǎo shì} ^{yán mì} ^{rú} ^{jiè bèi} ^{sēn yán} ^{sēn} ^{hé} ^{lín}
的,如"阴 森"。还 可 以 表 示 严 密,如"戒 备 森 严"。"森"和"林"

^{dōu} ^{kě yǐ} ^{biǎo shì} ^{shù mù} ^{zhòng duō} ^{xiàn zài} ^{cháng cháng} ^{lián qǐ} ^{lái} ^{shǐ yòng}
都 可 以 表 示 树 木 众 多,现 在 常 常 连 起 来 使 用。

甲骨文
小篆
隶书
楷书

《说文解字》:
"小枝也。从木,攸声。"

1	2	3	4	5	6	7
撇	横撇/横钩	捺	横	竖钩	撇	点

^{tiáo} ^{de} ^{jiǎ gǔ wén} ^{zì xíng} ^{shàng miàn} ^{shì} ^{dào xiě} ^{de} ^{zhǐ} ^{xià miàn} ^{shì} ^{mù} ^{yòu bian}
"条"的 甲 骨 文 字 形 上 面 是 倒 写 的 "止",下 面 是 "木",右 边

^{shì} ^{chù} ^{biǎo shì} ^{dào lù} ^{hé qǐ} ^{lái} ^{biǎo shì} ^{lù biān} ^{dào chuí} ^{zhe} ^{de} ^{kě yǐ} ^{qǔ} ^{lái} ^{fǔ zhù} ^{xíng}
是 "彳",表 示 道 路,合 起 来 表 示 路 边 倒 垂 着 的 可 以 取 来 辅 助 行

^{zǒu} ^{de} ^{xiǎo} ^{shù zhī} ^{suǒ yǐ} ^{tiáo} ^{zì} ^{běn yì} ^{jiù shì} ^{zhī tiáo} ^{xiǎo zhuàn} ^{zì xíng} ^{yǎn biàn} ^{chéng} ^{le}
走 的 小 树 枝,所 以 "条"字 本 义 就 是 枝 条。小 篆 字 形 演 变 成 了

^{yóu} ^{yōu} ^{hé} ^{mù} ^{gòu chéng} ^{yīn wèi} ^{zhī tiáo} ^{jiào xì} ^{suǒ yǐ} ^{biǎo shì} ^{xiá cháng} ^{de} ^{dōng xi} ^{rú} ^{miàn}
由"攸"和"木"构 成。因 为 枝 条 较 细,所 以 表 示 狭 长 的 东 西,如"面

^{tiáo} ^{yě} ^{kě yǐ} ^{zuò liàng cí} ^{shǐ yòng} ^{rú} ^{sān tiáo yú} ^{xiàn zài} ^{hái} ^{kě yǐ} ^{biǎo shì} ^{yǒu} ^{zhì xù}
条";也 可 以 作 量 词 使 用,如"三 条 鱼"。现 在 还 可 以 表 示 有 秩 序

^{de} ^{rú} ^{tiáo lǐ} ^{yǒu} ^{zhì xù} ^{luó liè} ^{de} ^{wén zì} ^{rú} ^{tiáo kuǎn} ^{tiáo tiáo} ^{kuàng kuàng}
的,如"条 理";有 秩 序 罗 列 的 文 字,如"条 款、条 条 框 框"。

xīn

甲骨文
金文
小篆
隶书
楷书

1	2	3	4
丶	乚	𢖩	心
点	斜钩	点	点

《说文解字》：

"人心，土藏，在身之中。象形。"

　　　xīn　　　de jiǎ gǔ wén zì xíng xiàng shì rén huò dòng wù de xīn zàng　　xīn　　jiù shì zhǐ
　　"心"的甲骨文字形像是人或动物的心脏。"心"就是指
xīn zàng　gǔ rén rèn wéi　　xīn　shì chéng zǎi gǎn qíng yǔ sī wéi de qì guān　suǒ yǐ kě yǐ
心脏。古人认为，"心"是承载感情与思维的器官，所以可以
biǎo shì wéi tóu nǎo　sī xiǎng　yì niàn děng　rú　xīn qíng　xīn líng xiāng tōng　xīn huī yì lěng
表示为头脑、思想、意念等，如"心情、心灵相通、心灰意冷"
děng　xīn zàng chǔ yú shēn tǐ　de zhōng bù wèi zhi　shì rén suǒ yǒu qì guān zhōng zuì wéi
等。心脏处于身体的中部位置，是人所有器官中最为
zhòng yào de bù fen suǒ yǐ hái biǎo shì wéi shì wù de zhōng xīn guān jiàn wèi zhi bǐ rú　hé
重要的部分，所以还表示为事物的中心、关键位置，比如"核
xīn　yuán xīn　qiú xīn　fán shì yóu　xīn　gòu chéng de zì dōu gēn xīn lǐ huó dòng qíng
心、圆心、球心"。凡是由"心"构成的字都跟心理活动、情
gǎn yǒu guān　rú　xiǎng pà
感有关，如"想、怕"。

　　　tǔ　　de jiǎ gǔ wén yóu　　　hé　　　zǔ chéng　biǎo shì yì duī tǔ
　　"土"的甲骨文由"◇"和"—"组成，"◇"表示一堆土，"—"
biǎo shì dì miàn　hé qǐ lái biǎo shì zài dì shang yǒu yì duī tǔ　tǔ běn lái shì zhǐ sǒng
表示地面，合起来表示在地上有一堆土。"土"本来是指耸

tǔ

甲骨文
金文
小篆
隶书
楷书

《说文解字》：
"地之吐生物者也。"

1	2	3
一	十	土
横	竖	横

lì zài dì miàn shang de ní dūn gǔ rén fēi cháng jìng zhòng ní tǔ tǔ dì néng shēng zhǎng
立 在 地 面 上 的 泥 墩。古 人 非 常 敬 重 泥 土，土 地 能 生 长
wàn wù yǒu le tǔ dì cái néng zhòng chū zhuāng jia cái yǒu yī fu hé shí wù yīn ér rén
万 物，有 了 土 地 才 能 种 出 庄 稼，才 有 衣 服 和 食 物，因 而 人
men bǎ tǔ dì bǐ zuò mǔ qīn
们 把 土 地 比 作 母 亲。

填一填

xiǎng yī xiǎng tián yī tián
一、想 一 想，填 一 填。

☐ + ☐ = 明   ☐ + ☐ = 男

☐ + ☐ = 尖   ☐ + ☐ = 尘

☐ + ☐ = 歪   ☐ + ☐ = 休

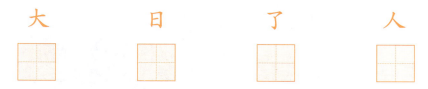

变一变

jiā yì bǐ　biàn xīn zì
二、加一笔，变新字。

大　　日　　了　　人

读一读

nǐ huì dú xià miàn de zì ma　huì de zài xià miàn tiē gè dà mǔ zhǐ ba
三、你会读下面的字吗？会的在下面贴个大拇指吧。

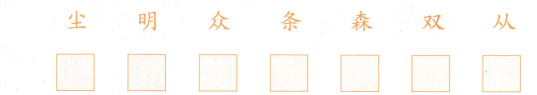

尘　明　众　条　森　双　从

写一写

wǒ huì xiě chū xià miàn gǔ hàn zì de jiǎn tǐ zì
四、我会写出下面古汉字的简体字。

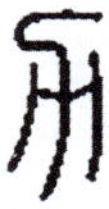　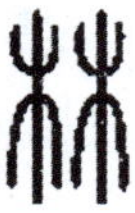　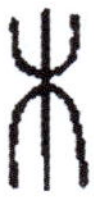　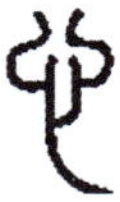　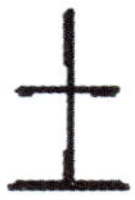

听妈妈讲故事

^{hòu yì shè rì}
后羿射日

^{chuán shuō yǐ qián yǒu shí gè tài yang jiǔ gè tài yang qī xī zài zhǎng de jiào ǎi de}
传 说 以 前 有 十 个 太 阳，九 个 太 阳 栖 息 在 长 得 较 矮 的
^{shù zhī shang lìng yí gè tài yang zé qī xī zài shù shāo shang měi yè yí huàn lí míng shí}
树 枝 上，另 一 个 太 阳 则 栖 息 在 树 梢 上，每 夜 一 换。黎 明 时，
^{qī xī zài shù shāo de tài yang biàn zuò zhe liǎng lún chē chuān yuè tiān kōng nà shí hou rén}
栖 息 在 树 梢 的 太 阳 便 坐 着 两 轮 车 穿 越 天 空。那 时 候，人
^{men zài dà dì shang shēng huó de fēi cháng xìng fú hé mù}
们 在 大 地 上 生 活 得 非 常 幸 福 和 睦。

^{kě shì yǒu yì tiān zhè shí gè tài yang xiǎng yì qǐ zhōu yóu tiān kōng yú shì dāng}
可 是，有 一 天，这 十 个 太 阳 想 一 起 周 游 天 空。于 是，当
^{lí míng lái lín shí shí gè tài yang yì qǐ pá shàng chē tà shàng le chuān yuè tiān kōng de}
黎 明 来 临 时，十 个 太 阳 一 起 爬 上 车，踏 上 了 穿 越 天 空 的
^{zhēng chéng zhè xià shí gè tài yang xiàng shí gè huǒ tuán tā men yì qǐ fàng chū de rè}
征 程。这 下，十 个 太 阳 像 十 个 火 团，它 们 一 起 放 出 的 热
^{liàng kǎo jiāo le dà dì rén men zài huǒ hǎi lǐ zhèng zhá zhe shēng cún zhè shí yǒu gè jiào}
量 烤 焦 了 大 地。人 们 在 火 海 里 挣 扎 着 生 存。这 时，有 个 叫
^{zuò hòu yì de yīng xiong tā shì gè shén jiàn shǒu tā kàn dào rén men shēng huó zài kǔ nàn}
作 后 羿 的 英 雄，他 是 个 神 箭 手。他 看 到 人 们 生 活 在 苦 难
^{zhōng biàn jué xīn bāng zhù rén men tuō lí kǔ hǎi shè diào nà duō yú de jiǔ gè tài yang}
中，便 决 心 帮 助 人 们 脱 离 苦 海，射 掉 那 多 余 的 九 个 太 阳。

于是，他来到了东海边，登上了一座大山，瞄准天上火辣辣的太阳，一下射掉了九个。大地越来越暗，直到最后只剩下一个太阳的光。可是，这个剩下的太阳害怕极了，慌慌张张，很快就躲进大海里去了。

天上没有了太阳，万物得不到阳光的哺育，人们无法生活下去了。人们便请求天帝，唤第十个太阳出来，让人类万物繁衍下去。

从此，这个太阳每天从东方的海边升起，挂在天上，温暖着人间，禾苗得以生长，万物得以生存。

197

识字 10

升国旗

和家长一起学

《说文解字注》：
"十合也。十合为升，十升为斗，
十斗为斛。从斗，象形。"

　　shēng　　de jiǎ gǔ wén xiàng yí gè cè fàng zhe de chēng liáng qì jù　xiǎo diǎn biǎo shì
"升"的甲骨文像一个侧放着的称量器具，小点表示
róng qì zhōng yì chū lái de liáng shi　shēng běn yì shì yì zhǒng liáng liáng shi de róng qì
容器中溢出来的粮食。"升"本义是一种量粮食的容器，
róng jī shì dǒu de shí fēn zhī yī　hòu lái　shēng bèi yòng zuò róng liàng dān wèi　shí shēng
容积是斗的十分之一。后来，"升"被用作容量单位，十升

wèi yì dǒu shí dǒu wéi yì hú xiàn zài shēng hái yǒu shàng shēng tí gāo de yì si rú
为一斗，十斗为一斛。现在，"升"还有上 升、提高的意思，如
shēng guó qí shēng zhí
"升 国旗""升职"。

guó
国

1	2	3	4	5	6	7	8
竖	横折	横	横	竖	横	点	横

金文
小篆
隶书
楷书

《说文解字》：
"邦也。从囗，从或。"

guó de jiǎ gǔ wén zì xíng yóu wéi hé gē gòu chéng wéi biǎo shì yí dìng
"国"的甲骨文字形由"囗"和"戈"构 成，"囗"表示一定
de qū yù gē shì yòng lái bǎo wèi de wǔ qì zhěng tǐ biǎo shì xū yào yòng wǔ zhuāng
的区域，"戈"是用来保卫的武器，整体表示需要用武 装
bǎo wèi de dì yù suǒ yǐ guó de běn yì shì zhǐ wáng hóu de fēng dì hòu lái zài huò
保卫的地域，所以"国"的本义是指王、侯的封地，后来在"或"
de wài miàn yòu jiā le wéi lái qiáng diào tā de fàn wéi zhī dà yóu wáng hóu de fēng
的外面又加了"囗"来强调它的范围之大。由 王、侯的封
dì yòu yǐn shēn chū guó jiā de hán yì zài yǐn shēn chū běn guó de tè zhǐ wǒ guó de
地又引申出国家的含义，再引申出"本国的、特指我国的"，
rú guó huà hàn zì jiǎn huà hòu guó xiě chéng le guó
如"国画"。汉字简化后，"國"写 成 了"国"。

甲骨文
金文
小篆
隶书
楷书

《说文解字》：
"熊旗五游，以象罚星，士卒以
为期。从㫃，其声。"

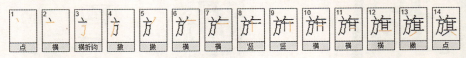

1	2	3	4	5	6	7	8	9	10	11	12	13	14
点	横	横折钩	撇	撇	横	横	竖	竖	横	横	横	撇	点

"旗"的甲骨文左边像一个带长柄的刀戟形，右上方像飘扬的旗帜，本义为标志领地或军队的醒目旌旗。金文下方还有"斤"（斧头），代表军队，所以"旗"在古代又特指军旗。旗帜是一种标志，如"五星红旗"便是我们国家的标志。

甲骨文的"中"字像一根旗杆竖在一圈栅栏的中央，表示方位在中央，所以"中"的本义就是中间、中央。随着字形的演变，飘带部分就逐渐被省略掉了。由于旗杆在栅栏内部，又表示内部的意思，如"心中"。"中"还读作zhòng，表示正对上、恰好合上，如"射中"。在本课读zhōng，意思是当中。

zhōng/zhòng

1	2	3	4
丨	冂	口	中
竖	横折	横	竖

甲骨文
金文
小篆
隶书
楷书

《说文解字》：
"内也。从口。丨，上下通。"

hóng

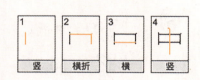

金文
小篆
隶书
楷书

1	2	3	4	5	6
纟	纟	纟	纟	红	红
撇折	撇折	提	横	竖	横

《说文解字》：
"帛赤白色。从糸，工声。"

hóng de jīn wén zuǒ cè shì mì zhǐ sī bó gōng zuò shēng páng biǎo shì yǔ
"红"的金文左侧是"系",指丝帛,"工"作声旁,表示与

sī bó yǒu guān hóng de běn yì wéi chì bái sè jí fěn hóng sè hòu lái fàn zhǐ hóng
丝帛有关。"红"的本义为"赤白色",即粉红色,后来泛指红

sè jí dà hóng sè hóng sè zài zhōng guó bèi kàn zuò xǐ qìng de xiàng zhēng gǔ rén yòng hóng
色即大红色。红色在中国被看作喜庆的象征,古人用"红

shì lái zhǐ dài xǐ shì yě kě zhǐ shùn lì shòu rén chǒng xìn rú huáng shang yǎn qián
事"来指代"喜事"。也可指顺利、受人宠信,如"皇上眼前

de dà hóng rén zài jìn dài zhōng guó hóng hái xiàng zhēng gé mìng rú hóng jūn
的大红人"。在近代中国,"红"还象征革命,如"红军"。

《说文解字》:
"咏也。从欠,哥声。"

1	2	3	4	5	6	7	8	9	10	11	12	13	14
横	竖	横折	横	竖	横	竖	横折	横	竖钩	撇	横撇/横钩	撇	捺

gē de jiǎ gǔ wén zuǒ bian shì yán biǎo shì yǔ kǒu yǒu guān yòu bian shì shēng páng
"歌"的甲骨文左边是"言",表示与口有关,右边是声旁。

xiǎo zhuàn qiàn dài tì le yán biǎo shì zhāng kǒu chū qì gē biǎo shēng běn yì jiù
小篆"欠"代替了"言",表示张口出气,"哥"表声,本义就

shì gē chàng suǒ chàng de gē jí wéi gē qǔ gē yáo hòu lái gē hái yǐn shēn wéi gē
是歌唱,所唱的歌即为歌曲、歌谣。后来,"歌"还引申为歌

chàng zàn měi rú kě gē kě qì zhǐ yīng yǒng de shì jì zhí dé gē sòng zàn měi shǐ
唱、赞美,如"可歌可泣",指英勇的事迹值得歌颂、赞美,使

rén gǎn dòng liú lèi
人感动流泪。

qǐ

《说文解字》：
"能立也。从走，巳声。"

1	2	3	4	5	6	7	8	9	10
一	十	土	丰	走	走	走	起	起	起
横	竖	横	竖	横	撇	捺	横折	横	竖弯钩

　　qǐ　　zuǒ bian de xíng zhuàng xiàng yī gè xiǎo rén zài zǒu　yòu bian de xíng zhuàng
　　"起"左边的形状像一个小人在走，右边的形状
xiàng yī gè yòu ér　biǎo shì yòu ér xíng zǒu　qǐ de běn yì wèi yīng ér xué xí zhàn lì
像一个幼儿，表示幼儿行走。"起"的本义为婴儿学习站立、
xíng zǒu　qǐ　hái biǎo shì yóu tǎng ér zuò huò yóu zuò ér lì　rú　qǐ chuáng　qǐ
行走。"起"还表示由躺而坐或由坐而立，如"起床""起
lì　qǐ lái　hái biǎo shì kāi shǐ　rú　qǐ shǐ　qǐ bù　qǐ chū　xiàn zài yě
立""起来"。还表示开始，如"起始""起步""起初"。现在也
zhǐ fā shēng　chǎn shēng　rú　qǐ fēng　qǐ yì　děng
指发生、产生，如"起风""起义"等。

　　me yǔ yāo　de gǔ wén zì zì xíng xiāng tóng xiàng yì bǎ xì sī de yàng zi　xiǎo
　　"么"与"幺"的古文字字形相同，像一把细丝的样子，小
zhuàn kāi shǐ jiā le　má biǎo shì tā de shēng yīn　me zuì chū de yì si shì xì xiǎo
篆开始加了"麻"表示它的声音。"么"最初的意思是细小
de　wēi xiǎo de　xiàn zài　me zhǔ yào yòng zuò cí wěi huò jù wěi yǔ qì cí　rú　nà
的、微小的。现在，"么"主要用作词尾或句尾语气词。如"那
me　shénme　zhè shì nǐ de me　děng
么""什么"，"这是你的么？"等。

me

么

1	2	3
撇	撇折	点

麿 么 么　小篆 隶书 楷书

《说文解字》：
"细也。从幺，麻声。"

měi

美

甲骨文 金文 小篆 隶书 楷书

《说文解字》：
"甘也。从羊，从大。"

1	2	3	4	5	6	7	8	9
点	撇	横	横	竖	横	横	撇	捺

jiǎ gǔ wén de měi zì shàng bàn bù fen xiàng yáng jiǎo xià bàn bù fen xiàng gè
甲骨文的"美"字上半部分像羊角，下半部分像个
zhèng miàn zhàn lì sì zhī shēn zhǎn de rén biǎo shì dà gǔ rén yǐ yáng wéi shí wù féi dà
正面站立四肢伸展的人，表示大。古人以羊为食物，肥大
de yáng chī qǐ lái wèi hěn měi suǒ yǐ měi de běn yì jiù shì wèi měi xiàn dài měi
的羊吃起来味很美。所以"美"的本义就是味美。现代，"美"
yòu yǒu le xíng mào hǎo kàn piàoliang de yì si rú měi rén hái kě biǎo shì xīn qíng hǎo
又有了形貌好看、漂亮的意思，如：美人。还可表示心情好、
gāo xìng rú měi zī zī
高兴，如"美滋滋"。

《说文解字》：
"旅行也。鹿之性，见食
急则必旅行。从鹿，丽声。"

lì de gǔ wén zì xíng jiù xiàng liǎng zhī lù bìng xíng de yàng zi lì běn yì
"丽"的古文字形就像两只鹿并行的样子。"丽"本义
jiù shì chéng shuāng chéng duì de yì si zhè gè yì yì hòu lái xiě zuò lì xiàn zài
就是成双成对的意思，这个意义后来写作"俪"。现在，
lì duō yòng lái xíng róng hǎo kàn de piàoliàng de rú měi lì lì rén lì zhì
"丽"多用来形容好看的、漂亮的，如"美丽、丽人、丽质"。

甲骨文
金文
小篆
隶书
楷书

《说文解字》：
"住也。从大，立一之上。"

"立"的甲骨文字形像人直立地站在地上，上半部分代表人，下面的一横代表大地，本义就是站立。后来引申为建立、树立，如"立功、立志"。现在，"立"还有存在、生存的意思，如"自立、独立"。

"五"的古文字字形就像两股绳索在天地间交错。如果像数字一、二、三那样继续用几条横杠表示数目，必然导致数字变得复杂，于是古人就改变了书写的方式，用相互交错的样子来表示数目"五"。如"五行"就表示"金、木、水、火、土"五种物质。

wǔ

1 一	2 丁	3 五	4 五
横	竖	横折	横

甲骨文
金文
小篆
隶书
楷书

《说文解字》：
"五行也。从二，阴阳在天地间交午也。"

zhèng/zhēng

1 一	2 丁	3 下	4 正	5 正
横	竖	横	竖	横

甲骨文
金文
小篆
隶书
楷书

《说文解字》：
"是也。从止，一以止。"

207

　　　zhèng　　de jiǎ gǔ wén zì xíng zhōng shàng miàn fú hào biǎo shì fāng xiàng mù biāo　xià
"正"的甲骨文字形 中，上 面符号 表示方 向、目标，下
miàn shì　zhǐ　　zú　　yì si shì cháo zhè gè fāng xiàng huò mù biāo bù piān bù xié de zǒu
面是"止"（足），意思是 朝 这 个 方 向 或 目 标 不 偏 不 斜 地 走
qù běn yì jiù shì píng zhèng bù piān xié　hòu lái yǐn shēn wéi zhèng zhí zhèng pài rú zhèng
去，本义就是平 正、不 偏 斜。后来引 申 为 正 直、正 派，如"正
rén jūn zǐ　　yòu biǎo shì dòng zuò jìn xíng dāng zhōng rú　tā zhèng zài kāi huì　zhè gè
人君子"。又 表示 动 作 进 行 当　中，如"他 正 在 开 会"。这 个
zì hái dú　　　　zhǐ nóng lì yì nián de dì yī gè yuè　rú　zhēng yuè　běn kè zhōng dú
字 还 读 zhēng，指 农 历 一 年 的 第 一 个 月，如"正 月"。本 课 中 读
　　　　　yì si shì bù piān xié
zhèng，意思是 不 偏 斜。

写一写

dú pīn yīn　xiě cí yǔ
一、读拼音，写词语。

shàng shēng　　　　　　lì　zhèng　　　　　　xiàng shàng

wǒ　men　　　　　　shǒu zhōng　　　　　　wǔ　rén

选一选

xuǎn yī xuǎn　gōu yī gōu
二、选一选，钩一钩。

您（nín lín）　　　敬（jìn jìng）　　　礼（lǐ nǐ）

国（gú guó）　　　升（shēn shēng）　　　歌（gōu gē）

连一连

lián yì lián　dú yì dú
三、连一连，读一读。

国	红	歌	美

曲	丽	色	旗

贴一贴

qǐng zài fù yè lǐ zhǎo dào xià liè hàn zì duì yìng de gǔ wén zì tiē zài fāng kuàng lǐ
四、请在附页里找到下列汉字对应的古文字贴在方框里。

升　立　国　丽　旗　美　红　歌　起

听妈妈讲故事

xiù hóng qí
绣红旗

nián　　yuè　　rì zhōng huá rén mín gòng
1949 年 10 月 1 日，中华人民共
hé guó chéng lì le　zhè ge zhèn fèn rén xīn de xiāo xi chuán
和国成立了。这个振奋人心的消息传
dào le chòng qìng bái gōng guǎn jiān yù　bèi guó mín dǎng fú
到了重庆白公馆监狱，被国民党俘
lǔ de zhōng gòng chòng qìng dì xià dǎng yuán men dōu xīn xǐ
虏的中共重庆地下党员们都欣喜
ruò kuáng　nà yí yè　méi yǒu rén shuì de zháo　qí zhōng yǒu
若狂。那一夜，没有人睡得着。其中有
yī wèi dì xià dǎng yuán jiào zuò luó guǎng bīn　tā hū rán yǒu
一位地下党员叫作罗广斌，他忽然有

了个主意。"同志们！我们也应该做一面五星红旗，我们要打着这面红旗冲出牢门去！"于是另一位地下党员江姐与狱友们用一床红色的被面当旗帜，并且要把五颗星星绣上去。但是他们既没有剪刀，也没有针线。他们是用一把铁片磨成的"小刻刀"，将黄色的草纸刻成五颗五角星。他们没有糨糊，就用剩饭粒把星星粘到了红绸被面上。就这样，五星红旗做好了。虽然制作粗糙，但是难友们却把它像宝一样地藏在了牢房一块地板下，准备等重庆解放那天，大家高举着红旗冲出去。

胜利的那天终于来到，当鲜艳的五星红旗在天安门前冉冉升起的时候，当天安门前的礼炮震撼大地的时候，当千千万万中国人民从水深火热中被解放出来的时候，人民永远记住了这一群绣红旗的革命先烈。

语文园地五

 和家长一起学

甲骨文
金文
小篆
隶书
楷书

《说文解字》：
"啎也。五月，阴气午逆阳。冒地而出。"

wǔ de jiǎ gǔ wén shì yì gēn chōng mǐ yòng de chǔ yǐ chǔ dǎo jiù cái chōng
"午"的甲骨文是一根舂米用的杵，以"杵"捣"臼"才舂
chū bái mǐ wǔ běn yì jiù shì chǔ hòu lái xiě zuò chǔ shuō wén rèn wéi wǔ shì
出白米，"午"本义就是杵，后来写作"杵"。《说文》认为"午"是
wǔ yuè yīn qì yǔ yáng qì xiāng wǔ nì suǒ yǐ wǔ yǒu dǐ kàng huò wéi fǎn de yì si
五月阴气与阳气相忤逆，所以"午"有抵抗或违反的意思。
hòu lái wǔ bèi jiè yòng wéi dì zhī de dì qī wèi yòng lái zhǐ zhōng wǔ gǔ rén
后来"午"被借用为"地支的第七位"，用来指"中午"。古人
yòng dì zhī jì shí wǔ shí zhèng shì shí yī diǎn dào shí sān diǎn zhè duàn shí jiān yīn cǐ
用地支记时，"午"时正是十一点到十三点这段时间，因此，

wǔ　yǐn shēn wéi rì zhōng de shí hòu　rú　zhōng wǔ　wǔ shuì
"午"引申为日中的时候，如"中午、午睡"。

金文
小篆
隶书
楷书

《说文解字》：
"莫也。从日，免声。"

1	2	3	4	5	6	7	8	9	10	11
竖	横折	横	横	撇	横撇/横钩	竖	横折	横	撇	竖弯钩

wǎn　zì zuǒ bian wéi　rì　shuō míng yǔ tài yáng yǒu guān　yòu bian de　miǎn　wéi
"晚"字左边为"日"，说明与太阳有关，右边的"免"为
shēng páng　shuō wén　jiě shì wéi　mò yě　jí tài yáng luò dào cǎo cóng lǐ qù le
声旁。《说文》解释为"莫也"，即太阳落到草丛里去了，
suǒ yǐ　wǎn　zì běn yì wéi huáng hūn bàng wǎn huáng hūn shì bái tiān zuì hòu jié shù zhī shí
所以"晚"字本义为黄昏、傍晚。黄昏是白天最后结束之时，
yīn cǐ　wǎn　yǐn shēn wèi biǎo shì mǒu yí gè shí qī jiāng yào jié shù de　kào hòu de jiē
因此"晚"引申为表示某一个时期将要结束的、靠后的阶
duàn bǐ rú　wǎn nián　wǎn qī　děng tā hái cháng cháng biǎo shì chí　yǔ zǎo xiāng duì
段，比如"晚年、晚期"等。它还常常表示迟，与"早"相对，
bǐ rú　lái wǎn le　yīn wèi nián qīng rén de chū shēng shí jiān zài zhǎng bèi de hòu miàn suǒ
比如"来晚了"。因为年轻人的出生时间在长辈的后面，所
yǐ nián qīng rén zài zhǎng bèi miàn qián zì chēng　wǎn bèi
以年轻人在长辈面前自称"晚辈"。

zuó

昨

金文
小篆
隶书
楷书

《说文解字》:
"累日也。从日,乍声。"

1 竖	2 横折	3 横	4 横	5 撇	6 横	7 竖	8 横	9 横

　　"昨"金文字形左边是"日",表示一天;右边是"乍",表示刚才。"昨"的本义就是刚逝去的一天。"昨"也泛指过去,如"觉今是而昨非",意思是感到现在这样是对的,过去是错误的。

　　"今"的甲骨文字形像一个倒着的"口",是"吟"的本字,表示低头吟语。后来"今"用来表示当下的时间,有此刻、目前、现在的意思,如"今天、如今"。

jīn

今

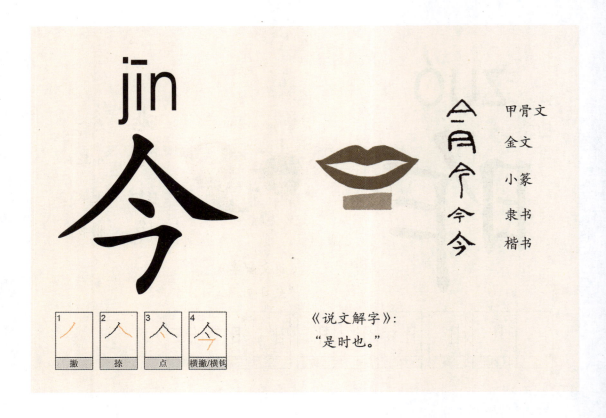

甲骨文
金文
小篆
隶书
楷书

合 月 今 今

1	2	3	4
ノ	人	仒	今
撇	捺	点	横撇/横钩

《说文解字》：
"是时也。"

nián

年

甲骨文
金文
小篆
隶书
楷书

杂 夅 秊 年 年

1	2	3	4	5	6
ノ	仁	仁	仨	年	年
撇	横	横	竖	横	竖

《说文解字》：
"谷孰也。从禾，千声。"

nián de jiǎ gǔ wén zì xíng xiàng yī gè rén bēi zhe shōu gē de dào gǔ mǎn zài ér
"年"的甲骨文字形 像一个人背着收割的稻谷满载而
guī běn yì jiù shì wǔ gǔ chéng shú gǔ shí hé gǔ měi nián chéng shú yí cì rén men biàn
归,本义就是五谷成熟。古时禾谷每年成熟一次,人们便
bǎ hé gǔ chéng shú de zhōu qī chēng zuò nián yú shì nián biàn yǐn shēn wéi shí jiān dān
把禾谷成熟的周期称作"年",于是"年"便引申为时间单
wèi nián rú jīn nián zài yǐn shēn wéi nián jié rú xīn nián zhè shì yì nián zhōng zuì
位"年",如"今年"。再引申为年节,如"新年",这是一年中最
zhòng yào de jié rì nián hái biǎo shì shí qī shí dài rú tóng nián qián lóng nián jiān
重要的节日。"年"还表示时期、时代,如"童年""乾隆年间"。

连一连

dú yì dú lián yì lián
一、读一读,连一连。

nán   sān   zhǐ   lán   zì   nǐ   lǐ

纸   蓝   男   三   字   你   里

写一写

nǐ néng xiě chū xiāng tóng piān páng de zì ma
二、你能写出相同偏旁的字吗?

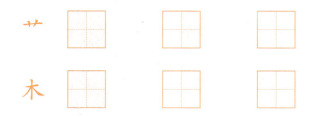

wǒ huì dú　wǒ huì xiě
三、我会读，我会写。

悯农（其二）

(唐)李绅

锄 ☐ ☐ 当午，

汗滴禾 ☐ ☐ 。

谁知盘 ☐ 餐，

粒粒皆辛苦。

连一连

gǔ jīn wén zì lián lián kàn
四、古今文字连连看。

午　　年　　晚　　昨　　今

听妈妈讲故事

后稷教稼
hòu jì jiāo jià

相传约四千多年前，炎帝
后裔有邰氏的女儿名叫姜嫄，
生了一个小孩，取名叫"弃"。

弃从小就喜欢农艺，在母亲
的教诲下很快掌握了农业知识。
他看到人们仅仅靠打猎维持生
活，食物太单调，常常吃了上
顿没下顿，心里非常难过，就决心想个办法来保证人类
能生存下去。他想着想着上了山坡，看到满山遍野
的树木和花草，突然灵机一动：人们为什么总要渔猎吃肉
呢？这些树木的果实、茎叶能不能吃呢？于是，他便决定
亲口尝一尝各种野生植物的滋味，来确定哪些东西
能吃、好吃，哪些不能吃或不好吃。弃遍尝了百草，经历
了千辛万苦，为人类找到了大量的食物。后被尊称为"农
业始祖后稷"。

可是，后稷并不满足于这些发现，他看到人们为了找
到可口的植物，往往要走很远的路，累得满头大汗。他

就想：能不能在家门口自己种植呢？他反复思考、观察，惊奇地发现，飞鸟嘴里衔的种子掉在地里，人们吃完的瓜子、果核扔在地上，到第二年又发出新芽，长出新的瓜果树。后来他又发现植物的生长与天气、土壤有关系，就决定利用天气的变化和不同类型的土地，指导人们进行农耕。相传后稷的精神感动了天帝，派神仙下凡送来百谷种子，让他为民造福。

后来，后稷开始教农民们自己种植粮食，还在教稼台上教人们改进农具，排水、灌溉，人们逐渐过上了食物富足的生活。

课文 5

影　子

和家长一起学

yǐng

金文
小篆
隶书
楷书

《说文解字》：
"光也。从日，京声。"《说文解字注》：
"后人名阳曰光，名光中之阴曰影。"

| 1 竖 | 2 横折 | 3 横 | 4 横 | 5 点 | 6 横 | 7 竖 | 8 横折 | 9 横 | 10 竖钩 | 11 撇 | 12 点 | 13 撇 | 14 撇 | 15 撇 |

yǐng　zuì chū xiě zuò　jǐng　shàng miàn shì　rì　biǎo shì tài yáng xià miàn shì　jīng
"影"最初写作"景"，上　面是"日"，表示太阳；下面是"京"，
biǎo shì gǔ dài yòng lái liào wàng yù jǐng de gāo dà tíng tái　　yǐng　de běn yì shì tài yáng
表示古代用来瞭望预警的高大亭台。"影"的本义是太阳
guāng zài gāo dà tíng tái shang tóu xià de yǐng zi　hòu lái zài jiā　shān líng zào　yǐng　zì
光在高大亭台上投下的影子。后来再加"彡"另造"影"字

来表示阴影。现在，"影"也指不真切的形象或印象，如"人影、倒影、幻影"；还指影像，如"电影、合影"。

甲骨文
金文
小篆
隶书

《说文解字》：
"不行而进谓之肯。从止在舟上。"

1	2	3	4	5	6	7	8	9
点	撇	横	竖	横折钩	横	横	竖	竖钩

"前"的甲骨文字形上面是一只脚，下面是一只舟，意思是船在前进。"前"的本义就是"前进、往前走"。后来又增加了"刂"。"前"既可以表示空间上的"前"，与"后"相对，如"前面"、前排、前门"；还可以表示时间上的"前"，即过去的、较早的，如"前天""先前""前人"等。

简化字"后"有两个来源，"后"与"後"，现在统一用"后"。"后"的甲骨文字形由"卜"（权杖）和"口"（号令、命令）组成，在生殖崇拜的母系时代，表示发号施令的女王。后来人们称帝王的妻子为"王后"，是权力最高的女性。

hòu

撇	撇	横	竖	横折	横

《说文解字》：

"后，继体君也。象人之形。施令以告四方，故厂之。从一、口。发号者，君后也。""後，迟也。"

"後"的甲骨文字形的上部像绳索，下部像一只脚，表示脚被绳索绊住而不能前进，后来又增加表示行走的"彳"，本义就是走在后面。如今"后"还多用来表示位置靠后，比如"后面""后部""后方"，也可以表示时间较迟或较晚，比如"后来""后期"。

hēi

黑

金文
小篆
隶书
楷书

《说文解字》:
"火所熏之色也。从炎,上出囧。"

1 竖	2 横折	3 点	4 撇	5 横	6 竖	7 横	8 横	9 点	10 点	11 点	12 点

　　"黑"的金文字形上部像烟囱,当中的黑点表示烟囱里边的黑灰,下部是个"炎"字,合起来表示被火熏烤后形成的颜色。"黑"的本义指黑色,"黑"字还表示"暗的、光线不足的",如黑暗、黑夜;还表示"隐蔽的、非法的",如"黑市";以及"恶毒的",如"黑心"。

　　"狗"字左边是"犬"作形旁,右边"句"作声旁,本义就是形体像狼的肉食动物。狗是人类最早驯化的家畜之一,对主人忠诚。但在中国古代,狗的名声似乎不太好,很多含"狗"字的成语都带贬义,如"鸡鸣狗盗、人模狗样"等。另外,"狗"也是十二生肖之一。

gǒu

狗

狗 狗 狗 狗

金文 小篆 隶书 楷书

《说文解字》：
"孔子曰：'狗，叩也。叩气吠以守。'从犬，句声。"

1 撇	2 弯钩	3 撇	4 撇	5 横折钩	6 竖	7 横折	8 横

zuǒ

左

左 左 左 左

甲骨文 金文 小篆 隶书 楷书

《说文解字》：
"手相左助也。从ナ、工。"

1 横	2 撇	3 横	4 竖	5 横

zuǒ de jiǎ gǔ wén zì xíng jiù shì zuǒ shǒu de xíng zhuàng yì si shì zuǒ shǒu biān
"左"的甲骨文字形就是左手的形状,意思是左手边。

shuō wén jiě shì zuǒ shì fǔ zuǒ bāng zhù de yì si zhè gè yì yì hòu lái xiě zuò zuǒ
《说文》解释"左"是辅佐、帮助的意思,这个意义后来写作"佐"。

zuǒ cháng yòng lái biǎo shì fāng wèi lì rú zuǒ bian zuǒ cè zuǒ hái yòng lái xíng róng
"左"常用来表示方位,例如左边,左侧。"左"还用来形容

bù zhèng xié pì rú páng mén zuǒ dào zhǐ bù zhèng pài de fāng fǎ
不正、邪僻,如"旁门左道",指不正派的方法。

yòu

《说文解字》:
"手口助也。从又、从口。"

甲骨文 金文 小篆 隶书 楷书
右

1 横
2 撇
3 竖
4 横折
5 横

yòu de jiǎ gǔ wén zì xíng xiàng yì zhī yòu shǒu yì si shì yòu shǒu biān shuō
"右"的甲骨文字形像一只右手,意思是右手边。《说

wén jiě shì yòu shì bāng zhù zhào gù de yì si zhè ge yì yì hòu lái xiě zuò yòu
文》解释"右"是帮助、照顾的意思,这个意义后来写作"佑"。

yòu duō yòng lái yǔ zuǒ xiāng duì biǎo shì fāng wèi rú yòu bian gǔ dài zài hěn duō
"右"多用来与"左"相对,表示方位,如"右边"。古代在很多

chǎng hé dōu yǐ yòu wéi zūn rú wèi zài lián pō zhī yòu yì si shì bǐ lián pō de dì wèi
场合都以右为尊,如"位在廉颇之右",意思是比廉颇的地位

hái gāo
还高。

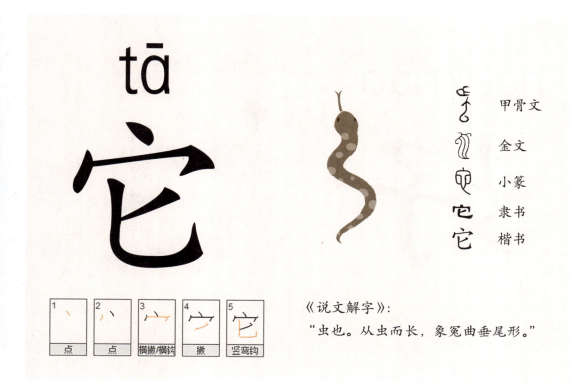

tā

1	2	3	4	5
丶	丷	宀	宀	它
点	点	横撇/横钩	撇	竖弯钩

甲骨文
金文
小篆
隶书
楷书

《说文解字》：
"虫也。从虫而长，象冤曲垂尾形。"

　　tā　　de jiǎ gǔ wén xiàng shé de xíng zhuàng běn yì jiù shì shé　hòu lái zēng jiā biǎo
　"它"的甲骨文 像 蛇 的 形 状，本义就是蛇。后来增加表
yì de chóng páng xiàn zài tā zhǔ yào yòng zuò dài cí　zhǐ chēng rén yǐ wài de shì wù
义 的 "虫"旁。现在"它"主要 用 作代词，指 称 人 以 外 的 事物，
biǎo dì sān rén chēng rú　tā men
表第三人 称，如"它们"。

　　hǎo　　de jiǎ gǔ wén zì xíng biǎo shì fù nǚ bào zhe hái zi　yì wèi zhe xīn shēng
　"好"的甲骨文字形表示妇女抱着孩子，意味着新 生
mìng dàn shēng le　zì rán bèi rén men lǐ jiě chéng yí jiàn hǎo shì　hǎo　de běn yì
命 诞生 了，自然被人们理解成一件好事。"好"的本义
jiù shì měi hǎo　cháng zuò xíng róng cí shǐ yòng　kě biǎo shì yōu diǎn duō huò shǐ rén
就是美好。常 作形容词使用，可表示优点多或使人
mǎn yì de　rú　hǎo rén　hǎo shì　yě biǎo shì shēn tǐ jiàn kāng　jí bìng xiāo shī
满意的，如"好人、好事"；也表示身体健康、疾病消失、
shēng huó xìng fú　rú　ān hǎo　yǐ jí　yǒu ài hé mù　rú yǒu hǎo　dú zuò
生 活幸福，如"安好"；以及 "友爱、和睦"，如友好。读作
　　shí　zuò dòng cí shǐ yòng　biǎo shì　xǐ ài　rú　hào chī lǎn zuò　zài běn
hào 时，作动词使用，表示"喜爱"，如"好吃懒做"。在本
kè dú　　biǎo shì yǒu hǎo
课读hǎo，表示友好。

hǎo/hào

好

甲骨文
金文
小篆
隶书
楷书

好
好

1	2	3	4	5	6
撇点	撇	横	横撇/横钩	竖钩	横

《说文解字》：
"美也。从女、子。"

péng

朋

甲骨文
金文
小篆
隶书
楷书

朋
朋

1	2	3	4	5	6	7	8
撇	横折钩	横	横	撇	横折钩	横	横

《说文解字》：
"辅也。从人，朋声。"

^{jiǎ gǔ wén de péng zì xiàng guà zài tóng yì gēn shéng zi shàng de liǎng chuàn bèi ké}
甲骨文的"朋"字像挂在同一根绳子上的两串贝壳
^{gǔ shí hou yǐ bèi wéi huò bì běn yì shì gǔ dài de huò bì dān wèi wǔ bèi wéi yí xì liǎng}
(古时候以贝为货币),本义是古代的货币单位,五贝为一系,两
^{xì wéi yì péng hòu lái biǎo shì bǐ cǐ yǒu hǎo de rén jí péng you xiǎo zhuàn zì xíng}
系为一朋。后来表示"彼此友好的人",即"朋友"。小篆字形
^{yǐ bìng liè de yǔ máo xíng zhuàng lái biǎo shì bìng liè de hán yì lì shū yòu biàn chéng le}
以并列的羽毛形状来表示并列的含义,隶书又变成了
^{bìng liè de yuè shuō wén jiě shì de shì péng bǐ yù pǐn xíng liáng hǎo de rén xiāng}
并列的"月"。《说文》解释的是"倗",比喻品行良好的人相
^{jié jiāo hòu lái xiě zuò péng péng you shì rén shēng zhōng bù kě quē shǎo de huǒ bàn}
结交,后来写作"朋"。朋友是人生中不可缺少的伙伴。

yǒu

友

1	2	3	4
一	丆	方	友
横	撇	横撇/横钩	捺

甲骨文
金文
小篆
隶书
楷书

《说文解字》:
"同志为友。从二又。相交友也。"

^{yǒu de jiǎ gǔ wén shì liǎng zhī xiāng tóng fāng xiàng de shǒu biǎo shì de shì zhì tóng}
"友"的甲骨文是两只相同方向的手,表示的是志同
^{dào hé hù xiāng bāng máng běn yì jiù shì hù zhù hé zuò hòu lái yǐn shēn wéi péng you}
道合,互相帮忙,本义就是互助合作,后来引申为朋友。
^{péng hé yǒu zài gǔ dài shì yǒu qū bié de tóng mén yuē péng tóng zhì yuē yǒu lǐ}
"朋"和"友"在古代是有区别的,"同门曰朋,同志曰友"(《礼

jì
记》），“同门”是指在同一个老师门下学习的人，所以古时的
"朋"就是我们现在所说的同学；"同志"是指志趣相投的人，
所以"友"才是我们现在所说的朋友。

zài
《说文解字》：
"存也。从土，才声。"

甲骨文
金文
小篆
隶书
楷书

"在"的甲骨文字形像房柱和房梁，表示居所。金文
增加了"土"，表示赖以生存的居所和田地，所以"在"的本
义是存在、生存。后来引申为居于、处于的意思，如"在家、
在前面"。

"我"的甲骨文字形像一把锋利的长矛。"我"的本来意
义是手持战戈的人，但随着历史的发展，"我"的原始字义

wǒ

我

1	2	3	4	5	6	7
撇	横	竖钩	提	斜钩	撇	点

甲骨文
金文
小篆
隶书
楷书

《说文解字》：
"施身自谓也。从戈。"

wán quán xiāo shī hòu shì jǐn jǐn yòng tā de jiǎ jiè de yì yì wǒ jiù bèi dāng chéng
完 全 消 失，后 世 仅 仅 用 它 的 假 借 的 意 义，"我" 就 被 当 成
dì yī rén chēng de dài cí shǐ yòng
第 一 人 称 的 代 词 使 用。

✏️ 写 一 写

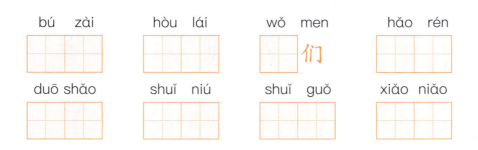

kàn pīn yīn xiě cí yǔ
一、看 拼 音，写 词 语。

bú zài　　　　hòu lái　　　　wǒ men　　　　hǎo rén

们

duō shǎo　　　　shuǐ niú　　　　shuǐ guǒ　　　　xiǎo niǎo

nǐ néng xiě chū xià liè piān páng bù shǒu ma
二、你能写出下列偏旁部首吗？

宝盖头 ☐　　女字旁 ☐　　月字旁 ☐

绞丝旁 ☐　　国字框 ☐　　日字旁 ☐

竹字头 ☐　　单人旁 ☐　　反犬旁 ☐

nǐ zhī dào xià liè cí yǔ de fǎn yì cí ma
三、你知道下列词语的反义词吗？

前 —— ☐　　　　左 —— ☐

连一连

gǔ jīn wén zì lián lián kàn
四、古今文字连连看。

友　影　前　黑　狗　左　右　它　好　后

听妈妈讲故事

bēi gōng shé yǐng
杯弓蛇影

gǔ shí hou　yǒu gè jiào lè
古时候，有个叫乐
guǎng de rén　yǒu yí cì　tā
广的人。有一次，他
qǐng péng you lái jiā li hē jiǔ
请朋友来家里喝酒。
péng you jǔ qǐ jiǔ bēi de shí
朋友举起酒杯的时
hou　yǐn yuē kàn dào bēi zi li
候，隐约看到杯子里
yǒu tiáo shé zài huàng dòng　péng
有条蛇在晃动。朋

you yǒu xiē hài pà　què shénme yě méi shuō　hái shì bù qíng yuàn de bǎ jiǔ hē le xià qù
友有些害怕，却什么也没说，还是不情愿地把酒喝了下去。
yàn xí jié shù　yǔ lè guǎng gào bié zhī hòu　péng you huí dào jiā zhōng　yuè xiǎng yuè hòu pà
宴席结束，与乐广告别之后，朋友回到家中，越想越后怕，
jìng rán yīn cǐ shēng le bìng　lè guǎng tīng shuō péng you wò bìng zài chuáng　jiù qù tàn wàng
竟然因此生了病。乐广听说朋友卧病在床，就去探望
péng you　péng you jiàn dào lè guǎng　shuō chū le zhī qián de shì qing　nà tiān zài nǐ jiā hē
朋友。朋友见到乐广，说出了之前的事情："那天在你家喝
jiǔ shí　wǒ de bēi zi lǐ miàn yǒu tiáo shé　lè guǎng yì tīng　xīn xiǎng zěn me huì yǒu
酒时，我的杯子里面有条蛇！"乐广一听，心想：怎么会有
zhè zhǒng shì ne　yú shì mǎ shàng huí jiā chá kàn　lè guǎng fā xiàn zì jǐ jiā de dà tīng
这种事呢？于是马上回家查看。乐广发现，自己家的大厅
qiáng shang guà zhe yì bǎ xiàng shé yī yàng de gōng　yú shì tā huǎng rán dà wù　nà tiān
墙上挂着一把像蛇一样的弓，于是他恍然大悟——那天
hē jiǔ shí　gōng de yǐng zi qià qiǎo luò zài péng you fàng jiǔ bēi de dì fang　péng you biàn wù
喝酒时，弓的影子洽巧落在朋友放酒杯的地方，朋友便误
bǎ gōng jiàn de yǐng zi dàng zuò le shé　lè guǎng bǎ zhè jiàn shì gào su le péng you　péng
把弓箭的影子当作了蛇。乐广把这件事告诉了朋友，朋
you de bìng mǎ shàng jiù hǎo le
友的病马上就好了。
　hòu lái rén men jiù yòng　bēi gōng shé yǐng　lái xíng róng yí shén yí guǐ de rén
后来人们就用"杯弓蛇影"来形容疑神疑鬼的人。

课文 6

比尾巴

 和家长一起学

bǐ

比

1	2	3	4
一	比	比	比
横	竖提	撇	竖弯钩

甲骨文
金文
小篆　隶书　楷书

《说文解字》：
"密也。二人为从，反从为比。"

bǐ　　　de jiǎ gǔ wén zì xíng shì liǎng gè rén　yì qián yí hòu bìng kào de yàng zi　běn yì
"比"的甲骨文字形是两个人一前一后并靠的样子，本义
shì bìng liè　rú　bǐ jiān　　yǐn shēn wéi āi zhe　jǐn kào　rú　bǐ lín　xiàn zài hái biǎo shì jiào liàng
是并列，如"比肩"。引申为挨着、紧靠，如"比邻"。现在还表示较量、
bǐ sài　rú　duì bǐ　píng bǐ　　yǐ jí bǐ sài shuāng fāng shèng fù de duì bǐ　rú　wǔ bǐ sì
比赛，如"对比、评比"，以及比赛双方胜负的对比，如"五比四"。

甲骨文
金文
小篆
隶书
楷书

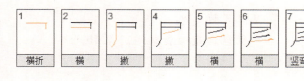

1	2	3	4	5	6	7
横折	横	撇	撇	横	横	竖弯钩

《说文解字》：

"微也。从倒毛在尸后。古人或饰系尾，西南夷亦然。"

　　wěi　　de jiǎ gǔ wén zì xíng xiàng zhàn lì de rén shēn hòu jiē le yì tiáo wěi ba
"尾"的甲骨文字形像站立的人身后接了一条尾巴
yàng de zhuāng shì wù　běn yì jiù shì wěi ba　yuǎn gǔ shí qī rén men tiào wǔ huò jǔ
样的装饰物，本义就是尾巴。远古时期人们跳舞或举
xíng qìng diǎn shí mó fǎng niǎo shòu ér zhè yàng zuò　xiàn zài dà duō biǎo shì shēn tǐ mò
行庆典时模彷鸟兽而这样做。现在大多表示身体末
duān huò shì qì wù tū chū de bù fen　rú　yú wěi　chuán wěi　yě kě yǐ biǎo shì zài
端或是器物凸出的部分，如"鱼尾、船尾"。也可以表示在
hòu miàn　zài mò duān　rú　wěi suí
后面、在末端，如"尾随"。

　　bā　　de jiǎ gǔ wén zì xíng xiàng yí gè shàn yú pān pá de cháng bì rén　bā
"巴"的甲骨文字形像一个善于攀爬的长臂人，"巴"
zuì kāi shǐ jiù shì zhǐ shān lín li shàn yú pān pá de cháng bì rén　gǔ rén chēng zhè zhǒng
最开始就是指山林里善于攀爬的长臂人，古人称这种
cháng bì rén wèi　bā rén　xiǎo zhuàn zì xíng fā shēng le biàn huà　shuō wén jiě zì
长臂人为"巴人"。小篆字形发生了变化，《说文解字》
chǎn shì　bā　shì tūn shí dà xiàng de jù shé　wú lùn shì shé pá xíng hái shì cháng bì
阐释"巴"是吞食大象的巨蛇。无论是蛇爬行还是长臂

233

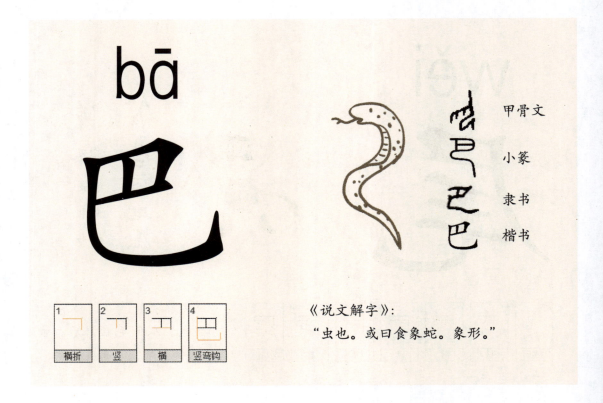

bā

巴

1	2	3	4
横折	竖	横	竖弯钩

甲骨文
小篆
隶书
楷书

《说文解字》:
"虫也。或曰食象蛇。象形。"

rén pān pá dōu xū yào āi zhe mǒu gè wù tǐ　　yú shì yǒu le yī fù　zhān tiē de yì
人攀爬都需要挨着某个物体,于是有了依附、粘贴的意
sī　rú　bā jié　　hái biǎo shì zhān tiē zhe de dōng xi huò kě zhuā chí de wù tǐ　rú
思,如"巴结",还表示粘贴着的东西或可抓持的物体,如
guō bā　wěi ba
"锅巴、尾巴"。

shuí　　de jīn wén zì xíng zuǒ bian shì　yán　biǎo shì shuō huà　wèn hòu　yòu bian shì
　"谁"的金文字形左边是"言",表示说话、问候,右边是
yì zhī niǎo　dài biǎo niǎo míng　hé qǐ lái zhǐ xiàng niǎo míng yí yàng de wèn hòu　yì si shì
一只鸟,代表鸟鸣,合起来指像鸟鸣一样的问候,意思是
shénme rén　biǎo shì yí wèn　yě kě yǐ biǎo shì bù què zhǐ　bù què zhī de rén　rú　shuí
"什么人",表示疑问。也可以表示不确指、不确知的人,如"谁
bù shuō ǎn jiā xiāng hǎo
不说俺家乡好"。

shuí

谁

誰誰誰说

金文　小篆　隶书　楷书

《说文解字》：
"何也。从言，隹声。"

1 点	2 横折提	3 撇	4 竖	5 点	6 横	7 横	8 横	9 竖	10 横

cháng/zhǎng

长

甲骨文　金文　小篆　隶书　楷书

《说文解字》：
"久远也。从兀，从匕。"

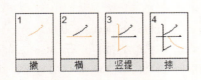

1 撇	2 横	3 竖提	4 捺

235

^{cháng} ^{de jiǎ gǔ wén zì xíng xiàng yí gè zhǎng zhe cháng cháng de tóu fa zhù zhe}
"长"的甲骨文字形像一个长着长长的头发拄着

^{guǎi zhàng de lǎo rén gǔ rén rèn wéi shēn tǐ fà fū dōu shì fù mǔ gěi de bù néng suí}
拐杖的老人，古人认为身体发肤都是父母给的，不能随

^{yì sǔn huǐ suǒ yǐ nián líng yuè dà xū fā jiù yuè cháng yīn cǐ cháng jiù shì zhǐ tóu fā}
意损毁，所以年龄越大，须发就越长，因此"长"就是指头发

^{cháng nián suì dà de rén nián suì dà de rén huó de shí jiān jiǔ yú shì yǐn shēn wéi shí jiān}
长、年岁大的人。年岁大的人活的时间久，于是引申为时间、

^{kōng jiān jù lí dà rú cháng jiǔ cháng duǎn zài yǐn shēn wéi shēng zhǎng chéng zhǎng}
空间距离大，如"长久、长短"。再引申为生长、成长，

^{dú zhǎng rú zhǎng dà yóu nián jì dà yòu yǐn shēn wéi pái háng huò bèi fèn dà de}
读zhǎng，如"长大"。由年纪大又引申为排行或辈份大的，

^{rú zhǎng xiōng zhǎng bèi zài běn kè zhōng dú zhǐ cháng dù dà}
如"长兄、长辈"。在本课中读cháng，指长度大。

duǎn

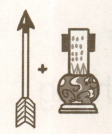

短　金文
短　小篆
短　隶书
短　楷书

《说文解字》：
"有所长短，以矢为正。从矢，豆声。"

| 1 撇 | 2 横 | 3 横 | 4 撇 | 5 点 | 6 横 | 7 竖 | 8 横折 | 9 横 | 10 点 | 11 撇 | 12 横 |

^{duǎn de jīn wén zì xíng zuǒ bian shì xíng páng shǐ biǎo shì jiàn yòu bian dòu}
"短"的金文字形左边是形旁"矢"，表示箭，右边"豆"

^{biǎo shì dú yīn gǔ dài gōng cháng jiàn duǎn yòng gōng de cháng dù zuò wéi cháng wù de}
表示读音。古代弓长箭短，用弓的长度作为长物的

cè liáng biāo zhǔn　　jiàn de cháng dù zuò wéi duǎn wù de cè liáng biāo zhǔn　 suǒ yǐ　 duǎn
测 量 标 准，箭 的 长 度 作 为 短 物 的 测 量 标 准，所 以 " 短 "
jiù shì zhǐ jù lí bù cháng　 yǐn shēn wèi bù zú　 quē shǎo　 quē diǎn　 rú　duǎn jīn
就 是 指 距 离 不 长，引 申 为 不 足、缺 少、缺 点，如 " 短 斤
shǎo liǎng　 duǎn chù　　 yě kě zhǐ shí jiān bù cháng　 rú　 zhòu cháng yè duǎn
少 两、短 处 "。也 可 指 时 间 不 长，如 " 昼 长 夜 短 "。

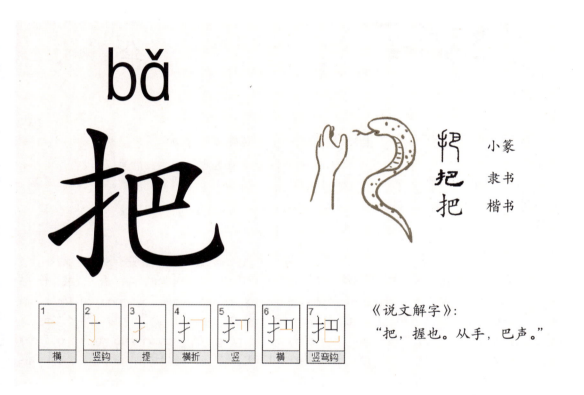

《说文解字》：

"把，握也。从手，巴声。"

bǎ　　 de xiǎo zhuàn zì xíng zuǒ bian shì xíng páng　 shǒu　　 biǎo shì shǒu bù dòng
　 " 把 " 的 小 篆 字 形 左 边 是 形 旁 " 手 "，表 示 手 部 动
zuò　 yòu bian shì shēng páng　 bā　 hé qǐ lái zhǐ yòng shǒu jǐn wò　 zhuā zhù　 yě kě
作，右 边 是 声 旁 " 巴 "，合 起 来 指 用 手 紧 握、抓 住。也 可
yǐ zhǐ shǒu zhuā de bù wèi　 rú　 bǎ bǐng　 chē bǎ　 xiàn zài　 bǎ　 cháng zuò jiè
以 指 手 抓 的 部 位，如 " 把 柄，车 把 "。现 在 " 把 " 常 作 介
cí shǐ yòng　 biǎo shì chǔ zhì　 rú　 bǎ mén dǎ kāi　 yě kě yǐ zuò liàng cí shǐ yòng
词 使 用，表 示 处 置，如 " 把 门 打 开 "。也 可 以 作 量 词 使 用，
rú　 liǎng bǎ dāo　 yì bǎ tǔ
如 " 两 把 刀、一 把 土 "。

sǎn

金文
小篆
隶书
楷书

1	2	3	4	5	6
撇	捺	点	撇	横	竖

《说文解字》：

"缴盖也。从糸，散声。"

　　sǎn　　gǔ wén xiě zuò　sǎn　　tè zhǐ yǒu liú sū xià chuí de sǎn gài　lì shū zì
　"伞"古文写作"缴"，特指有流苏下垂的伞盖。隶书字
xíng fā shēng le gǎi biàn　shàng miàn xiàng zhāng kāi de sǎn miàn　xià miàn bù fen shì zhī
形发生了改变，上面像张开的伞面，下面部分是支
chēng de sǎn bǐng　　sǎn　zhǐ zhē yáng dǎng yǔ de gōng jù　　chuán shuō shì wǒ guó chūn
撑的伞柄，"伞"指遮阳挡雨的工具。传说是我国春
qiū mò nián de gōng jiàng lǔ bān fā míng le sǎn
秋末年的工匠鲁班发明了伞。

　　　tù　　de jiǎ gǔ wén zì xíng xiàng yì zhī tù zi de yàng zi　　shàng miàn shì cháng
　"兔"的甲骨文字形像一只兔子的样子，上面是长
cháng de ěr duo　zhōng jiān shì líng huó de shēn tǐ　xià miàn shì duǎn xiǎo de tuǐ hé wěi
长的耳朵，中间是灵活的身体，下面是短小的腿和尾
ba　　tù　jiù shì zhǐ xìng qíng wēn shùn de tù zi　　zài gǔ dài shén huà zhōng　　xiāng
巴，"兔"就是指性情温顺的兔子。在古代神话中，相
chuán yuè liang lǐ miàn yǒu yì zhī yù tù zài cháng nián lěi yuè de dǎo yào　suǒ yǐ yù tù
传月亮里面有一只玉兔在长年累月地捣药，所以玉兔
yě chéng le yuè liang de bié chēng
也成了月亮的别称。

tù

兔

甲骨文
金文
小篆
隶书
楷书

1	2	3	4	5	6	7	8
撇	横撇/横钩	竖	横折	横	撇	竖弯钩	点

《说文解字》：
"兽名。象踞，
后其尾形。"

zuì

最

小篆
隶书
楷书

《说文解字》：
"犯而取也。从冃，从取。"

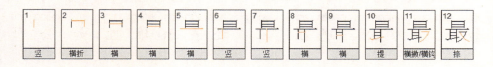

1	2	3	4	5	6	7	8	9	10	11	12
竖	横折	横	横	横	竖	竖	横	横	提	横撇/横钩	捺

239

zuì　　de xiǎo zhuàn zì xíng shang miàn shì　mào　　zhǐ mào zi dài biǎo dì wèi　xià
　　"最"的小篆字形上面是"冃",指帽子,代表地位,下
mian shì　qǔ　　zhàn chǎng shang shì bīng yòng shǒu gē xià fú lǔ de zuǒ ěr　lái jì suàn zhàn
面是"取",战场上士兵用手割下俘虏的左耳来计算战
gōng suǒ yǐ　zuì　zhǐ mào fàn duó qǔ　zhàn gōng yuè dà　　dì wèi yuè gāo　yǐ shàng
功,所以"最"指冒犯夺取。战功越大,地位越高,以上
děng wéi zuì　suǒ yǐ yǒu le shǒu wèi　dì yī de yì si　rú　zuì hǎo　shì jiè zhī zuì
等为最,所以有了首位、第一的意思,如"最好、世界之最"。

gōng

《说文解字》:
"平分也。从八,从厶。八犹背也。"

<table>
<tr><td>甲骨文</td></tr>
<tr><td>金文</td></tr>
<tr><td>小篆</td></tr>
<tr><td>隶书</td></tr>
<tr><td>楷书</td></tr>
</table>

笔顺:1 撇　2 捺　3 撇折　4 点

gōng　de jiǎ gǔ wén zì xíng shàng miàn shì bā　fēn pèi de yì si xià miàn shì kǒu
　　"公"的甲骨文字形上面是"八",分配的意思,下面是"口",
biǎo shì shí wù　hé qǐ lái zhǐ píng jūn fēn pèi shí wù　píng jūn fēn pèi yì wèi zhe wú rèn
表示食物,合起来指平均分配食物。平均分配意味着无任
hé sī xīn de　zhèng yì de　rú　gōng zhèng gōng píng　　yě yǐn shēn wéi dà jiā de　gòng
何私心的、正义的,如"公正、公平"。也引申为大家的、共
tóng de　rú　tiān xià wéi gōng　　xiàn zài　gōng　hái biǎo shì xióng xìng　rú　gōng mǔ
同的,如"天下为公"。现在,"公"还表示雄性,如"公母、
gōng jī
公鸡"。

 写一写

kàn pīn yīn   xiě hàn zì
一、看拼音，写汉字。

cháng		bǐ yì bǐ			wěi ba		bǎ shǒu	
	短					巴		

 连一连

dú yī dú   lián yī lián
二、读一读，连一连。

谁　短　最　把　尾　公　兔　伞

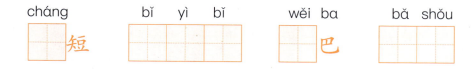

duǎn　zuì　shuí　bǎ　gōng　tù　sǎn　wěi

👍 贴一贴

zài fù yè zhōng zhǎo chū dài yǒu xià liè piān páng de zì　tiē zài xiāng yìng de gé zi li
三、在附页中 找出带有下列偏旁的字，贴在相应的格子里。

宀：☐ ☐ ☐

扌：☐ ☐ ☐

女：☐ ☐ ☐

月：☐ ☐ ☐

八：☐ ☐ ☐

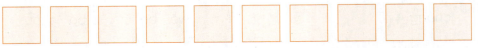

qǐng zài fù yè lǐ zhǎo dào xià liè hàn zì duì yìng de gǔ wén zì tiē zài fāng kuàng lǐ

四、请在附页里找到下列汉字对应的古文字贴在方框里。

比　公　最　尾　巴　兔　谁　短　长　把

☐　☐　☐　☐　☐　☐　☐　☐　☐　☐

 听妈妈讲故事

yà miáo zhù zhǎng

揠苗助长

gǔ dài sòng guó yǒu gè nóng fū　tā zǒng pàn wàng zhe zì jǐ tián li de hé
古代宋国有个农夫，他总盼望着自己田里的禾

miáo zhǎng de kuài xiē　jiù měi tiān dào tián biān qù kàn　hé miáo zài yì tiān tiān de zhǎng gāo
苗长得快些，就每天到田边去看。禾苗在一天天地长高，

kě tā jué de hé miáo yì diǎn ér yě méi yǒu zhǎng　yú shì xīn li shí fēn jiāo jí　zǒng zài tián
可他觉得禾苗一点儿也没有长，于是心里十分焦急，总在田

lǐ zhuàn lái zhuàn qù　zì yán zì yǔ de shuō　wǒ děi xiǎng bàn fǎ bāng tā men zhǎng kuài xiē
里转来转去，自言自语地说："我得想办法帮它们长快些。"

yǒu yì tiān　tā zhōng yú xiǎng chū le yī gè bàn fǎ　jiù jí máng pǎo dào tián li
有一天，他终于想出了一个办法，就急忙跑到田里，

jiāng tián lǐ de hé miáo yì kē yì kē de wǎng shàng bá　tā cóng zhōng wǔ yì zhí máng dào
将田里的禾苗一棵一棵地往上拔。他从中午一直忙到

tiān hēi　lèi de jīn pí lì jìn　huí dào jiā li　tā xìng zhì bó bó de shuō　zhēn bǎ wǒ
天黑，累得筋疲力尽。回到家里，他兴致勃勃地说："真把我

lèi huài la   kě lì qì zǒng suàn méi yǒu bái fèi zán jiā de hé miáo kē kē dōu zhǎng le yí
累坏啦！可力气总算没有白费，咱家的禾苗棵棵都长了一
dà jié   tā de ér zi hěn nà mèn dì èr tiān pǎo dào tián biān yí kàn suǒ yǒu de hé miáo
大截！"他的儿子很纳闷，第二天跑到田边一看，所有的禾苗
dōu kū sǐ le
都枯死了。

zhè yì zé yù yán gào su wǒ men zuò shì qíng bù néng zhǐ zhuī qiú sù dù kuài yào
这一则寓言告诉我们：做事情不能只追求速度快，要
zūn zhòng zì rán guī lǜ ràng shì wù zì rán de shēng zhǎng fā zhǎn
尊重自然规律，让事物自然地生长发展。

课文 7

青蛙写诗

 和家长一起学

金文
小篆
隶书
楷书

《说文解字》：
"置物也。从宀，舄声。"
《说文解字注》：
"按凡倾吐曰写，故作字作画皆曰
写。写之则安矣，故从宀。"

xiě de jīn wén zì xíng xiàng yì zhī yǒu pái xiè shēng zhí kǒng de xióng niǎo biǎo shì
"写"的金文字形像一只有排泄生殖孔的雄鸟，表示
pái xiè shì xiě de běn zì běn yì shì jiāng shì wù cóng yí gè de fang fàng zhì dào lìng
排泄，是"泻"的本字，本义是将事物从一个地方放置到另
yí gè dì fang xiǎo zhuàn zài zài shàng miàn jiā shàng wū dǐng àn shuō wén jiě zì zhù
一个地方。小篆再在上面加上屋顶，按《说文解字注》

de yì si shì pái xiè hòu huì jué de hěn ān shì suǒ yǐ jiā le biǎo shì zài wū zi
的意思是排泄后会觉得很安适，所以加了"宀"，表示在屋子
li hěn ān shì bìng shuō xiě zì huà huà yě xiàng qīng xiè yí yàng yòng wén zì xiàn tiáo de
里很安适。并说写字画画也像倾泻一样，用文字、线条的
xíng shì jiāng sī xiǎng gǎn qíng qīng xiè zài zhǐ shang suǒ yǐ xiě biàn yǐn shēn chū le shū xiě
形式将思想感情倾泻在纸上，所以"写"便引申出了书写、
huì huà de yì si rú xiě zì xiě shēng
绘画的意思，如"写字、写生"。

金文
小篆
隶书
楷书

《说文解字》：
"志也。从言，寺声。"

shī de zuǒ bian shì yán shuō huà de yì si yòu bian shàng miàn shì zhǐ xià
"诗"的左边是"言"，说话的意思；右边上面是"止"，下
miàn shì shǒu xíng biǎo shì qián wǎng bàn shì de dì fang qín dài jiāng jiē dài guān yuán de
面是手形，表示前往办事的地方。秦代将接待官员的
dì fang chēng wéi sì hàn dài kāi shǐ yě jiāng jiē dài gāo sēng de dì fang chēng wéi sì
地方称为"寺"，汉代开始也将接待高僧的地方称为"寺"，
jí miào yǔ suǒ yǐ shī zì hé qǐ lái biǎo shì jì sì zhǔ chí zhě zhù dǎo zàn sòng shén
即庙宇。所以"诗"字合起来表示祭祀主持者祝祷赞颂神
líng huò xiān wáng hòu lái yǐn shēn chū shī gē de yì si chéng le yì zhǒng wén xué tǐ cái
灵或先王。后来引申出诗歌的意思，成了一种文学体裁，
rú táng shī
如"唐诗"。

dǎn

点

金文
小篆
隶书
楷书

《说文解字》：
"小黑也。从黑，占声。"

1	2	3	4	5	6	7	8	9
竖	横	竖	横折	横	点	点	点	点

diǎn zì jīn wén zuǒ bian biǎo shì mò zhī yòu bian zhàn shì shēng páng shì zhān
"点"字金文左边表示墨汁，右边"占"是声旁，是"沾"
de shěng luè zhān rǎn de yì si zhěng tǐ biǎo shì yòng mò zhān rǎn jí gǔ rén yòng dài
的省略，沾染的意思，整体表示用墨沾染，即古人用带
mò zhī de bǐ jiān zài shū yè shang zuò jì hào diǎn běn yì jiù shì xiǎo hēi diǎn xiàn zài diǎn
墨汁的笔尖在书页上作记号。"点"本义就是小黑点。现在，"点"
cháng bèi yòng zuò dòng cí rú diǎn huǒ diǎn míng hái kě biǎo shì fāng miàn bù fen
常被用作动词，如"点火""点名"；还可表示方面、部分，
rú yōu diǎn yǐ jí jì shí dān wèi rú bā diǎn zhōng
如"优点"；以及计时单位，如"八点钟"。

yào shì yāo de běn zì jiǎ gǔ wén de yào zì xiàng shì yí gè nǚ zǐ
"要"是"腰"的本字。甲骨文的"要"字像是一个女子
shuāng shǒu chā yāo de yàng zi yào zì běn lái de yì si shì zhǐ rén tǐ de yāo bù
双手叉腰的样子。"要"字本来的意思是指人体的腰部。
yāo shì rén tǐ fēi cháng zhòng yào de bù wèi yīn cǐ yòu yǐn chū zhòng yào guān jiàn
腰是人体非常重要的部位，因此又引出重要、关键
de yì si wǒ men dōu xiǎng dé dào guān jiàn zhòng yào de dōng xi suǒ yǐ yào
的意思。我们都想得到关键、重要的东西，所以"要"
yòu yǐn shēn chū xū yào xiǎng yào de yì si
又引申出需要、想要的意思。

yào

要

甲骨文

金文

小篆

要　隶书

要　楷书

《说文解字》：

"身中也。象人要自臼之形。从臼，交省声。"

1	2	3	4	5	6	7	8	9
一	一	一	一	一	一	要	要	要
横	竖	横折	竖	竖	横	撇点	撇	横

guò

过

金文

過　小篆

過　隶书

过　楷书

《说文解字》：

"度也，从辵，咼声。"

1	2	3	4	5	6
一	寸	寸	寸	讨	过
横	竖钩	点	点	横折折撇	捺

金文的"过"，上部是"咼"，代表声旁，也表示残骨，借指死亡；下部是"止"，代表形旁，表示字义和人脚有关。小篆的"过"，左边变成了"辵"，表示与行进有关。整字意思是从活的生命状态走向死亡。所以"过"字本义是经过度过，表示从这儿到那儿，从此时到彼时。现在的"过"还表示超出、错误，如过度、过错等。

jǐ/gěi

給	金文
給	小篆
給	隶书
给	楷书

《说文解字》：

"相足者。从糸，合声。"

《说文解字注》：

"相足者，彼不足此足之也，故从合。"

1	2	3	4	5	6	7	8	9
撇折	撇折	提	撇	捺	横	竖	横折	横

"给"由"糸"和"合"构成，本来表示补足丝线，后来引申为提供、补给。还读作 gěi，"使对方得到、交付"的意思。如"送给""交给"。用作介词时，表示为、替，如"给

kè rén dào chá　　　biǎo shì fāng xiàng　　xiāng dāng yú　xiàng　　duì　rú　gěi wǒ dǎ
客人倒茶";表示方向,相当于"向""对",如"给我打
diàn huà　　běn kè zhōng dú　　xiāng dāng yú　wèi
电话"。本课中读gěi,相当于"为"。

dāng/dàng

金文
小篆
隶书
楷书

1	2	3	4	5	6
竖	点	撇	横折	横	横

《说文解字》:
"田相值也。从田,尚声。"

dāng　　de shàng miàn shì yí gè　　shàng　　biǎo shì zhē yáng dǎng yǔ de wū dǐng
　"当"的上面是一个"尚",表示遮阳挡雨的屋顶,
xiǎo zhuàn zì xíng zhōng chōng dāng shēng páng　xià miàn shì　tián　yě jiù shì tǔ dì
小篆字形中充当声旁,下面是"田",也就是土地,
zhěng zì yì si shì liǎng kuài tián dì miàn jī xiāng duì děng　wǒ men jīng cháng shuō de　qí
整字意思是两块田地面积相对等。我们经常说的"旗
gǔ xiāng dāng　mén dāng hù duì　qǔ de jiù shì　duì děng　xiāng dāng　de yì si
鼓相当、门当户对",取的就是"对等、相当"的意思。
hòu lái yǐn shēn wèi dān rèn　chōng dāng　rú　dāng bān zhǎng　hái biǎo shì guò qù de
后来引申为担任、充当,如"当班长"。还表示过去的
mǒu yì shí jiān　rú　dāng tiān　dāng shí　zuò jiè cí shí biǎo shì zài　lì rú wǒ
某一时间,如"当天、当时";作介词时表示在,例如我
men shú zhī de shī jù　dāng chūn nǎi fā shēng　hái kě dú　　biǎo shì dǐ yā
们熟知的诗句"当春乃发生"。还可读dàng,表示抵押,
rú　bǎ fáng zi dàng le　zài běn kè dú　　yì si shì chōng dāng
如"把房子当了"。在本课读dāng,意思是充当。

chuàn

串

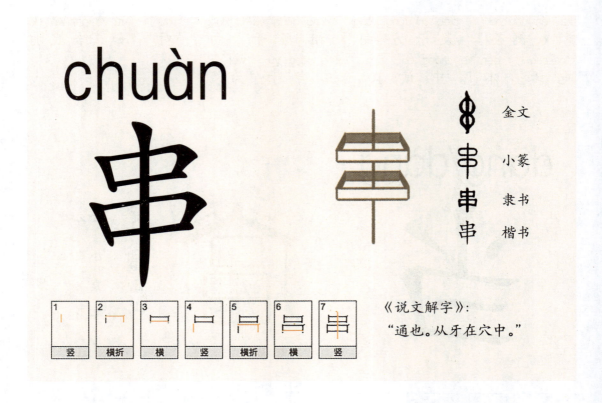

金文
小篆
隶书
楷书

1	2	3	4	5	6	7
竖	横折	横	竖	横折	横	竖

《说文解字》：
"通也。从牙在穴中。"

cóng chuàn zì de jīn wén kě yǐ xíng xiàng de kàn chū xiàng shì bǎ liǎng gè dōng xi
从"串"字的金文可以形象地看出像是把两个东西
chuàn lián zài yì qǐ de yàng zi　chuàn de běn yì wéi jiāng wù pǐn lián guàn zài yì qǐ
串连在一起的样子。"串"的本义为将物品连贯在一起，
yě kě zhǐ lián guàn ér chéng de wù pǐn　rú chuàn zhū zi　ròu chuàn hòu lái yòu yǐn
也可指连贯而成的物品，如"串珠子"、"肉串"。后来又引
chū jiāo cuò xiāng lián gōu jié de yì si rú chuàn wèi　chuàn gòng　chuàn hái zhǐ
出交错相连、勾结的意思，如"串味"、"串供"。"串"还指
dào bié rén jiā zǒu dòng rú chuàn mén　hái yòng zuò liàng cí rú yí chuàn pú tao
到别人家走动，如"串门"。还用作量词，如"一串葡萄"。

men de xiǎo zhuàn de zuǒ bian shì yī gè zhàn zhe de rén biǎo shì rén dīng yòu bian
"们"的小篆的左边是一个站着的人，表示人丁，右边
shì yí gè mén biǎo shì jiā zú hé qǐ lái biǎo shì tóng yì jiā huò tóng yì zú de rén yǐn
是一个门，表示家、族，合起来表示同一家或同一族的人，引
shēn wèi biǎo rén de fù shù rú nǐ men hái zi men
申为表人的复数，如"你们、孩子们"。

men

们

小篆

隶书

楷书

们

1	2	3	4	5
丿	亻	亻	亻	们
撇	竖	点	竖	横折钩

《集韵》：

"今俗读若门，云他们、你们、我们。"

yǐ

以

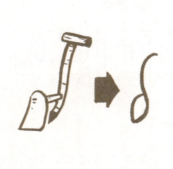

甲骨文

金文

小篆

隶书

楷书

以

以

1	2	3	4
レ	以	以	以
竖提	点	撇	点

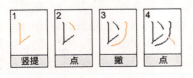

《说文解字》：

"用也，从反巳。贾侍中说，巳，意巳实也。象形。"

"以"的甲骨文 像连在婴儿脐眼上的脐带,本义是母子脐带相连、形神特征相传,这个意义后来写作"似"。由于形神相传引申为当作认为,如"以为"又引申为用、使用,如"以牙还牙"。还可以用作表示因果、并列、承接等关系的连词,如"以致""以及""以后"等。

chéng

成

1	2	3	4	5	6
一	厂	厂	成	成	成
横	撇	横折钩	斜钩	撇	点

甲骨文
小篆
隶书
楷书

《说文解字》:
"就也。从戊,丁声。"

"成"的甲骨文字形由大刀(一种战具)和代表城邑的"口"构成,表示武力征服,引申为完成、实现。再引申为成果,如"坐享其成",意思是自己不出力而享受别人取得的成果。还可表示已实现的、现行的,如"成语、现成"。

xià

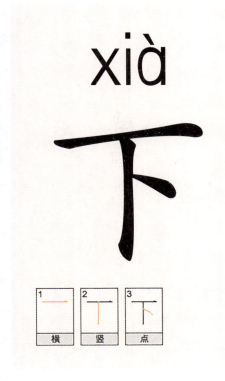

1	2	3
一	丁	下
横	竖	点

甲骨文
金文
小篆
隶书
楷书

《说文解字》：
"底也。"

xià　　　de jiǎ gǔ wén xíng tǐ zhèng hǎo yǔ shàng xiāng fǎn shàng miàn de yì tiáo cháng
"下"的甲骨文形体正好与"上"相反，上面的一条长
xiàn biǎo shì dì miàn　xià miàn de yì tiáo duǎn xiàn biǎo shì wù tǐ　yīn cǐ biǎo shì wù tǐ zài
线表示地面，下面的一条短线表示物体，因此表示物体在
de miàn zhī xià　xià　de běn lái yì yì shì biǎo shì fāng xiàng　yě biǎo shì dǐ bù　dī chù
地面之下。"下"的本来意义是表示方向，也表示底部、低处，
hòu lái　xià　yě bèi yòng lái xíng róng de wèi dī xià
后来"下"也被用来形容地位低下。

gè　　　de gǔ wén zì zhōng shàng bù shì zhú　biǎo shì zhú zi de shù liàng　běn yì shì
"个"的古文字中　上部是竹，表示竹子的数量，本义是
zhǐ gè tǐ liàng cí　biǎo shì dān dú de rén huò wù　yě yǒu dān dú de　de yì si rú
指个体量词，表示单独的人或物。也有"单独的"的意思，如
gè tǐ
"个体"。

gè

个

1 ノ	2 人	3 个
撇	捺	竖

箇
個
个

小篆
隶书
楷书

《说文解字》：
"箇，竹枚也。从竹，固声。"

yǔ

雨

小篆
隶书
楷书

甲骨文
金文
小篆
隶书
楷书

《说文解字》：
"水从云下也。一象天，
冂象云，水零其间也。"

1 一	2 冖	3 冂	4 雨	5 雨	6 雨	7 雨	8 雨
横	竖	横折钩	竖	点	点	点	点

yǔ　de jiǎ gǔ wén zì xíng shàng miàn de yī héng sān shù biǎo shì tiān shang de wū
"雨"的甲骨文字形 上 面 的一横三竖表示天上的乌
yún xià miàn de sān gè diǎn biǎo shì xià luò de yǔ dī　yǔ　de běn yì wèi tiān kōng jiàng
云,下面的三个点表示下落的雨滴。"雨"的本义为天空降
shuǐ yǐn shēn wèi yǔ shuǐ　xiàn zài rén men cháng cháng yòng fān shǒu wéi yún fù shǒu wéi yǔ
水,引申为雨水。现在人们 常 常 用"翻手为云,覆手为雨"
xíng róng rén fǎn fù wú cháng huò xí guàn yú wán nòng shǒu duàn
形容人反复无常 或习惯于玩弄手段。

✏️ 写一写

kàn pīn yīn　xiě cí yǔ
一、看拼音,写词语。

xià　yǔ	shàng shān	gè　zi	rén men

✏️ 连一连

dú yì dú　lián yì lián
二、读一读,连一连。

diǎn　chuàn　chéng　shī　xiě　dāng　guò　yào　yǐ

诗　点　串　成　当　写　要　过　以

👍 贴一贴

nǐ huì dú xià miàn de cí yǔ ma　huì de gěi zì jǐ tiē shàng yí gè dà mǔ zhǐ ba
三、你会读下面的词语吗?会的给自己贴 上 一个大拇指吧。

诗歌　写作业　以前　不要　他们　过来　当时

四、请在附页中 找出下列生字的古文字，贴在方框里。
qǐng zài fù yè zhōng zhǎo chū xià liè shēng zì de gǔ wén zì　 tiē zài fāng kuàng li

写　成　以　诗　点　要　们　过　给　当

 听妈妈讲故事

不耻下问
bù chǐ xià wèn

春秋时代的孔子是我国伟大的思想家、政治家、教育家，人们都尊奉他为圣人。然而，孔子认为，无论什么人都不是生下来就有学问的。

一次，孔子去鲁国国君的祖庙参加祭祖典礼，他不时向人询问，差不多每件事都问到了。有人在背后嘲笑他什么都要问。孔子听到后说："对于不懂的事，问个明白，这正是我要求知礼的表现啊。"

那时,卫国有个大夫叫孔圉,聪敏好学,非常谦虚。孔圉死后,卫国国君为了让后人学习和发扬他的好学精神,特别赐给他一个"文"的称号。人们都称他为"孔文子"。

孔子的学生子贡有些不服气,就去问孔子:"老师,孔圉凭什么可以被称为'文'呢?"孔子回答:"孔圉非常勤奋好学,聪明灵活,而且经常向比自己地位低下的人请教,一点儿也不因此感到羞耻。"

后来,人们就用"不耻下问"来形容一个人谦虚、好学,真诚地向别人请教。

课文 8

雨 点 儿

和家长一起学

shǔ/shù/shuò

数

金文
小篆
隶书
楷书

《说文解字》：
"计也。从攴，娄声。"

1	2	3	4	5	6	7	8	9	10	11	12	13
点	撇	横	竖	撇	点	撇点	撇	横	撇	横	撇	捺

　　shǔ　 de jīn wén zì xíng shàng miàn shì liǎng zhī shǒu zhōng jiān dài biǎo shòu fá de rén
"数"的金文字形上面是两只手，中间代表受罚的人，

dǐ xià shì yán zì biǎo shì shuō huà zhěng zì hé qǐ lái yì si shì liè jǔ guò cuò jiā
底下是"言"字，表示说话，整字合起来意思是列举过错、加

yǐ chéng fá rú shǔ luo hòu lái zì xíng yǎn biàn wéi liè jǔ guò cuò shǔ luo fàn cuò de
以惩罚，如"数落"。后来字形演变为列举过错、数落犯错的

女性。由列举过错引申出计算的意思，如"数不胜数"。又引申为计算的符号，读 shù，如"数字、算数"；还可以表示一门学科，如"数学"。又因为过错需要列举，表示过错很多，于是引申为多次地，如"数见不鲜"，读 shuò，指常常见到，并不新奇。在本课中读 shǔ，表示计算。

cǎi

彩

小篆 隶书 楷书

《说文解字》：
"彩，文章也。从彡，采声。"

1 撇	2 点	3 点	4 撇	5 横	6 竖	7 撇	8 捺	9 撇	10 撇	11 撇

"彩"字左边是声旁表示收集，右边"彡"作形旁，表示光影，"彩"字意思是汇集在一起的多种光与色。因为众多的光色汇聚，所以可以用来形容颜色绚丽、五彩缤纷的样子，如"彩虹"。现在也可以表示称赞、夸奖的欢呼声，如"喝彩"。

bàn

半

1	2	3	4	5
点	撇	横	横	竖

金文
小篆
隶书
楷书

《说文解字》:
"物中分也。从八,从牛。
牛为大物,可以分也。"

　　bàn 　de gǔ wén zì xíng shàng miàn shì bā　 biǎo shì fēn gē xià miàn bù fen shì niú
　"半"的古文字形 上 面是"八",表示分割,下面部分是"牛",
bàn 　jiù shì jiāng niú cóng zhōng fēn chéng liǎng bù fen zhè ge yì yì hòu lái xiě zuò 　pàn
"半"就是将牛从 中 分成 两部分,这个意义后来写作"判"。
bàn yòng lái biǎo shì èr fēn zhī yī 　rú 　bàn jīn bā liǎng 　bàn bǎi 　　yě biǎo shì zài zhōng
"半"用来表示二分之一,如"半斤八两、半百"。也表示在 中
jiān rú bàn yè 　　hái kě yǐ yòng lái bǐ yù hěn shǎo de yì si 　rú 　yì xīng bàn diǎn
间,如"半夜"。还可以用来比喻很少的意思,如"一星半点"。

　　kōng 　de gǔ wén zì xíng shàng miàn xiàng yí gè dòng xué 　xià miàn gōng 　zuò shēng
　"空"的古文字形 上 面像一个洞穴,下面"工"作声
páng 　yě biǎo shì rén gōng de 　rén zào de 　　kōng běn lái zhǐ rén gōng kāi záo de kě
旁,也表示人工的、人造的,"空"本来指人工开凿的可
yǐ jū zhù de dòng xué 　dòng xué zhōng jiān shì kōng de 　cái néng gòu róng nà rén men jū
以居住的洞穴。洞穴中间是空的,才能够容纳人们居
zhù suǒ yǐ 　kōng 　kě yǐ biǎo shì lí kāi de miàn de 　kōng zhōng de 　rú 　kōng zhōng lóu
住,所以"空"可以表示离开地面的、空中的,如"空中楼

kōng/kòng

金文
小篆
隶书
楷书

1	2	3	4	5	6	7	8
点	点	横撇/横钩	撇	点	横	竖	横

《说文解字》：
"窍也。从穴，工声。"

gé hái kě yǐ biǎo shì xū wú de méi yǒu jié guǒ de rú kōng kǒu wú píng hái kě
阁"。还可以表示虚无的、没有结果的，如"空口无凭"。还可

yǐ zuò dòng cí biǎo shì téng chū wèi zhì dú rú kòng sān pái zuò xíng róng cí
以作动词，表示腾出位置，读kòng，如"空三排"；作形容词

biǎo shì shí jiān shàng xián zhe rú kòng xián zài běn kè zhōng dú yì si shì kōng
表示时间上闲着，如"空闲"。在本课中读kōng，意思是空

zhōng de
中的。

wèn de jiǎ gǔ wén zì xíng shàng miàn bù fen shì shēng páng biǎo shì mén xià miàn
"问"的甲骨文字形上面部分是声旁，表示门，下面

shì kǒu biǎo shì shuō huà zhěng zì yì si shì lái dào mén biān xiàng rén xún wèn hòu lái
是"口"，表示说话，整字意思是来到门边向人询问。后来

yǐn shēn wéi zhuī jiū zé rèn de yì si rú wèn zé hái kě yǐ yòng lái biǎo dá duì mǒu
引申为追究责任的意思，如"问责"。还可以用来表达对某

rén de guān xīn wèn hòu rú wèi wèn wèn hán wèn nuǎn
人的关心、问候，如"慰问、问寒问暖"。

wèn

问

甲骨文
金文
小篆
隶书
楷书

1	2	3	4	5	6
点	竖	横折钩	竖	横折	横

《说文解字》：
"讯也。从口，门声。"

dào

到

金文
小篆
隶书
楷书

1	2	3	4	5	6	7	8
横	撇折	点	横	竖	提	竖	竖钩

《说文解字》：
"至也。从至，刀声。"

dào　　de jīn wén zì xíng zuǒ bian shì　zhì　biǎo shì dào dá　yòu bian shì yí gè rén
"到"的金文字形左边是"至",表示到达,右边是一个人,

zhěng zì biǎo shì rén dǐ dá mǒu gè dì fāng xiǎo zhuàn zì xíng jiāng rén biàn chéng le
整字表示人抵达某个地方,小 篆字形将"人"变 成 了

shēng páng dāo　　dào běn yì jiù shì dǐ dá hòu lái yǐn shēn wéi qù wǎng qián wǎng rú dào
声 旁"刀","到"本 义就是抵达。后来引申为去往、前往,如"到

nǎ qù　　hái kě yǐ biǎo shì dòng zuò de wán chéng rú　jiàn dào　dé dào
哪去"。还可以表示动作的完成,如"见到、得到"。

fāng

点　横　横折钩　撇

甲骨文
金文
小篆
隶书
楷书

《周礼》:
"圆者中规,方者中矩。"

fāng　　de jiǎ gǔ wén zì xíng xiàng lěi de xíng zhuàng shì lí de de gōng jù　lí hòu
"方"的甲骨文字形 像耒的形 状,是犁地的工具,犁后

de tǔ dì wèi fāng xíng suǒ yǐ　fāng biǎo shì xíng zhuàng rú　cháng fāng xíng　fāng xíng
的土地为方形,所以"方"表示形 状,如"长方形"。方形

de wù tǐ shì zhí de　yǐn shēn wèi zhèng zhí　rú　fāng zhèng duān fāng　hái kě biǎo shì
的物体是直的,引申为正直,如"方 正、端 方"。还可表示

lí guò de nà yí piàn qū yù　rú　dì fang tǔ fāng　zài yǐn shēn wèi liàng cí rú　yì
犁过的那一片区域,如"地方、土方";再引申为量词,如"一

fāng shuǐ tǔ　　xiàn zài fāng　hái cháng yòng lái biǎo shì fāng xiàng hé fāng fǎ　rú　dōng
方水土"。现在"方"还常 用来表示方 向和方法,如"东

fāng　　qiān fāng bǎi jì
方""千方百计"。

mò / méi

没

金文
小篆
隶书
楷书

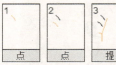

| 1 点 | 2 点 | 3 提 | 4 撇 | 5 横折折/横 | 6 横撇/横钩 | 7 捺 |

《说文解字》：
"沉也。从水，从殳。"

　　　　mò　de jīn wén zì xíng zuǒ bian xiàng liú dòng de shuǐ　dài biǎo hé liú　yòu bian
　　"没"的金文字形左边像流动的水，代表河流，右边
biǎo shì　huí　zhǐ dài xuán wō　zhěng zì biǎo shì wù tǐ bèi xuán wō juǎn rù shuǐ zhōng chén
表示"洄"，指代旋涡，整字表示物体被漩涡卷入水中沉
mò bú jiàn le　dú　　rú yān mò　　yǐn shēn wéi bù cún zài méi yǒu dú　 rú méi
没不见了，读 mò，如"淹没"。引申为不存在、没有，读méi，如"没
mén　méi xì　zài běn kè zhōng dú　　　yì si shì bù cún zài
门、没戏"。在本课中读 méi，意思是不存在。

　　　　gēng　　de jiǎ gǔ wén zì xíng shàng miàn xiàng shí zhōng　xià miàn shì yì zhī shǒu ná zhe
　　"更"的甲骨文字形上面像石钟，下面是一只手拿着
gōng jù　yì si shì zài zhōng diǎn jiāo tì de shí hou qiāo zhōng bào shí dú　　rú dǎ
工具，意思是在钟点交替的时候敲钟报时，读gēng，如"打
gēng gēng fū　dǎ gēng yì wèi zhe shí jiān fā shēng le biàn huà suǒ yǐ　gēng yòu zhǐ gǎi biàn
更、更夫"。打更意味着时间发生了变化，所以"更"又指改变，
rú gēng gǎi　hái kě yǐ biǎo shì jīng lì　rú　shào bù gēng shì　xiàn zài gèng　yě kě
如"更改"。还可以表示经历，如"少不更事"。现在"更"也可
yǐ zuò fù cí biǎo shì yù jiā yòu zài dú　　rú gèng shàng yì céng lóu　zài
以作副词，表示愈加、又、再，读 gèng，如"更上一层楼"。在
běn kè zhōng dú　　　yì si shì gèng jiā
本课中读 gèng，意思是更加。

gēng/gèng

更

甲骨文
金文
小篆
隶书
楷书

1	2	3	4	5	6	7
横	竖	横折	横	横	撇	捺

《说文解字》：
"改也。从攴，丙声。"

lǜ

绿

甲骨文
小篆
隶书
楷书

《说文解字》：
"帛青黄色也。从纟，录声。"

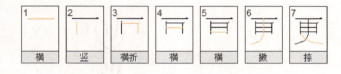

1	2	3	4	5	6	7	8	9	10	11
撇折	撇折	提	横折	横	横	竖钩	点	提	撇	捺

"绿"的甲骨文字形左边是"糸",指丝织品,右边是声旁"录",指代井水,整字表示染成井水颜色的丝织品,"绿"就是指丝织品的颜色。绿色也是草木的颜色,代表着生机和希望,所以现在"绿"还有安全的、优质的意思,如"绿色通道、绿色食品"。

chū

出

甲骨文
金文
小篆
隶书
楷书

《说文解字》:
"进也。象艸木益滋,上出达也。"

"出"的甲骨文字形像一只脚从洞口踏出,本义就是从里面到外面,如"出门"。引申为超出、往外拿,如"出界""支出"。再引申为产生、发生、长出,如"出煤""出事""出芽"。现在还指出版,如"出书"。

cháng/zhǎng

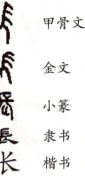

甲骨文
金文
小篆
隶书
楷书

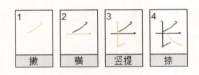

1 撇	2 横	3 竖提	4 捺

《说文解字》：

"久远也。从兀，从匕。"

　　"长"的甲骨文字形像一个长着长长的头发拄着拐杖的老人，古人认为身体发肤都是父母给的，不能随意损毁，所以年龄越大，须发就越长，因此"长"就是指头发长年岁大的人。年岁大的人活的时间久，于是引申为时间、空间距离大，如"长久、长短"。再引申为生长、成长，读zhǎng，如"长大"。由年纪大又引申为排行或辈份大的，如"长兄、长辈"。在本课中读zhǎng，意思是生长。

　　"有"的甲骨文和"又"的字形相同，都是一只右手的形状。金文和小篆由"又（手）"和"月（肉）"构成，表示手中有肉，所以"有"的本义为持有，与"无"相对。后来又有占有、

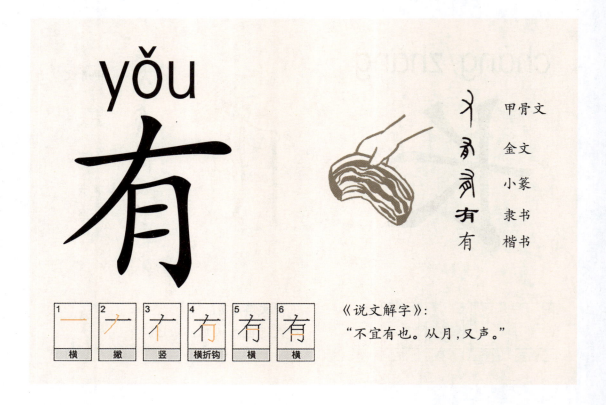

yǒu

有

1	2	3	4	5	6
一	一	广	冇	冇	有
横	撇	竖	横折钩	横	横

《说文解字》：

"不宜有也。从月，又声。"

lǐng yǒu de yì si rú sūn quán jù yǒu jiāng dōng yì si shì sūn quán zhàn lǐng le jiāng
领 有 的 意 思，如 "孙 权 据 有 江 东"，意思是 "孙 权 占 领 了 江
dōng hái kě biǎo shì cún zài de yì si yǔ méi xiāng duì rú sān rén xíng bì yǒu wǒ
东"。还可表示存在的意思，与"没"相对，如"三人行，必有我
shī yān yì si shì jǐ gè rén yì qǐ zǒu lù yí dìng yǒu kě yǐ zuò wǒ lǎo shī de rén
师焉"，意思是"几个人一起走路，一定有可以作我老师的人
zài qí zhōng
在其中"。

cóng de jiǎ gǔ wén zì xíng shì yí gè rén zǒu zài qián miàn lìng yí gè rén jǐn gēn zài
"从"的甲骨文字形是一个人走在前面，另一个人紧跟在
hòu miàn běn yì jiù shì gēn suí suí xíng gēn zài hòu miàn de rén jiù shì suí cóng yě shì
后面，本义就是跟随、随行。跟在后面的人就是随从，也是
cóng shǔ de yú shì yǒu le cóng shǔ de cì yào de yì si rú zhǔ cóng cóng fàn
从属的，于是有了从属的、次要的意思，如"主从、从犯"。
hái yǐn shēn wèi shùn cóng tīng cóng de yì si rú fú cóng mìng lìng xiàn zài cóng
还引申为顺从、听从的意思，如"服从命令"。现在，"从"
hái yǒu jiè cí yòng fǎ yǐn chū qǐ diǎn rú cóng běi jīng dào tiān jīn
还有介词用法，引出起点，如"从北京到天津"。

cóng

从

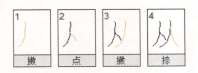

1	2	3	4
撇	点	撇	捺

甲骨文
金文
小篆
隶书
楷书

《说文解字》：
"相听也。从二人。随行也。"

nǐ

你

金文
隶书
楷书

1	2	3	4	5	6	7
撇	竖	撇	横撇/横钩	竖钩	撇	点

《说文解字》：
"尔，从门从㸚，小声。"

269

nǐ zuì chū xiě zuò ěr   hòu lái jiǎn huà wéi ěr   běn lái zhǐ pò wǎng de gōng nǔ
"你"最初写作"爾",后来简化为"尔"。本来指破网的弓弩，
hòu lái bèi jiè yòng wèi dì èr rén chēng dài cí   wèi jìn zhī hòu rén men yòu zào le nǐ
后来被借用为第二人称代词。魏晋之后，人们又造了"你"
zì dài tì ěr
字代替"尔"。

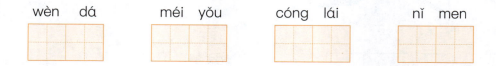

写一写

kàn pīn yīn   xiě hàn zì
一、看拼音，写汉字。

wèn dá	méi yǒu	cóng lái	nǐ men

填一填

tián kòng
二、填空。

"问"字共（　　　）画，第四画是（　　　）。

"有"字共（　　　）画，第一画是（　　　）。

"半"字共（　　　）画，第一画是（　　　）。

贴一贴

nǐ huì dú xià miàn de zì ma   huì de qǐng zài fù yè zhōng zhǎo gè dà mǔ zhǐ jiǎng
三、你会读下面的字吗？会的请在附页中找个大拇指奖
lì zì jǐ ba
励自己吧。

问　更　绿　半　数　没　彩　空　到

 连一连

gǔ jīn wén zì lián lián kàn
四、古今文字连连看。

数 彩 出 绿 空 更 到 方 没 半 问

 听妈妈讲故事

bàn tú ér fèi
半途而废

dōng hàn shí　yǒu gè míng jiào yuè yáng zǐ de shū shēng　tā yǒu yī gè xián huì yòu
东汉时，有个名叫乐羊子的书生，他有一个贤慧又
cōng míng de qī zi　jīng cháng miǎn lì tā shàng jìn
聪明的妻子，经常勉励他上进。

yuè yáng zi zài wài miàn dú le yì nián shū　zǒng shì xiǎng jiā　yú shì xiàng lǎo shī qǐng
乐羊子在外面读了一年书，总是想家，于是向老师请
jiǎ huí jiā　qī zi jiàn dào tā　fēi cháng kāi xīn　kě dāng qī zi dé zhī yuè yáng zǐ méi
假回家。妻子见到他，非常开心。可当妻子得知乐羊子没
wán chéng xué yè jiù huí lái shí　biàn de hěn shāng xīn　tā ná qǐ jiǎn dāo　bǎ zì jǐ kuài
完成学业就回来时，变得很伤心，她拿起剪刀，把自己快
zhī hǎo de bù jiǎn chéng liǎng jié　yuè yáng zǐ dà jīng　wèn qī zi wèi shén me yào bǎ xīn
织好的布剪成两截。乐羊子大惊，问妻子为什么要把辛
xīn kǔ kǔ zhī de bù jiǎn diào　qī zi shuō　kào rì jī yuè lěi　kè kǔ zuān yán cái néng
辛苦苦织的布剪掉，妻子说："靠日积月累、刻苦钻研才能

学有所成，现在你中途回来，不是和这块布一样半途而废吗？

乐羊子听了，深深受到感动，明白了妻子的苦心。从此，他发愤求学，直到学业完成，才回家见妻子。

这个故事告诉我们：如果每次做到一半就放弃，那么最后肯定什么事情都做不成功，只有坚持到底，我们才能一步一步前进。

课文 9

明天要远足

 和家长一起学

shuì

睡

金文

小篆

隶书

楷书

《说文解字》：
"坐寐也。从目、垂。"

1	2	3	4	5	6	7	8	9	10	11	12	13
竖	横折	横	横	横	撇	横	竖	横	竖	竖	横	横

shuì de gǔ wén zì xíng zuǒ bian wèi mù dài biǎo yǎn pí yòu bian wèi chuí biǎo shì
"睡"的古文字形左边为目，代表眼皮；右边为垂，表示
xiàng xià zhuì hé qǐ lái shì yǎn pí xià chuí de yì si shuì běn yì wéi zuò zhe dǎ kē shuì
向下坠，合起来是眼皮下垂的意思。"睡"本义为坐着打瞌睡。
rú xuán liáng cì gǔ de gù shi zhōng sū qín dú shū yù shuì yì si shì dú shū de shí
如"悬梁刺股"的故事中苏秦"读书欲睡"，意思是读书的时

273

hou dǎ dǔnr　shuì mián bǐ jiào qiǎn　hòu lái　shuì cái yǒu le shuì zháo de yì si
候打盹儿，睡眠比较浅。后来"睡"才有了睡着的意思。

nà

那

《说文解字》：
"西夷国。从邑。"

金文　小篆　隶书　楷书

nà　　de běn yì zhǐ wǒ guó gǔ dài xī bù jiào yuǎn de yí gè guó jiā　xī yí guó
"那"的本义指我国古代西部较远的一个国家（西夷国
míng　zuǒ biān de　rǎn zì xiàng liǎn jiá chuí xū biǎo shì nà biān de nán zǐ hú xū nóng mì
名）。左边的"冄"字像脸颊垂须，表示那边的男子胡须浓密。
yóu yú nà gè guó jiā lí wǒ guó jiào yuǎn yóu cǐ yǐn shēn wèi jiào yuǎn de de fang rú　nà
由于那个国家离我国较远，由此引申为较远的地方，如"那
biān nà lǐ　yòu biǎo shì shí jiān shàng jiào yuǎn　rú　nà shí　nà nián
边、那里"。又表示时间上较远，如"那时、那年"。

hǎi　　de gǔ wén zì xíng yóu shuǐ hé　mǔ gòu chéng　yì si shì hǎi wèi zhòng duō
"海"的古文字形由"水"和"母"构成，意思是海为众多
hé liú de mǔ qīn jí fā yuán de suǒ yǐ běn yì jiù shì hé liú fā yuán de dà hú dà chí
河流的母亲，即发源地，所以本义就是河流发源的大湖、大池。
yóu yú hǎi de miàn jī dà shuǐ duō yú shì yǐn shēn wèi dà miàn jī de chéng piàn shì wù
由于海的面积大、水多，于是引申为大面积的成片事物，
rú huǒ hǎi rén hǎi　yě zhǐ róng liàng dà duō de　rú hǎi liàng hǎi bào
如"火海、人海"。也指容量大、多的，如"海量、海报"。

hǎi

海

金文
小篆
隶书
楷书

《说文解字》：
"天池也，见庄子逍遥游，以纳百川者。"

1 点	2 点	3 提	4 撇	5 横	6 竖折/竖弯	7 横折钩	8 点	9 横	10 点

zhēn

真

金文
小篆
隶书
楷书

《说文解字》：
"仙人变形而登天也。从匕，
从目，从乚，八所乘载也。"

1 横	2 竖	3 竖	4 横折	5 横	6 横	7 横	8 横	9 撇	10 点

zhēn de jīn wén shàng miàn xiàng shì yì bǎ shén zhàng xià miàn shì jì sì yòng de
"真"的金文上面像是一把神杖,下面是祭祀用的
dǐng biǎo shì yòng shén dǐng zhān bǔ zhēn de běn yì shì zhǐ zhān bǔ líng yàn de zhēn rén
鼎,表示用神鼎占卜,"真"的本义是指占卜灵验的贞人,
jí zhēn rén hòu lái zhǐ xiū liàn dé dào huó chū běn xìng de gāo rén zài yǐn shēn chū běn zhì
即真人。后来指修炼得道、活出本性的高人。再引申出本质、
běn xìng rú zhēn xiàng xiě zhēn hái biǎo shì yǔ kè guān shì shí xiāng fú hé de rú zhēn
本性,如"真相、写真"。还表示与客观事实相符合的,如"真
pǐn zhēn sī cǐ wài hái kě biǎo shì dí què shí zài rú zhēn tòng kuai
品、真丝"。此外,还可表示的确、实在,如"真痛快"。

lǎo

《说文解字》:
"考也。七十曰老,言须发变白也。"

1	2	3	4	5	6
一	十	土	耂	老	老
横	竖	横	撇	撇	竖弯钩

lǎo jiǎ gǔ wén zì xíng xiàng yí gè shǒu zhǔ zhe guǎi zhàng tóu fa cháng cháng de lǎo
"老"甲骨文字形像一个手拄着拐杖头发长长的老
zhě běn yì jiù shì tóu fa cháng nián suì dà de rén gǔ rén rèn wèi shēn tǐ fà fū shòu zhī
者,本义就是头发长年岁大的人。古人认为"身体发肤受之
fù mǔ tóu fa shì bù kě yǐ qīng yì jiǎn qù de yīn ér lǎo zhě de xū fà huì gé wài cháng
父母",头发是不可以轻易剪去的,因而老者的须发会格外长。
gǔ dài rèn wèi nián guò qī shí de rén kě yǐ bèi chēng wèi lǎo hòu lái yǐn shēn wèi shí jiān
古代认为年过七十的人可以被称为"老"。后来引申为时间
cháng jiǔ de rú lǎo zhào piàn hái kě yòng zuò míng cí qián zhuì rú lǎo shī lǎo yīng
长久的,如"老照片"。还可用作名词前缀,如"老师、老鹰"。

shī

师

甲骨文
金文
小篆
隶书
楷书

1	2	3	4	5	6
丨	丿	丿	丿	丿	师
竖	撇	横	竖	横折钩	竖

《说文解字》：
"二千五百人为师。从帀，从𠂤。"

　　shī　　　de jiǎ gǔ wén xiàng qiū líng de yàng zi biǎo shì jūn lǚ zhù shǒu de de fāng
　"师"的甲骨文 像丘陵的样子，表示军旅驻守的地方，
hòu lái zēng jiā　zā　biǎo shì pái liè de duì wǔ suǒ yǐ shī　de běn yì jiù shì jūn
后来增加"帀"，表示排列的队伍，所以"师"的本义就是军
duì　shuō wén chēng liǎng qiān wǔ bǎi rén kě yǐ gòu chéng yí gè shī　wéi jūn duì de biān
队。《说文》称 两千五百人可以构成一个师，为军队的编
zhì dān wèi　shī　hái kě yǐ zhǐ mǒu xiē chuán shòu zhī shí jì néng de rén rú　jiào shī
制单位。"师"还可以指某些传授知识技能的人，如"教师、
shī fu
师傅"。

　　ma zì shì gè xíng shēng zì　xíng páng wèi kǒu　biǎo shì yǔ shuō huà yǒu guān　mǎ
　"吗"字是个形声字。形旁为"口"，表示与说话有关，"马"
zì biǎo shēng cháng yòng lái biǎo yí wèn huò fǎn wèn yǔ qì　yī bān yòng zài jù mò rú
字表声。常用来表疑问或反问语气，一般用在句末，如：
nǐ kàn le ma　hái kě dú　yì si shì shén me rú　míng tiān gàn má　běn
"你看了吗？"还可读má，意思是什么，如："明天干吗？"本
kè zhōng dú　biǎo yí wèn
课中读má，表疑问。

ma/má

吗

金文 小篆 隶书 楷书

1	2	3	4	5	6
丨	冂	冂	叮	吗	吗
竖	横折	横	横折	竖折折钩	横

tóng

同

甲骨文 金文 小篆 隶书 楷书

1	2	3	4	5	6
丨	冂	冂	同	同	同
竖	横折钩	横	竖	横折	横

《说文解字》：
"合会也。从冃，从口。"《说文解字注》："口皆在所覆之下。"

tóng　　de jiǎ gǔ wén xiàng yí gè fán zài jiā shàng yí gè kǒu fán yǒu gài
"同"的甲骨文 像一个"凡"再加上 一个"口"。"凡"有概

kuò de yì si kǒu biǎo shì shuō huà zhěng tǐ biǎo shì tǒng yī kǒu jìng fā chū xiāng tóng
括的意思,"口"表示说话。整体表示统一口径,发出相同

de shēng yīn hòu lái yǐn shēn wèi yí yàng méi yǒu chā yì rú tóng shì tóng bāo xiāng
的声音。后来引申为一样、没有差异,如"同事、同胞、相

tóng hái biǎo shì zài yì qǐ cóng shì rú tóng xué tóng bù hái kě zuò jiè cí
同"。还表示在一起(从事),如"同学、同步"。还可作介词,

biǎo shì yǔ gēn rú tóng liú hé wū zhǐ gēn zhe huài rén yì qǐ zuò huài shì
表示与、跟,如"同流合污",指跟着坏人一起做坏事。

shí/shén

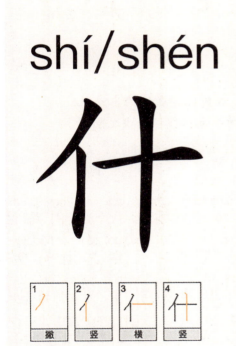

金文
小篆
隶书
楷书

《说文解字》:
"相什保也。从人、十。"

shí zì yóu rén hé shí zǔ chéng zhǐ yǐ shí gè rén wéi yì zǔ de yì zhǒng biān
"什"字由"人"和"十"组 成,指以十个人为一组的一种编

zhì dān wèi gǔ dài de jūn duì yǐ wǔ rén wéi yì wǔ liǎng gè wǔ wèi shí lìng wài gǔ
制单位。古代的军队,以五人为一伍,两个伍为"什"。另外古

dài hù jí yě yǐ shí jiā wéi yí gè xiǎo de dān wèi xiāng hù xiāng bǎo yě chēng zuò shí
代户籍也以十家为一个小的单位,相护相保,也称作"什"。

hòu yǐn shēn wéi zá duō zhǒng de rú shén jǐn cài hái kě dú biǎo shì bù què
后引申为杂、多种的,如"什锦菜"。还可读 shén,表示不确

dìng de shì wù rú shénme
定的事物,如"什么"。

甲骨文
金文
小篆
隶书
楷书

一 丨 丿
横 竖钩 撇

《六书正伪》：
"才，木质也。在地为木，既
伐为才，象其枝根斩伐之余。"

"才"的甲骨文字形像房柱和房梁。在古代，人们居住的房屋以土木为主，并且在建造房屋的时候要先打好房柱、接好房梁才开始建屋。后由开始建屋引申为初始地、刚刚，如"刚才"。古时"材""财""才"三个字意义相通，木有用叫做"材"，物有用叫做"财"，人有用叫做"才"。现在"才"常用来表示才能、人才。

"亮"字的古文字形上面是"高"字的省略，下面是"人"，表示人居高处就会感觉到明亮，后来"人"字讹变成了"几"

liàng

亮

金文 小篆 隶书 楷书

《康熙字典》：
"明也。"

1 点	2 横	3 竖	4 横折	5 横	6 点	7 横撇/横钩	8 撇	9 横折弯钩

字。"亮"的本义就是明亮。它不仅可以指视觉上的明亮，如"闪亮、光亮"等；也可以指听觉上的明亮，如"他嗓门很亮"，表示他说话声音很大。

甲骨文的"明"像日月同辉，本义就是明亮。《说文》称"明"左边为囧，表示窗户，整字意思是月光透过窗户照亮房间，这也是表示明亮。后来引申为看得清楚的，如"明白、明晰"。再引申为开悟的、觉醒的，如"明智、聪明"。

míng

明

甲骨文
金文
小篆 书
隶 书
楷 书

1 丨	2 冂	3 日	4 日	5 明	6 明	7 明	8 明
竖	横折	横	横	撇	横折钩	横	横

《说文解字》：
"朙，照也。从月、从囧。"

xué

学

甲骨文
金文
小篆 书
隶 书
楷 书

1	2	3	4	5	6	7	8 学
点	点	撇	点	横撇/横钩	横撇/横钩	竖钩	横

《说文解字》：
"觉悟也。"

xué　　de jiǎ gǔ wén zì xíng shàng miàn shì liǎng zhī shǒu　shǒu zhōng jiān shì suàn chóu
"学"的甲骨文字形上　面是两只手,手 中 间是算 筹,

biǎo shì shǒu bǎ shǒu jiāo suàn shù　jīn wén yòu zēng jiā le　　zǐ　zì　biǎo shì hái zi men
表示手把手教算术。金文又 增加了"子"字,表示孩子们

zài wū zi lǐ xué xí suàn shù　xué　de běn yì jiù shì xué xí　yòu zhǐ xué xí de chǎng suǒ
在屋子里学习算术。"学"的本义就是学习。又指学习的 场 所,

rú　xué xiào　hái yǐn shēn wèi xué dào de zhī shí　jīng yàn　rú　xué wen
如"学校"。还引申为学到的知识、经验,如"学问"。

✎ 写一写

pīn yì pīn　xiě yì xiě
一、拼一拼,写一写。

rén	cái			míng	tiān			tóng	xué	

✎ 连一连

dú yì dú　lián yì lián
二、读一读,连一连。

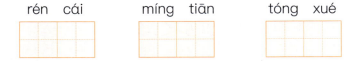

shén　　　cái　　liàng　　ma　　zhēn　　shuì　　nà

吗　 什　 才　 亮　 睡　 那　 真

👍 填一填

jiā yì jiā　zǔ chéng xīn zì zài zǔ cí
三、加一加,组 成 新字再组词。

日 + 月 = (　　)　　　　白 + 勺 = (　　)

(　) + (　) = 海　　　(　) + (　) = 吗

贴 一 贴

qǐng zài fù yè zhōng zhǎo chū xià liè shēng zì de gǔ wén zì　tiē zài fāng kuàng lǐ
四、请在附页中 找出下列生字的古文字，贴在方框里。

睡　亮　那　才　海　什　真　同　老　师

 听妈妈讲故事

guǎn bào zhī jiāo
管鲍之交

　　chūn qiū shí qī　qí guó yǒu yí duì hěn yào hǎo de péng you　yí gè jiào guǎn zhòng
　　春秋时期，齐国有一对很要好的朋友，一个叫管仲，
lìng yí gè jiào bào shū yá　nián qīng de shí hou guǎn zhòng jiā　li hěn qióng yòu yào fèng
另一个叫鲍叔牙。年轻的时候，管 仲家里很穷，又要奉
yǎng mǔ qīn　bào shū yá zhī dào le　jiù zhǎo guǎn zhòng yì qǐ zuò shēng yi
养母亲，鲍叔牙知道了，就找管 仲一起做生意。
　　zuò shēng yi de shí hou　yīn wéi guǎn zhòng méi yǒu qián　suǒ yǐ běn qián jī hū dōu
　　做生意的时候，因为管 仲没有钱，所以本钱几乎都
shì bào shū yá chū de　kě shì zhuàn le qián yǐ hòu　guǎn zhòng què ná de bǐ bào shū
是鲍叔牙出的。可是，赚了钱以后，管 仲却拿的比鲍叔
yá hái duō　bào shū yá de pú rén kàn le jiù shuō　zhè gè guǎn zhòng zhēn qí guài běn
牙还多，鲍叔牙的仆人看了就说："这个管 仲真奇怪，本

钱拿的比我们主人少,分钱的时候却拿的比我们主人还多!"鲍叔牙却对仆人说:"不可以这么说!管仲家里穷又要奉养母亲,多拿一点没有关系的。"

后来,鲍叔牙当了齐国公子小白的谋士,管仲却为齐国的公子纠效力。两位公子在回国继承王位的争夺战中,管仲曾驱车拦截小白,引弓射箭,正中小白的腰带,小白弯腰装死才骗过管仲,日夜驱车抢先赶回国内,继承了王位,称为齐桓公。公子纠失败被杀,管仲也成了阶下囚。齐桓公登位后,要拜鲍叔牙为相,并想杀掉管仲报仇。鲍叔牙坚决辞掉相国之位,认为管仲的才能远远高于自己,劝说齐桓公不计前嫌,用管仲为相国。齐桓公于是重用管仲。果然,如鲍叔牙所言,管仲的才华逐渐施展出来,终于使齐国成为春秋五霸之一。后世大家在称赞朋友之间有很好的友谊时,就会说他们是"管鲍之交"。

课文 10

大 还 是 小

 和家长一起学

《说文解字》：
"四时也。从日，寺声。"

shí de jiǎ gǔ wén zì xíng shàng miàn shì zhǐ dài biǎo xíng jìn xià miàn shì rì
"时" 的甲骨文字形 上 面是"止"，代表行进，下面是"日"，
biǎo shì tài yáng hé qǐ lái biǎo shì tài yáng yùn xíng de jié zòu běn yì jiù shì jì jié gǔ
表示太阳，合起来表示太阳运行的节奏，本义就是季节。古
rén shǐ yòng rì guǐ gēn jù tài yáng tóu shè de yǐng zi de cháng duǎn hé fāng wèi biàn huà
人使用日晷，根据太阳投射的影子的长 短和方位变化

lái zhǎng wò shí jiān suǒ yǐ shí kě yǐ biǎo shì shí jiān guāng yīn rú chāo shí hái
来 掌 握 时 间，所 以"时"可 以 表 示 时 间、光 阴，如"超 时"。还

kě yǐ biǎo shì shì dàng de jī huì rú shí hou shí jī xiàn zài shí yě zhǐ dāng
可 以 表 示 适 当 的 机 会，如"时 候、时 机"。现 在，"时"也 指 当

xià de rú shí shì shí zhuāng
下 的，如"时 事、时 装"。

《说文解字》：
"伺望也。从人，矦声。"

hòu de jiǎ gǔ wén zì xíng shàng miàn shì shān yá de xíng zhuàng xià miàn shì yì zhī
"候"的 甲 骨 文 字 形 上 面 是 山 崖 的 形 状，下 面 是 一 支

jiàn jiàn tóu zhèng xiàng shàng miàn de bǎ zi shè qù biǎo shì yǒu rén zài shān shang mái fú
箭，箭 头 正 向 上 面 的 靶 子 射 去，表 示 有 人 在 山 上 埋 伏

shǒu hòu bǔ liè suǒ yǐ hòu běn yì jiù shì shǒu wàng zhēn chá xiàn zài kě yǐ biǎo shì
守 候 捕 猎，所 以"候"本 义 就 是 守 望、侦 察。现 在 可 以 表 示

děng hòu rú shǒu hòu hòu chē hái kě yǐ biǎo shì shí jī rú huǒ hou yóu zhēn chá
等 候，如"守 候、候 车"；还 可 以 表 示 时 机，如"火 候"。由 侦 察、

guān chá de yì si yòu yǐn shēn wéi kàn wàng wèn hǎo rú wèn hòu
观 察 的 意 思 又 引 申 为 看 望、问 好，如"问 候"。

jué/jiào

觉

金文
小篆
隶书
楷书

《说文解字》：
"从见，学省声。一曰发也。"

1	2	3	4	5	6	7	8	9
点	点	撇	点	横撇/横钩	竖	横折	撇	竖弯钩

"觉"的金文字形上面是"学"字的省略，表示学习，下面是"见"，表示发现，合起来指学习有所明白、悟出了道理，所以"觉"的本义就是醒悟、明白，读 jué，如"觉悟、自觉"。引申为感知、认知，如"感觉"；又引申为感知的对象，如"幻觉、视觉"。由闭目沉睡到醒来感知清晰也是一种"觉"，所以又有睡醒的意思，读 jiào，如"睡觉"。在本课中读 jué，意思是感知。

"得"的甲骨文字形左边表示行进，右边是一只手拿贝壳的样子，整字表示行走而有收获，本义就是得到。引申

dé/děi/de

得

微 得 得 得

甲骨文
金文
小篆
隶书
楷书

《说文解字》：
"行有所得也。"

| 1 撇 | 2 撇 | 3 竖 | 4 竖 | 5 横折 | 6 横 | 7 横 | 8 横 | 9 横 | 10 竖钩 | 11 点 |

wéi zhāo zhì dǎo zhì rú de zuì de bìng xiàn zài cháng zuò zhù cí biǎo shì kě néng
为 招 致、导 致，如"得 罪、得 病"。现 在 常 作 助 词，表 示 可 能，
dú rú zǒu de dòng ná de qǐ kǒu yǔ zhōng hái dú biǎo shì bì xū yí
读 de，如"走 得 动、拿 得 起"。口 语 中 还 读 děi，表 示 必 须、一
dìng rú zhè jiàn shì děi liǎng zhōu cái néng wán chéng zài běn kè zhōng dú yǔ jué
定，如"这 件 事 得 两 周 才 能 完 成"。在 本 课 中 读 de，与"觉"
zǔ chéng cí yì si shì gǎn dào
组 成 词，意 思 是 感 到。

zì de jiǎ gǔ wén zì xíng xiàng rén de bí zi běn yì jiù shì bí zi rén men biǎo
"自"的 甲 骨 文 字 形 像 人 的 鼻 子，本 义 就 是 鼻 子。人 们 表
dá wǒ de shí hou xí guàn yú zhǐ zhe zì jǐ de bí zi yú shì zì zhú jiàn biǎo shì dì yī
达"我"的 时 候 习 惯 于 指 着 自 己 的 鼻 子，于 是"自"逐 渐 表 示 第 一
rén chēng dài zhǐ zì jǐ xiàn zài kuò dà le fàn wéi zì hái kě yǐ biǎo shì shì wù de
人 称，代 指 自 己。现 在 扩 大 了 范 围，"自"还 可 以 表 示 事 物 的
běn shēn rú zì rán yě kě yǐ zuò jiè cí xiāng dāng yú cóng yóu rú zì shǐ zhì zhōng
本 身，如"自 然"。也 可 以 作 介 词，相 当 于 从、由，如"自 始 至 终"。

zì

自

| 1 撇 | 2 竖 | 3 横折 | 4 横 | 5 横 | 6 横 |

甲骨文
金文
小篆
隶书
楷书

《说文解字》:
"鼻也。象鼻形。"

jǐ

己

| 1 横折 | 2 横 | 3 竖弯钩 |

甲骨文
金文
小篆
隶书
楷书

《说文解字》:
"中宫也。象万物辟藏诎
形也。己承戊，象人腹。"

"己"的甲骨文字形像弯曲的绳子,古时人们依靠结绳来记数和记事,或者表明物品的归属者,这个意思后来写作"纪"。"己"引申为天干地支的第六位,排在"戊"的后面。现在"己"主要用来表示自身,如"自己、推己及人"。

《说文解字》:
"不听从也。"

"很"的古文字形左边是"彳",表示道路,右边是"艮",表示回头看,合起来意思是前面的人在走,后面的人却在回头看路,不愿跟随的样子,所以"很"本来是指违逆、不听从。现在常作副词,表示程度很深,相当于"非常",如"很忙、很喜欢"。

chuān

金文
小篆
隶书
楷书

《说文解字》：
"通也。从牙在穴中。"

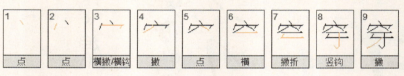

1	2	3	4	5	6	7	8	9
点	点	横撇/横钩	撇	点	横	撇折	竖钩	撇

chuān de jīn wén zì xíng shàng miàn shì xué zhǐ dòng xué xià miàn shì
"穿"的金文字形上面是"穴"，指洞穴，下面是
shàng xià jiāo cuò de yá chǐ hé qǐ lái biǎo shì dòng yǔ dòng zhī jiān jiāo cuò guàn tōng
上下交错的牙齿，合起来表示洞与洞之间交错贯通，
chuān běn yì jiù shì chuān tōng yǐn shēn wèi zài xiá xiǎo de kōng jiān lǐ chuān xíng
"穿"本义就是穿通。引申为在狭小的空间里穿行，
rú chuān suō yòu zhǐ bǎ yī xié wà děng tào zài shēn tǐ xiāng yìng bù wèi
如"穿梭"。又指把衣、鞋、袜等套在身体相应部位
shang rú chuān yī chuān wà
上，如"穿衣、穿袜"。

yī de jiǎ gǔ wén zì xíng xiàng yí jiàn shàng yī de yàng zǐ zuì shàng duān wèi yī
"衣"的甲骨文字形像一件上衣的样子，最上端为衣
líng liǎng cè kāi kǒu de dì fāng biǎo shì yī xiù xià duān biǎo shì yī fu de xià bǎi gǔ rén
领，两侧开口的地方表示衣袖，下端表示衣服的下摆，古人
chēng shàng yī wèi yī xià yī jiào cháng xiàn zài yī yě zhǐ dài pī zài huò bāo
称上衣为"衣"，下衣叫"裳"。现在，"衣"也指代披在或包
zài wài miàn de dōng xi rú táng yī huā shēng yī fán shì yóu yī gòu chéng de zì
在外面的东西，如"糖衣、花生衣"。凡是由"衣"构成的字
dà dōu yǔ yī fu yǒu guān rú xiù shān
大都与衣服有关，如"袖、衫"。

yī

衣

甲骨文
金文
小篆
隶书
楷书

1	2	3	4	5	6
点	横	撇	竖提	撇	捺

《说文解字》：
"依也。上曰衣,下曰裳。
象覆二人之形。"

fú

服

甲骨文
金文
小篆
隶书
楷书

1	2	3	4	5	6	7	8
撇	横折钩	横	横	横折钩	竖	横撇/横钩	捺

《说文解字》：
"用也。从舟,$月$声。"

"服"的甲骨文字形像一只大手抓住一个人，有的字形左边加了"凡"，像一个竖着的盘子，合起来表示一个人用手驱使另一人捧盘子侍奉别人的样子，所以"服"的本义就是服从。后来左边的"凡"变成了"舟"，"舟"又变成了"月"。现在"服"可以表示承担、担任，如"服兵役"，也常表示衣物，如"服装"。

kuài

快

金文
小篆
隶书
楷书

1	2	3	4	5	6	7
点	点	竖	横折	横	撇	捺

《说文解字》：
"喜也。从心，夬声。"

"快"的左边是形旁"心"，右边是"夬"，意思是开口表达，合起来表示有话直说，直率表达心情，所以"快"的本义就是痛快、喜悦。后来引申为动作迅速，与"慢"相对，如"快速、快跑"。还可以表示马上、即将，如"天快黑了"。

读一读

nǐ huì dú xià miàn de zì ma　huì de qǐng zài fù yè zhōng zhǎo gè dà mǔ zhǐ jiǎng
一、你会读下面的字吗？会的请在附页中 找个大拇指奖

lì zì jǐ ba
励自己吧。

觉 穿 服 快 候 很 衣 得

写一写

pīn yì pīn　xiě yì xiě
二、拼一拼，写一写。

zì　jǐ　　　mā　ma　　　mèi　mei

连一连

lián yì lián　zǔ chéng cí yǔ
三、连一连，组成词语。

时　诗　衣　朋　觉　绿

歌　服　候　草　得　友

gǔ jīn wén zì lián lián kàn
四、古今文字连连看。

时 快 候 服 衣 觉 穿 得 自 很 己

听妈妈讲故事

gē xí duàn jiāo
割席断交

dōng hàn shí qī　　yǒu yī duì fēi cháng yào hǎo de péng you　　tā men shì guǎn níng hé
东 汉 时 期，有 一 对 非 常 要 好 的 朋 友，他 们 是 管 宁 和
huà xīn　　tā men zhěng tiān xíng yǐng bù lí　　xiāng chǔ de hěn hé xié
华 歆。他 们 整 天 形 影 不 离，相 处 得 很 和 谐。
yǒu yí cì　　tā men yí kuàir　　qù láo dòng zài cài dì lǐ chú cǎo　　cài dì lǐ tou
有 一 次，他 们 一 块 儿 去 劳 动，在 菜 地 里 锄 草。菜 地 里 头
jìng yǒu yí kuài qián rén mái cáng de huáng jīn　　huáng jīn bèi guǎn níng de chú tou fān teng chū
竟 有 一 块 前 人 埋 藏 的 黄 金，黄 金 被 管 宁 的 锄 头 翻 腾 出
lái le　　dàn shì huà xīn guǎn níng tā men píng shí dú shū yǎng xìng　　jiù shì yào bìng qì rén
来 了。但 是 华 歆 管 宁 他 们 平 时 读 书 养 性，就 是 要 摒 弃 人
xìng zhōng de tān niàn　　suǒ yǐ zhè shí hou guǎn níng jiàn le huáng jīn　　jiù bǎ tā dàng zuò
性 中 的 贪 念。所 以 这 时 候，管 宁 见 了 黄 金，就 把 它 当 作
zhuān shí tǔ kuài duì dài　　yòng chú tou yī bō jiù rēng dào yī biān le　　huà xīn zài hòu biān yě
砖 石 土 块 对 待，用 锄 头 一 拨 就 扔 到 一 边 了。华 歆 在 后 边 也
kàn jiàn le　　míng zhī dào zhè dōng xi bù gāi ná　　dàn rěn bù zhù hái shì ná qǐ lái kàn le
看 见 了，明 知 道 这 东 西 不 该 拿，但 忍 不 住 还 是 拿 起 来 看 了
kàn cái rēng diào　　guò le jǐ tiān　　liǎng rén zhèng zài wū lǐ dú shū　　wài tou de jiē shang yǒu
看 才 扔 掉。过 了 几 天，两 人 正 在 屋 里 读 书，外 头 的 街 上 有
yī zhuó huá lì de dá guān guì rén jīng guò　　chéng zhe chē mǎ　　qiāo luó dǎ gǔ de　　hěn rè
衣 着 华 丽 的 达 官 贵 人 经 过，乘 着 车 马，敲 锣 打 鼓 的，很 热
nao　　guǎn níng hái shì hé méi tīng jiàn yí yàng　　jì xù rèn zhēn dú zì jǐ de shū　　huà xīn què
闹。管 宁 还 是 和 没 听 见 一 样，继 续 认 真 读 自 己 的 书。华 歆 却
zuò bù zhù le　　pǎo dào mén kǒu guān kàn　　duì zhè dá guān de wēi yí yàn xiàn bù yǐ　　chē
坐 不 住 了，跑 到 门 口 观 看，对 这 达 官 的 威 仪 艳 羡 不 已。车

马过去之后，华歆回到屋里，管宁却拿了一把刀子，将两人同坐的席子从中间割开，说："我们两人的志向和情趣太不一样了。从今以后，我们就像这被割开的草席一样，再也不是朋友了！"

后来，人们就用"割席断交"来比喻朋友之间因志不同道不合而绝交。

课文 11

项　链

 和家长一起学

lán

蓝

金文
小篆
隶书
楷书

《说文解字》：
"染青草也。从草，监声。"

1	2	3	4	5	6	7	8	9	10	11	12	13
横	竖	竖	竖	竖	撇	横	点	竖	横折	竖	竖	横

　　lán　zhuàn wén zì xíng shàng miàn shì cǎo　xià miàn bù fen shì　jiān　　dài biǎo yí gè
　"蓝"篆 文 字 形 上 面 是 草，下 面 部 分 是 "监"，代 表 一 个
rén guān chá cóng pén zi lǐ　tí liàn chū lái de lán sè yán liào　　lán běn yì wéi kě tí qǔ
人 观 察 从 盆 子 里 提 炼 出 来 的 蓝 色 颜 料。"蓝"本 义 为 可 提 取
diàn qīng rǎn liào de liǎo cǎo　xiàn zài wǒ men cháng shuō　de　qīng chū yú lán ér shèng yú lán
靛 青 染 料 的 蓼 草。现 在 我 们 常 说 的 "青 出 于 蓝 而 胜 于 蓝"

zhōng de lán jiù shì zhǐ liǎo cǎo lán hái yòng lái biǎo shì xiàng qíng tiān tiān kōng nà
中 的 "蓝" 就 是 指 蓼 草。"蓝" 还 用 来 表 示 像 晴 天 天 空 那
yàng de yán sè rú lán tiān wèi lán
样 的 颜 色,如 蓝 天、蔚 蓝。

yòu

甲骨文
金文
小篆
隶书
楷书

《说文解字》:
"手也。象形。"

横撇/横钩　捺

yòu de jiǎ gǔ wén zì xíng jiù shì yì zhī yòu shǒu de xíng zhuàng běn yì jiù shì yòu
"又" 的 甲 骨 文 字 形 就 是 一 只 右 手 的 形 状,本 义 就 是 右
shǒu hòu lái xiě zuò yòu yǐ yòu wéi piān páng de zì duō yǔ shǒu de dòng zuò yǒu
手,后 来 写 作 "右"。以 "又" 为 偏 旁 的 字 多 与 手 的 动 作 有
guān rú qǔ jí yòng shǒu zhuā qǔ ěr duo xiàn zài yòu cháng yòng lái biǎo shì chóng fù
关,如 "取",即 用 手 抓 取 耳 朵。现 在 "又" 常 用 来 表 示 重 复、
bìng liè děng yì si rú liǔ àn huā míng yòu yì cūn yòu gāo yòu dà děng
并 列 等 意 思,如 "柳 暗 花 明 又 一 村" "又 高 又 大" 等。

xiào de xiǎo zhuàn shàng miàn xiàng rén kāi xīn dà xiào shí méi yǎn mī zhe de yàng zi
"笑" 的 小 篆 上 面 像 人 开 心 大 笑 时 眉 眼 眯 着 的 样 子,
běn yì jiù shì yīn gāo xìng kāi yán huò chū shēng yǐn shēn wéi xiào de biǎo qíng rú dé yì
本 义 就 是 因 高 兴 开 颜 或 出 声。引 申 为 笑 的 表 情,如 "得 意

xiào

笑

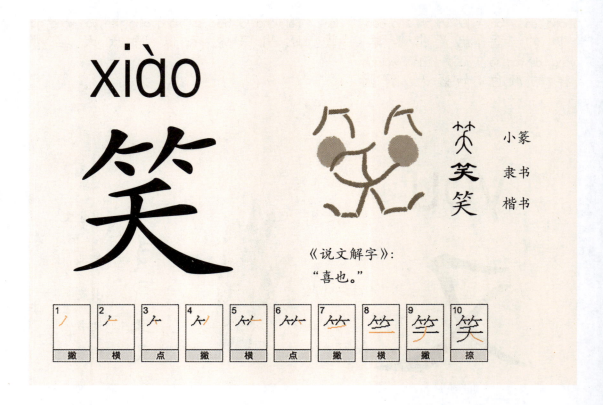

小篆
隶书
楷书

《说文解字》：
"喜也。"

1	2	3	4	5	6	7	8	9	10
丿	⺊	⺮	⺮	⺮	⺮	竺	竺	笑	笑
撇	横	点	撇	横	点	撇	横	撇	捺

de xiào　　　hái yǐn shēn wéi gāo xìng de　kuài lè de　rú　xiào kàn rén shēng　xiào yī xiào
的笑"。还引申为高兴地、快乐地，如"笑看人生"。"笑一笑，
shí nián shào　shēng huó zhōng wǒ men yīng gāi duō xiào　lè guān de miàn duì yí qiè
十年少"，生活中我们应该多笑，乐观地面对一切。

zhù　shì　zhù　zhuó　de běn zì　shàng miàn shì　zhú　biǎo shì yòng zhú
"箸"是"著""着"的本字。上面是"竹"，表示用竹
zuò de kuài zi　xià miàn shì　zhě　zhě　biǎo shì zhǔ shú de shí wù　zhěng zì biǎo
做的筷子。下面是"者"，"者"表示煮熟的食物，整字表
shì jiāng kuài zi chā zài shú shí shàng jì sì　zhù　zhǐ kuài zi　yòu yīn wèi chā kuài zi
示将筷子插在熟食上祭祀。"箸"指筷子。又因为插筷子
jì sì hěn míng xiǎn　suǒ yǐ yǒu le xiǎn míng　tū chū de yì si　zhè ge yì yì hòu lái
祭祀很明显，所以有了显明、突出的意思，这个意义后来
xiě zuò　zhù　rú　xiǎn zhù　hái yǐn shēn wéi chā rù　chuān dài　fù zhuó de yì
写作"著"，如"显著"。还引申为插入、穿戴、附着的意
si　zhè ge yì yì hòu lái xiě zuò　zhuó　zhuó　yóu fù zhuó yì zài yǐn shēn wéi jiē chù
思，这个意义后来写作"着"。"着"由附着义再引申为接触、

zhuó/zháo/zhe

小篆
隶书
楷书

《说文解字》：
"饭攲也。从竹者声。"
《广韵》："箸，同着。"

1	2	3	4	5	6	7	8	9	10	11
丶	⸝	丷	兰	丷	羊	着	着	着	着	着
点	撇	横	横	横	撇	竖	横折	横	横	横

chǎn shēng rú zhuó lù zháo huǒ zài jìn yí bù yǐn shēn wéi dòng zuò chí xù jìn
产生，如"着陆""着火"。再进一步引申为动作持续进
xíng huò zhuàng tài chí xù zhōng rú kàn zhe zài běn kè zhōng dú yì si shì
行或状态持续中，如"看着"。在本课中读 zhe，意思是
dòng zuò chí xù jìn xíng
动作持续进行。

xiàng zì shàng miàn tóng xiàng yí gè wū dǐng yóu liǎng xié miàn zǔ chéng de fáng
"向"字上面"冂"像一个屋顶由两斜面组成的房
wū zhōng jiān bāo hán de kǒu biǎo shì fáng bì shàng de kāi kǒu suǒ yǐ tā de běn yì shì
屋，中间包含的"口"表示房壁上的开口，所以它的本义是
cháo běi kāi de chuāng hu hòu yǐn shēn wéi cháo zhe duì zhe rú miàn xiàng xiàng yáng
朝北开的窗户。后引申为"朝着、对着"，如"面向、向阳"。
yòu yǐn shēn wéi fāng xiàng rú fēng xiàng zhì xiàng zhè ge yì yì yòu fā zhǎn wéi jiè cí
又引申为方向，如"风向、志向"，这个意义又发展为介词，
xiāng dāng yú cháo wǎng rú xiàng xià xiàng dōng
相当于朝、往，如"向下、向东"。

xiàng

向

1 丿	2 丿	3 门	4 门	5 向	6 向
撇	竖	横折钩	竖	横折	横

甲骨文
金文
小篆
隶书
楷书

《说文解字》：
"北出牖也。从宀，从口。"

hè/hé

和

1 一	2 二	3 千	4 千	5 禾	6 利	7 和	8 和
撇	横	竖	撇	点	竖	横折	横

《说文解字》：
"和，相应也。从口，
禾声。"

甲骨文
金文
小篆
隶书
楷书
简化字
金文
小篆
隶书
楷书

简化字"和"有两个来源，即"和"与"龢"。"和"由形旁"口"和声旁"禾"构成，本义是声音相应，即"应和"，读hè。"龢"的甲骨文左边像排管乐器，右边为"禾"，本义是（乐声）和谐、协调，读hé。后引申为平和、连带，如"温和""和盘托出"。由连带意义又引申为连词或介词，相当于"跟、与"，如"工人和农民""和你一样"。在本课中读hé，是表并列的连词。

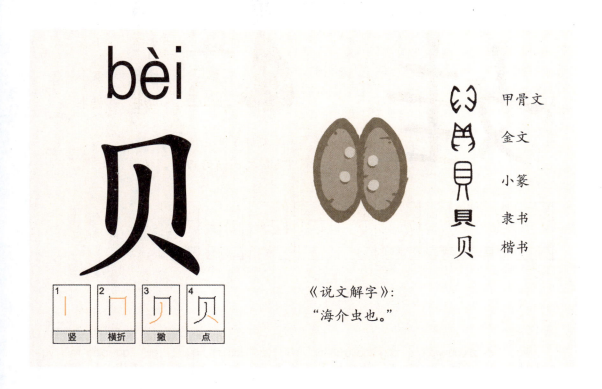

bèi

贝

1	2	3	4
竖	横折	撇	点

甲骨文
金文
小篆
隶书
楷书

《说文解字》：
"海介虫也。"

早期"贝"的甲骨文像贝壳的外形，指有石灰质硬壳的水生软体动物。因为这种动物的外壳美观、经久、

nán dé   gǔ dài zhōng yuán dì qū lí hú hǎi shuǐ yù hěn yuǎn   bèi gǔ rén shì wéi zhēn
难得（古代中 原地区离湖海水域很远），被古人视为珍
bǎo   hòu lái fā zhǎn wéi yuán shǐ huò bì   yīn ér yǐ   bèi   wéi bù shǒu piān páng de hàn
宝，后来发展为原始货币，因而以"贝"为部首偏旁的汉
zì duō yǔ qián yǒu guān   rú cái dài   zhí zhì qín shǐ huáng tǒng yī liù guó   tǒng
字多与钱有关，如"财、贷"。直至秦始皇统一六国，统
yī qián bì   cái fèi chú   bèi   de shǐ yòng
一钱币，才废除"贝"的使用。

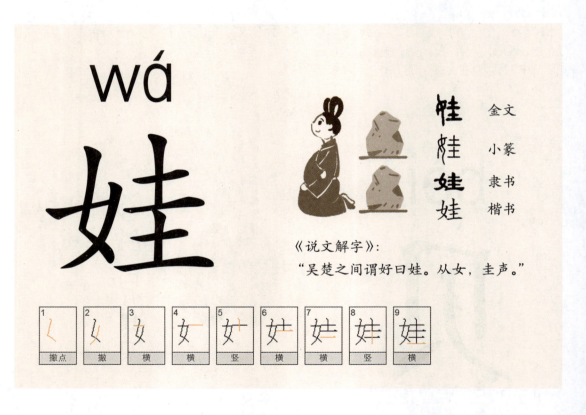

wá

娃

金文
小篆
隶书
楷书

《说文解字》：
"吴楚之间谓好曰娃。从女，圭声。"

1	2	3	4	5	6	7	8	9
撇点	撇	横	横	竖	横	横	竖	横

        wá   de zhuàn wén zì xíng zuǒ bian shì nǔ yòu bian shì guī   guī dài biǎo měi yù
    "娃"的篆文字形左边是"女"右边是"圭"，"圭"代表美玉，
yì si shì nǔ zǐ róng mào měi lì   jiù xiàng yù yí yàng   qí běn yì wéi mào měi rú yù de
意思是女子容貌美丽，就像玉一样。其本义为貌美如玉的
nǔ zǐ   hòu lái bèi yǐn shēn wéi   měi nǔ xiǎo nǔ   rú chēng měi nǔ wéi jiāo wá xiàn
女子。后来被引申为"美女、小女"，如称美女为"娇娃"。现
zài duō biǎo shì xiǎo hái zi   rú wá zi pàng wá wa
在多表示小孩子，如"娃子、胖娃娃"。

guà

挂

桂 金文
挂 小篆
挂 隶书
挂 楷书

《说文解字》：
"画也，从手，圭声。"

1	2	3	4	5	6	7	8	9
一	丁	扌	扌	扖	拝	拝	挂	挂
横	竖钩	提	横	竖	横	横	竖	横

　　cóng huà zì zuǒ bian de shǒu kě yǐ kàn chū gāi dòng zuò yóu shǒu wán chéng guī
从"挂"字左边的"手"可以看出该动作由手完成，"圭"
běn zhǐ měi yù　zhè lǐ zhǐ yòng shǒu bǎ měi yù xuán diào qǐ lái hòu lái yǐn shēn wéi xuán
本指美玉，这里指用手把美玉悬吊起来。后来引申为悬
huà qiān huà rú huà lì huà niàn zài yǐn shēn wéi dēng jì jì lù rú huà hào
挂、牵挂，如"挂历""挂念"。再引申为登记、记录，如"挂号"。

　　huó　de zuǒ biān biǎo shì liú shuǐ　yòu biān wéi shēng páng yǒu de xiǎo zhuàn xiě zuò
"活"的左边表示流水，右边为声旁，有的小篆写作
guō zhǐ zào shēng rǎo rén suǒ yǐ huó de běn yì shì liú shuǐ shēng liú shuǐ chán chán
"聒"，指噪声扰人，所以"活"的本义是流水声。流水潺潺
yù shì zhe shēng jī bó bó yú shì huó yǐn shēn wéi yǒu shēng jī de rú huó pō　yòu
喻示着生机勃勃，于是"活"引申为有生机的，如"活泼"。又
fā zhǎn wéi yǔ sǐ xiāng duì biǎo shì shēng cún rú huó mìng shēng huó zài yǐn shēn
发展为与"死"相对，表示生存，如"活命、生活"。再引申
wéi shēng jì gōng zuò rú gàn huó
为生计、工作，如"干活"。

huó

活

金文
小篆
隶书 活
楷书 活

《说文解字》：
"水流声。引申为凡不死之称。"

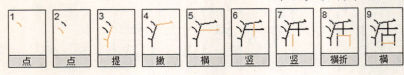

| 1 点 | 2 点 | 3 提 | 4 撇 | 5 横 | 6 竖 | 7 竖 | 8 横折 | 9 横 |

jīn

金

注 金文
金 小篆
金 隶书
金 楷书

《说文解字》：
"五色金也。黄为之长。久埋不生衣，百炼不轻，从革不违。西方之行。生于土，从土。左右注，象金在土中形；今声。"

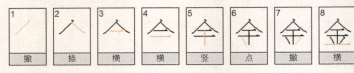

| 1 撇 | 2 捺 | 3 横 | 4 横 | 5 竖 | 6 点 | 7 撇 | 8 横 |

　　<ruby>金<rt>jīn</rt></ruby> 的 <ruby>金<rt>jīn</rt></ruby> <ruby>文<rt>wén</rt></ruby> <ruby>字<rt>zì</rt></ruby> <ruby>形<rt>xíng</rt></ruby> <ruby>左<rt>zuǒ</rt></ruby> <ruby>边<rt>bian</rt></ruby> <ruby>代<rt>dài</rt></ruby> <ruby>表<rt>biǎo</rt></ruby> <ruby>沙<rt>shā</rt></ruby> <ruby>砾<rt>lì</rt></ruby>，<ruby>右<rt>yòu</rt></ruby> <ruby>边<rt>bian</rt></ruby> <ruby>是<rt>shì</rt></ruby> <ruby>由<rt>yóu</rt></ruby> <ruby>今<rt>jīn</rt></ruby> 的 <ruby>变<rt>biàn</rt></ruby>
<ruby>形<rt>xíng</rt></ruby> <ruby>以<rt>yǐ</rt></ruby> <ruby>及<rt>jí</rt></ruby> <ruby>土<rt>tǔ</rt></ruby> <ruby>组<rt>zǔ</rt></ruby> <ruby>成<rt>chéng</rt></ruby>，<ruby>土<rt>tǔ</rt></ruby> <ruby>代<rt>dài</rt></ruby> <ruby>表<rt>biǎo</rt></ruby> <ruby>地<rt>dì</rt></ruby> <ruby>矿<rt>kuàng</rt></ruby>，<ruby>本<rt>běn</rt></ruby> <ruby>义<rt>yì</rt></ruby> <ruby>为<rt>wéi</rt></ruby> <ruby>一<rt>yì</rt></ruby> <ruby>种<rt>zhǒng</rt></ruby> <ruby>藏<rt>cáng</rt></ruby> <ruby>于<rt>yú</rt></ruby> <ruby>泥<rt>ní</rt></ruby> <ruby>沙<rt>shā</rt></ruby> <ruby>和<rt>hé</rt></ruby>
<ruby>冲<rt>chōng</rt></ruby> <ruby>积<rt>jī</rt></ruby> <ruby>层<rt>céng</rt></ruby> <ruby>中<rt>zhōng</rt></ruby> 的 <ruby>粒<rt>lì</rt></ruby> <ruby>状<rt>zhuàng</rt></ruby> <ruby>赤<rt>chì</rt></ruby> <ruby>黄<rt>huáng</rt></ruby> <ruby>色<rt>sè</rt></ruby> <ruby>贵<rt>guì</rt></ruby> <ruby>重<rt>zhòng</rt></ruby> <ruby>矿<rt>kuàng</rt></ruby> <ruby>物<rt>wù</rt></ruby>。<ruby>后<rt>hòu</rt></ruby> <ruby>引<rt>yǐn</rt></ruby> <ruby>申<rt>shēn</rt></ruby> <ruby>为<rt>wéi</rt></ruby> <ruby>贵<rt>guì</rt></ruby> <ruby>重<rt>zhòng</rt></ruby>
<ruby>的<rt>de</rt></ruby>、<ruby>有<rt>yǒu</rt></ruby> <ruby>价<rt>jià</rt></ruby> <ruby>值<rt>zhí</rt></ruby> 的，<ruby>如<rt>rú</rt></ruby> <ruby>金<rt>jīn</rt></ruby> <ruby>婚<rt>hūn</rt></ruby>。<ruby>还<rt>hái</rt></ruby> <ruby>引<rt>yǐn</rt></ruby> <ruby>申<rt>shēn</rt></ruby> <ruby>为<rt>wéi</rt></ruby> <ruby>钱<rt>qián</rt></ruby> <ruby>财<rt>cái</rt></ruby>、<ruby>货<rt>huò</rt></ruby> <ruby>币<rt>bì</rt></ruby>，<ruby>如<rt>rú</rt></ruby> <ruby>现<rt>xiàn</rt></ruby> <ruby>金<rt>jīn</rt></ruby>、<ruby>基<rt>jī</rt></ruby> <ruby>金<rt>jīn</rt></ruby>、
<ruby>挥<rt>huī</rt></ruby> <ruby>金<rt>jīn</rt></ruby> <ruby>如<rt>rú</rt></ruby> <ruby>土<rt>tǔ</rt></ruby>。<ruby>也<rt>yě</rt></ruby> <ruby>有<rt>yǒu</rt></ruby> <ruby>一<rt>yì</rt></ruby> <ruby>些<rt>xiē</rt></ruby> <ruby>动<rt>dòng</rt></ruby>、<ruby>植<rt>zhí</rt></ruby> <ruby>物<rt>wù</rt></ruby> <ruby>因<rt>yīn</rt></ruby> <ruby>颜<rt>yán</rt></ruby> <ruby>色<rt>sè</rt></ruby> <ruby>似<rt>sì</rt></ruby> <ruby>金<rt>jīn</rt></ruby> <ruby>而<rt>ér</rt></ruby> <ruby>得<rt>dé</rt></ruby> <ruby>名<rt>míng</rt></ruby>，<ruby>如<rt>rú</rt></ruby> <ruby>金<rt>jīn</rt></ruby> <ruby>鱼<rt>yú</rt></ruby>、
<ruby>金<rt>jīn</rt></ruby> <ruby>桔<rt>jú</rt></ruby>、<ruby>金<rt>jīn</rt></ruby> <ruby>丝<rt>sī</rt></ruby> <ruby>猴<rt>hóu</rt></ruby>。<ruby>在<rt>zài</rt></ruby> <ruby>五<rt>wǔ</rt></ruby> <ruby>行<rt>xíng</rt></ruby> <ruby>中<rt>zhōng</rt></ruby>，<ruby>金<rt>jīn</rt></ruby> <ruby>代<rt>dài</rt></ruby> <ruby>表<rt>biǎo</rt></ruby> <ruby>西<rt>xī</rt></ruby> <ruby>方<rt>fāng</rt></ruby>。

甲骨文
金文
小篆
隶书
楷书

《说文解字》：
"白，西方色也。阴用事，物色白。"

　　<ruby>白<rt>bái</rt></ruby> 的 <ruby>甲<rt>jiǎ</rt></ruby> <ruby>骨<rt>gǔ</rt></ruby> <ruby>文<rt>wén</rt></ruby> <ruby>和<rt>hé</rt></ruby> <ruby>金<rt>jīn</rt></ruby> <ruby>文<rt>wén</rt></ruby> <ruby>字<rt>zì</rt></ruby> <ruby>形<rt>xíng</rt></ruby> <ruby>都<rt>dōu</rt></ruby> <ruby>像<rt>xiàng</rt></ruby> <ruby>大<rt>dà</rt></ruby> <ruby>拇<rt>mǔ</rt></ruby> <ruby>指<rt>zhǐ</rt></ruby> 的 <ruby>形<rt>xíng</rt></ruby> <ruby>状<rt>zhuàng</rt></ruby>，<ruby>大<rt>dà</rt></ruby> <ruby>拇<rt>mǔ</rt></ruby> <ruby>指<rt>zhǐ</rt></ruby>
<ruby>在<rt>zài</rt></ruby> <ruby>手<rt>shǒu</rt></ruby> <ruby>指<rt>zhǐ</rt></ruby> <ruby>头<rt>tou</rt></ruby> <ruby>中<rt>zhōng</rt></ruby> <ruby>居<rt>jū</rt></ruby> <ruby>第<rt>dì</rt></ruby> <ruby>一<rt>yī</rt></ruby> <ruby>位<rt>wèi</rt></ruby>，<ruby>因<rt>yīn</rt></ruby> <ruby>此<rt>cǐ</rt></ruby> <ruby>白<rt>bái</rt></ruby> 的 <ruby>本<rt>běn</rt></ruby> <ruby>义<rt>yì</rt></ruby> <ruby>就<rt>jiù</rt></ruby> <ruby>是<rt>shì</rt></ruby> <ruby>排<rt>pái</rt></ruby> <ruby>行<rt>háng</rt></ruby> <ruby>第<rt>dì</rt></ruby> <ruby>一<rt>yī</rt></ruby> 的，
<ruby>后<rt>hòu</rt></ruby> <ruby>来<rt>lái</rt></ruby> <ruby>这<rt>zhè</rt></ruby> <ruby>个<rt>ge</rt></ruby> <ruby>意<rt>yì</rt></ruby> <ruby>义<rt>yì</rt></ruby> <ruby>用<rt>yòng</rt></ruby> <ruby>伯<rt>bó</rt></ruby> <ruby>字<rt>zì</rt></ruby> <ruby>来<rt>lái</rt></ruby> <ruby>记<rt>jì</rt></ruby> <ruby>录<rt>lù</rt></ruby>，<ruby>白<rt>bái</rt></ruby> <ruby>则<rt>zé</rt></ruby> <ruby>用<rt>yòng</rt></ruby> <ruby>来<rt>lái</rt></ruby> <ruby>表<rt>biǎo</rt></ruby> <ruby>示<rt>shì</rt></ruby> <ruby>白<rt>bái</rt></ruby> <ruby>色<rt>sè</rt></ruby> 的 <ruby>白<rt>bái</rt></ruby>。
<ruby>我<rt>wǒ</rt></ruby> <ruby>们<rt>men</rt></ruby> <ruby>常<rt>cháng</rt></ruby> <ruby>常<rt>cháng</rt></ruby> <ruby>用<rt>yòng</rt></ruby> <ruby>鱼<rt>yú</rt></ruby> <ruby>肚<rt>dù</rt></ruby> <ruby>白<rt>bái</rt></ruby> <ruby>表<rt>biǎo</rt></ruby> <ruby>示<rt>shì</rt></ruby> <ruby>黎<rt>lí</rt></ruby> <ruby>明<rt>míng</rt></ruby> <ruby>时<rt>shí</rt></ruby> <ruby>东<rt>dōng</rt></ruby> <ruby>方<rt>fāng</rt></ruby> 的 <ruby>天<rt>tiān</rt></ruby> <ruby>色<rt>sè</rt></ruby>。<ruby>白<rt>bái</rt></ruby> <ruby>天<rt>tiān</rt></ruby> <ruby>来<rt>lái</rt></ruby>

dào hòu　yí qiè dōu qīng xī qǐ lái le　suǒ yǐ　bái　yòu yǐn shēn wéi　qīng chǔ míng bái
到 后，一切 都 清晰 起来 了，所以"白"又 引申 为"清楚、明 白"
de yì si　bái　hái biǎo shì shén me dōu méi yǒu　rú　bái shǒu qǐ jiā　xì jù hé gē
的 意思。"白"还 表示 什么 都 没有。如"白手起家"。戏剧 和 歌
jù zhōng chú le chàng cí yǐ wài　hái yǒu yòng shuō huà qiāng diào shuō de yǔ jù　rú　duì
剧 中 除了 唱词 以外，还有 用 说话 腔调 说 的 语句，如"对
bái　dú bái děng　sāng lǐ zhōng yì bān yòng bái sè　rú bái sè de xiào fú　tiáo fú děng
白、独白"等。丧礼 中 一般 用 白色，如白色的孝服、条幅等。

dì/dí/de
的

金文　隶书　楷书

《说文解字》：
"旳，明也。从日，勺聲。"

| 1 撇 | 2 竖 | 3 横折 | 4 横 | 5 横 | 6 撇 | 7 横折钩 | 8 点 |

de　yòu xiě zuò　dì　xíng páng wèi　rì　biǎo shì tài yáng guāng míng liàng　yòu
"的"又 写作"旳"。形 旁 为"日"，表示 太阳 光 明亮，右
bian sháo　wéi sháo xīng　zhǐ běi dōu　yǒu míng què　dìng wèi de yì si　de běn yì shì
边"勺"为 勺星，指北斗，有 明确、定位 的 意思。"的"本 义 是
rì guāng zhào yào xià xǐng mù　míng què　hòu lái yǐn shēn wéi dìng wèi míng què de jiàn bǎ
日光 照耀 下醒目、明确，后来 引申 为 定位 明确的箭靶、
bǎ xīn　rú　yǒu dì fàng shǐ　yì si shì duì zhǔn bǎ zi fàng jiàn　bǐ yù shuō huà zuò shì
靶心，如"有的放矢"，意思是 对准 靶子 放箭，比喻 说话 做事
yǒu míng què de mù dì xìng hé zhēn duì xìng　yòu yǐn shēn wéi què shí rú　dí dí què què
有 明确 的目的性和针对性。又 引申 为 确实,如"的的确确",
dú　zuò zhù cí shí dú　biǎo shì lǐng shǔ guān xì huò xiū shì guān xì　rú wǒ de shū
读 dí。作 助词 时 读 de,表示 领属 关系 或 修饰 关系,如"我的书
bāo　xuě bái de qún zi　běn kè zhōng dú　biǎo xiū shì guān xì
包""雪白的裙子"。本 课 中 读 de,表 修饰 关系。

✍ **连一连**

<ruby>读<rt>dú</rt></ruby> <ruby>一<rt>yì</rt></ruby> <ruby>读<rt>dú</rt></ruby> <ruby>连<rt>lián</rt></ruby> <ruby>一<rt>yì</rt></ruby> <ruby>连<rt>lián</rt></ruby>
一、读一读，连一连。

xiàng   huáng   hé   qiāo   huó   wá   lán   xiào

黄　　向　　悄　和　　娃　活　笑　蓝

<ruby>找<rt>zhǎo</rt></ruby> <ruby>到<rt>dào</rt></ruby> <ruby>恰<rt>qià</rt></ruby> <ruby>当<rt>dàng</rt></ruby> <ruby>的<rt>de</rt></ruby> <ruby>搭<rt>dā</rt></ruby> <ruby>配<rt>pèi</rt></ruby> <ruby>并<rt>bìng</rt></ruby> <ruby>将<rt>jiāng</rt></ruby> <ruby>它<rt>tā</rt></ruby> <ruby>们<rt>men</rt></ruby> <ruby>相<rt>xiāng</rt></ruby> <ruby>连<rt>lián</rt></ruby>
二、找 到 恰 当 的 搭 配，并 将 它 们 相 连。

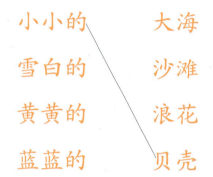

小小的　　　大海

雪白的　　　沙滩

黄黄的　　　浪花

蓝蓝的　　　贝壳

❓ **猜一猜**

<ruby>猜<rt>cāi</rt></ruby> <ruby>谜<rt>mí</rt></ruby> <ruby>语<rt>yǔ</rt></ruby> <ruby>打<rt>dǎ</rt></ruby> <ruby>一<rt>yí</rt></ruby> <ruby>字<rt>zì</rt></ruby>
三、猜 谜 语。（打 一 字）。

<ruby>百<rt>bǎi</rt></ruby> <ruby>里<rt>lǐ</rt></ruby> <ruby>挑<rt>tiāo</rt></ruby> <ruby>一<rt>yī</rt></ruby>
1. 百 里 挑 一 。　　　　　（　　　）

<ruby>禾<rt>hé</rt></ruby> <ruby>场<rt>chǎng</rt></ruby> <ruby>旁<rt>páng</rt></ruby> <ruby>边<rt>biān</rt></ruby> <ruby>一<rt>yì</rt></ruby> <ruby>口<rt>kǒu</rt></ruby> <ruby>井<rt>jīng</rt></ruby>
2. 禾 场 旁 边 一 口 井 。　　　（　　　）

👍 **贴一贴**

<ruby>请<rt>qǐng</rt></ruby> <ruby>在<rt>zài</rt></ruby> <ruby>附<rt>fù</rt></ruby> <ruby>页<rt>yè</rt></ruby> <ruby>中<rt>zhōng</rt></ruby> <ruby>找<rt>zhǎo</rt></ruby> <ruby>出<rt>chū</rt></ruby> <ruby>下<rt>xià</rt></ruby> <ruby>列<rt>liè</rt></ruby> <ruby>生<rt>shēng</rt></ruby> <ruby>字<rt>zì</rt></ruby> <ruby>的<rt>de</rt></ruby> <ruby>古<rt>gǔ</rt></ruby> <ruby>文<rt>wén</rt></ruby> <ruby>字<rt>zì</rt></ruby> <ruby>贴<rt>tiē</rt></ruby> <ruby>在<rt>zài</rt></ruby> <ruby>方<rt>fāng</rt></ruby> <ruby>框<rt>kuàng</rt></ruby> <ruby>里<rt>lǐ</rt></ruby>
四、请 在 附 页 中 找 出 下 列 生 字 的 古 文 字，贴 在 方 框 里。

蓝　金　又　活　笑　挂　着　娃　向　和　贝

听妈妈讲故事

老马识途

公元前 663 年，齐公子小白已经成了齐桓公，他应燕国的要求，出兵攻打入侵燕国的山戎，相国管仲和大夫隰朋随同前往。齐军是春天出征的，凯旋而归时已经到了冬天。

大军在山谷里转来转去，最后竟然迷路了。虽然派出很多人去探路，但仍然不清楚怎样才能走出山谷。时间一长，军队的给养不够了。如果再不找到出路，大军就会活不下去，被困死在这里。管仲思索了好久，有了一个设想：既然狗离家很远也能找到回家的路，那么军中的马尤其是老马，也会有认识路的本领。于是他对齐桓公说："大王，我认为老马有认路的本领，可以利用它在前面领路，带引大军出山谷。"齐桓公同意试试看。管仲立即挑出几匹老马，解开缰绳，让它们走在大军的前方。这些老马都毫不犹豫地朝一个方向行进，大军就紧跟着它们东走西走，最后终于走出山谷，找到了回齐国的大路。

语文园地六

 和家长一起学

《说文解字》：
"声也。从二可。"

gē yóu liǎng gè kě zì gòu chéng běn yì shì zhǐ liǎng rén duì gē xiàn zài biǎo
"哥"由两个"可"字构成，本义是指两人对歌。现在表
shì tóng bèi zhōng nián líng bǐ zì jǐ dà de nán zǐ rú biǎo gē yě kě yǐ biǎo shì duì
示同辈中年龄比自己大的男子，如"表哥"。也可以表示对
nián líng shāo zhǎng huò nián líng gēn zì jǐ chā bù duō de nán zǐ de zūn chēng huò nì chēng
年龄稍长或年龄跟自己差不多的男子的尊称或昵称，
rú dà gē gē men
如"大哥、哥们儿"。

jiě

姐

姐	小篆
姐	隶书
姐	楷书

《说文解字》：

"蜀谓母曰姐，淮南谓之社。从女，且声。"

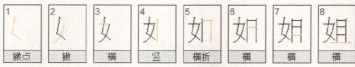

1	2	3	4	5	6	7	8
撇点	撇	横	竖	横折	横	横	横

　　jiě　　zì　zuǒ bian shì　yí wèi pán tuǐ　ér zuò de nǚ zǐ　　yòu bian　qiě　shì shēng
　"姐"字左边是一位盘腿而坐的女子，右边"且"是声
páng　　yě biǎo shì xiān zǔ de yì si　　jiě　běn lái zhǐ zǔ mǔ　　hòu lái cái zhǐ tóng
旁，也表示先祖的意思，"姐"本来指祖母，后来才指同
bèi zhōng nián líng bǐ zì jǐ dà de nǚ zǐ　jí jiě jie　yě zūn chēng nián jì hé zì jǐ chā
辈中年龄比自己大的女子，即姐姐。也尊称年纪和自己差
bù duō de nǚ zǐ　rú　zhāng jiě
不多的女子，如"张姐"。

　　dì　　de jiǎ gǔ wén zì xíng xiàng yì gēn mù zhuāng shàng àn zhào shùn xù chán rào
　"弟"的甲骨文字形像一根木桩上按照顺序缠绕
zhe shéng zi yīn cǐ　dì　de běn yì shì cì xù zhè gè yì yì hòu lái xiě zuò　dì
着绳子，因此"弟"的本义是次序，这个意义后来写作"第"。
dì　hòu lái yǐn shēn wéi tóng bèi zhōng bǐ zì jǐ nián líng xiǎo de nán zǐ　rú　xiōng dì
"弟"后来引申为同辈中比自己年龄小的男子，如"兄弟"。
yě yòng lái biǎo shì xué shēng duì lǎo shī zì chēng　rú　dì zǐ tú dì
也用来表示学生对老师自称，如"弟子，徒弟"。

dì

甲骨文
金文
小篆
隶书
楷书

1	2	3	4	5	6	7
点	撇	横折	横	竖折折钩	竖	撇

《说文解字》：
"韦束之次弟也。"

shū

叔

金文
小篆
隶书
楷书

《说文解字》：
"拾也。从又，尗声。叔或从寸。"

1	2	3	4	5	6	7	8
竖	横	横	竖钩	撇	点	横撇/横钩	捺

shū de jīn wén zì xíng xiàng shì yì zhī shǒu shí jiǎn dòu zhū xià sàn luò de dòu zi
"叔"的金文字形像是一只手拾捡豆株下散落的豆子,
biǎo shì shí qǔ hòu lái zhǐ fù qīn de dì di yě yòng lái biǎo shì duì zhǎng bèi nán zǐ
表示"拾取"。后来指父亲的弟弟,也用来表示对长辈男子
de zūn chēng rú dà shū gǔ shí xiōng dì zhǎng yòu shùn xù cháng yòng bó zhòng shū jì
的尊称,如"大叔"。古时兄弟长幼顺序常用"伯、仲、叔、季"
huò mèng zhòng shū jì biǎo shì shū biǎo shì pái dì sān de
或"孟、仲、叔、季"表示,"叔"表示排第三的。

金文
小篆
隶书
楷书

撇　点　撇　捺　横折钩　竖

《玉篇》:
"俗呼为父爷字。"

yé gǔ wén zì xíng xiàng yī zhī shǒu chí zhe shí fǔ láo zuò de yàng zi běn yì shì
"爷"古文字形像一只手持着石斧劳作的样子,本义是
fù qīn biǎo shì fù qīn cóng shì jiā zhōng de tǐ lì huó wéi yì jiā zhī zhǎng gǔ shí de yé
父亲,表示父亲从事家中的体力活,为一家之长。古时的"爷"
hé fù dōu zhǐ fù qīn xiàn zài yì si fā shēng le fēn huà fù zhuān zhǐ fù qīn yé
和"父"都指父亲,现在意思发生了分化,"父"专指"父亲","爷"
zhuān zhǐ bà ba huò zhě mā ma de fù qīn rú yé ye lǎo ye yé hái yòng lái
专指"爸爸或者妈妈的父亲",如"爷爷、姥爷"。"爷"还用来
biǎo shì duì shén líng de chēng hū rú cái shén yé tǔ dì yé huò zhě duì guān liáo
表示对神灵的称呼,如"财神爷,土地爷";或者对官僚、
dì zhǔ děng de chēng hu rú shào ye lǎo ye
地主等的称呼,如"少爷,老爷"。

 贴 一 贴

一、你会读下列词语吗？读对的请在附页找到大拇指奖
励自己吧。

哥哥　姐姐　弟弟　妹妹　爸爸

☐　☐　☐　☐　☐

妈妈　伯伯　叔叔　爷爷　奶奶

☐　☐　☐　☐　☐

二、请在附页中找出下列生字的古文字，贴在方框里。

哥　爷　姐　弟　叔

☐　☐　☐　☐　☐

 连 一 连

三、找一找，连一连。

日字旁　　　　　　　女字旁

明　晚　妈　奶　昨　时　姐　妹

 记一记

四、我会记住下列句子。

1.种瓜得瓜，种豆得豆。

2.前人栽树，后人乘凉。

3.千里之行，始于足下。

4.百尺竿头，更进一步。

 听妈妈讲故事

bù shí zhōu sù
不食周粟

bó yí shū qí shì shāng zhōu shí qī gū zhú guó guó jūn de zhǎng zǐ hé sān zǐ gū
伯夷、叔齐是商周时期孤竹国国君的长子和三子。孤
zhú jūn wǎn nián lì zhào chuán wèi gěi sān zǐ shū qí fù qīn sǐ hòu rén yì de shū qí què
竹君晚年立诏，传位给三子叔齐。父亲死后，仁义的叔齐却
bù néng jiē shòu fèi zhǎng lì yòu tā shuō bó xiōng zài xiān wǒ zěn néng lì wéi guó
不能接受废长立幼，他说："伯兄在先，我怎能立为国
jūn ne kě shì bó yí zhí yì bù yuàn yì jì chéng wáng wèi èr rén jiù zhè yàng xiāng
君呢？"可是伯夷执意不愿意继承王位。二人就这样相
hù tuī ràng wèi le ràng dì di ān xīn zuò guó jūn bó yí shuài xiān tōu tōu lí kāi le guó
互推让，为了让弟弟安心做国君，伯夷率先偷偷离开了国
dōu shū qí yě gù shǒu rén yì táo lí gū zhú zhuī suí bó yí ér qù
都。叔齐也固守仁义，逃离孤竹，追随伯夷而去。

伯夷、叔齐离开孤竹国后，听说西岐周文王姬昌是个仁义的君王，就慕名投奔，不远千里跋涉到西岐。文王去世，武王继位，然而兄弟俩无意间发现武王为讨伐商纣，做出许多不仁义的事情。他两人上前阻止却激怒周武王险些被杀，后来周朝建立后，伯夷、叔齐以自己归顺西周而感到羞耻。为了表示气节，他们不再吃西周的粮食，隐居在首阳山，以山上的野菜为食。后来就连周朝地里长出的野菜也不吃了，最终活活饿死。

后来，人们用"不食周粟"来形容一个人气节高尚，誓死也不愿与非正义或非仁德的人有瓜葛。

课文 12

雪地里的小画家

 和家长一起学

qún

群羊

《说文解字》：
"辈也。从羊，君声。"

甲骨文
金文
小篆　隶书
　　　楷书

1	2	3	4	5	6	7	8	9	10	11	12	13
横折	横	横	撇	竖	横折	横	点	撇	横	横	横	竖

　　qún 　　de jiǎ gǔ wén zì xíng xiàng jǐ zhī yáng jù zài yì qǐ 　yòu bian shì 　pō
"群"的甲骨文字形像几只羊聚在一起，右边是"攴"，
biǎo shì shǒu ná biān zi qū gǎn　 dǐ xià shì　kǒu 　zhěng zì biǎo shì biān yāo he biān
表示手拿鞭子驱赶，底下是"口"，整字表示边吆喝边

qū gǎn yáng qún　　hòu lái　　rén huò shì wù xiāng jù zài yì qǐ yě chēng wéi　qún　　rú
驱赶羊群。后来，人或事物相聚在一起也称为"群"，如
　qún shān　rén qún　　yòu yǐn shēn wéi liàng cí　biǎo shì pī huǒ rú　yì qún tiān é
"群山、人群"。又引申为量词，表示批、伙，如"一群天鹅"。

zhú

甲骨文
金文
小篆
隶书
楷书

《说文解字》：
"冬生草也。云冬生者谓竹
胎，生于冬，且枝叶不凋也。"

1	2	3	4	5	6
撇	横	竖	撇	横	竖钩

zhú　　de jiǎ gǔ wén zì xíng xiàng liǎng zhī xià chuí de zhú yè　　zhú　　de běn yì jiù
　"竹"的甲骨文字形像两枝下垂的竹叶。"竹"的本义就
shì zhú zi　zhú zi wéi duō nián shēng cháng lǜ zhí wù　qí jīng gān yǒu jié　zhōng jiān shì kōng
是竹子，竹子为多年生常绿植物，其茎杆有节，中间是空
de　kě gōng jiàn zhù yòng　yòu kě zuò zào zhǐ yuán liào　hái kě yǐ zhì chéng yuè qì　gǔ rén
的，可供建筑用，又可作造纸原料，还可以制成乐器。古人
chóng shàng zhú zi de xū xīn qīng jìng nìng zhé bù qū yīn cǐ zhú shì sì jūn zǐ zhī yī méi
崇尚竹子的虚心清劲、宁折不屈，因此竹是四君子之一（梅、
lán zhú jú　zhú　hái shì hàn zì de yí gè bù shǒu yǐ zhú　wéi piān páng de zì dà
兰、竹、菊）。"竹"还是汉字的一个部首，以"竹"为偏旁的字大
duō wéi yuè qì　zhú qì hé jì zài wén zì de dōng xī　rú zhú jiǎn
多为乐器、竹器和记载文字的东西，如"竹简"。

yá

牙

1	2	3	4
一	二	牙	牙
横	撇折	竖钩	撇

金文
小篆
隶书
楷书

《说文解字》：
"牡齿也，象上下相错之形。"

"牙"的金文的字形就像上下槽牙交错的样子。"牙"的本义为大牙。古时候人们称前面的门牙为"齿"，在牙床骨上的磨牙为"牙"。现在通称为"牙齿"。

"用"甲骨文字形像用木块箍扎的木桶，中间一竖表示木桶的提手。本义就是桶，这个意义后来写作"桶"。"用"则引申为使用，如"用兵、用钱"。还表示使用的物品或物资，比如"器用、家用"。"用"还表示功能、益处，如"有用、作用"。

yòng

用

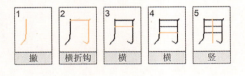

1 丿	2 冂	3 月	4 月	5 用
撇	横折钩	横	横	竖

甲骨文
金文
小篆
隶书
楷书

《说文解字》：
"可施行也。从卜，从中。"

jī / jǐ

几

1 丿	2 几
撇	横折弯钩

金文
小篆
隶书
楷书
简化字
小篆
隶书
楷书

《说文解字》：
"踞几也。象形。""幾，微也。"

简化字"几"有两个来源，"几"和"幾"，后来统一写作"几"。
"几"篆文像造型简单的小凳子，本义就是小凳子。"幾"的金文字形由"糸"（线）"矢"（箭）和扣板构成，像搭在绷紧的弦上的弓弩，准备发射。"幾"的本义是弩机，这个意义后来由"機"代替。现在我们常用"几"表示对数量的疑问，读jǐ，如"几个、几张"。也用作量词表示少或者模糊不确定的数目，如"只有几个人参加"。在本课中读jǐ，表示数量少。

bù

步

1	2	3	4	5	6	7
丨	⺊	止	止	歩	歩	步
竖	横	竖	横	竖	撇	撇

甲骨文
金文
小篆
隶书
楷书

《说文解字》：
"行也。从止少相背。"

"步"的古文字形象就像一前一后两只脚印，本义就是行走、步行。古时候两只脚各迈出一次叫"一步"，所以"步"

biǎo shì xíng zǒu shí liǎng jiǎo zhī jiān de jù lí rú bàn bù zài yǐn shēn wéi shì qíng jìn
表示行走时两脚之间的距离，如"半步"。再引申为事情进
xíng de chéng xù jiē duàn chéng dù rú bù zhòu chū bù
行的程序、阶段、程度，如"步骤、初步"。

wéi/wèi

为

1 ﹀	2 ﹀丿	3 为	4 为
点	撇	横折钩	点

甲骨文
金文
小篆
隶书
楷书

《尔雅》：
"作，造，为也。"

jiǎ gǔ wén de wéi zì shí fēn xíng xiàng de miáo huì chū yì zhī shǒu qiān zhe xiàng
甲骨文的"为"字十分形象地描绘出一只手牵着象，
ràng tā wèi rén men gàn huó de yàng zi běn yì jiù shì zuò láo dòng hòu lái yǐn shēn wéi
让它为人们干活的样子。本义就是做、劳动。后来引申为
chōng dāng biàn chéng rèn wéi děng rú wéi shǒu yì fēn wéi èr yǐ wéi rán hòu
充当、变成、认为等，如"为首""一分为二""以为"。然后
yòu xū huà chéng jiè cí lián cí dú biǎo shì xíng wéi de duì xiàng huò yuán yīn děng
又虚化成介词、连词，读wèi，表示行为的对象或原因等，
rú wèi rén mín fú wù yīn wèi běn kè zhōng dú biǎo mù di
如"为人民服务""因为"。本课中读wèi，表目的。

cān de gǔ wén zì xíng xiàng xīng xiàng shī guān cè tiān xiàng suǒ yǐ cān zuì chū shì
"参"的古文字形像星相师观测天象，所以"参"最初是
xīng xiù de míng chēng dú yǐ cān xīng zuò cān kǎo biàn yǒu le duì zhào duì bǐ
星宿的名称，读cān。以"参"星作参考，便有了对照、对比

cān/sān/cēn/shēn

参

甲骨文
金文
小篆
隶书
楷书

1	2	3	4	5	6	7	8
撇折	点	横	撇	捺	撇	撇	撇

《说文解字》:
"参,商星也。
从晶,今声。"

de yì si rú cān shù cān zhào　hòu lái yòu yǐn shēn wéi jǐng yǎng jiā rù rú cān bài　cān
的意思,如"参数、参照"。后来又引申为景仰加入,如"参拜""参
jiā　yòu yóu yú tā de gǔ wén zì xíng shàng yǒu sān kē xīng suǒ yǐ hái biǎo shì shù mù sān
加"。又由于它的古文字形上有三颗星,所以还表示数目三,
yòu xiě zuò sān　dú　sān zài gǔ dài biǎo shì shù mù duō　yú shì yòu yǐn shēn wéi
又写作"叁",读sān。"三"在古代表示数目多,于是又引申为
zá luàn bù qí de dú　rú　cēn cī bù qí　yě yǒu rén shuō cān　de gǔ wén zì
杂乱不齐的,读cēn,如"参差不齐"。也有人说"参"的古文字
xíng xiàng rén shēn dú　běn kè zhōng dú　yì si shì jiā rù
形像人参,读shēn。本课中读cān,意思是加入。

jiā yóu lì hé kǒu gòu chéng biǎo shì yòng yán yǔ zhù lì běn yì shì kuā zhāng
"加"由"力"和"口"构成,表示用言语助力,本义是夸张、
kuā dà shuō huǎng huà hòu lái yǐn shēn wéi fàng zài shàng miàn rú qiáng jiā yú rén yòu
夸大、说谎话。后来引申为放在上面,如"强加于人"。又
yǐn shēn wéi jiā rù zēng jiā xiàn zài jiā yě biǎo chéng dù bǐ yuán lái shēn rú jiā bèi
引申为加入、增加,现在,"加"也表程度比原来深,如"加倍"。

jiā

加

金文
小篆 　隶书
　　　楷书

加
加

1	2	3	4	5
横折钩	撇	竖	横折	横

《说文解字》：
"语相增加也。从力，从口。"

dòng

洞

金文
小篆 　隶书
　　　楷书

洞
洞

《说文解字》：
"疾流也。从水，同声。"

1	2	3	4	5	6	7	8	9
点	点	提	竖	横折钩	横	竖	横折	横

dòng yóu xíng páng shuǐ hé shēng páng tóng gòu chéng tóng yòu biǎo shì huí yīn
"洞"由形旁"水"和声旁"同"构成,"同"又表示回音,
zhěng zì biǎo shì yǒu jí liú huì fā chū huí xiǎng de dòng xué rú yán dòng hòu lái fàn
整字表示有急流、会发出回响的洞穴,如"岩洞",后来泛
zhǐ kǒng liè fèng rú lǎo shǔ dǎ dòng zài yǐn shēn wéi chuān tòu chuān tòu xìng de děng
指孔、裂缝,如"老鼠打洞"。再引申为穿透、穿透性地等
yì si rú dòng chuān dòng xī
意思,如"洞穿""洞悉"。

zhuó/zháo/zhe

《说文解字》:
"饭攲也。从竹者声。"
《广韵》:"箸,同著。"

1	2	3	4	5	6	7	8	9	10	11
丶	丷	丷	丷	兰	羊	羊	着	着	着	着
点	撇	横	横	横	撇	竖	横折	横	横	横

zhù shì zhù zhe de běn zì shàng miàn shì zhú biǎo shì yòng zhú
"箸"是"著""着"的本字。上面是"竹",表示用竹
zuò de kuài zi xià miàn shì zhě zhě biǎo shì zhǔ shú de shí wù zhěng zì biǎo
做的筷子。下面是"者","者"表示煮熟的食物,整字表
shì jiāng kuài zi chā zài shú shí shàng jì sì zhù zhǐ kuài zi yòu yīn wéi chā kuài zi
示将筷子插在熟食上祭祀。"箸"指筷子。又因为插筷子
jì sì hěn míng xiǎn suǒ yǐ yǒu le xiǎn míng tū chū de yì si zhè gè yì yì hòu
祭祀很明显,所以有了显明、突出的意思,这个意义后
lái xiě zuò zhù rú xiǎn zhù hái yǐn shēn wéi chā rù chuān dài fù zhuó de yì
来写作"著",如"显著"。还引申为插入、穿戴、附着的意

sī zhè ge yì yì hòu lái xiě zuò zhuó zhuó yóu fù zhuó yì zài yǐn shēn wéi jiē chù
思，这个意义后来写作"着"。"着"由附着义再引申为接触、

chǎn shēng rú zhuó lù zháo huǒ zài jìn yī bù yǐn shēn wéi dòng zuò chí xù jìn
产生，如"着陆""着火"。再进一步引申为动作持续进

xíng huò zhuàng tài chí xù zhōng rú kàn zhe zài běn kè zhōng dú zhǐ rù shuì
行或状态持续中，如"看着"。在本课中读zháo，指入睡。

mǎ
马

甲骨文
金文
小篆
隶书
楷书

《说文解字》：
"怒也。武也。象马头髦尾四足之形。"

mǎ de jiǎ gǔ wén zì xíng jiù xiàng yī zhī wēi wǔ yáng tí de mǎ de xíng zhuàng
"马"的甲骨文字形就像一只威武扬蹄的马的形状，

yǒu mǎ tóu máo máo mǎ shēn sì zhī jí mǎ wěi mǎ de běn yì wéi qiáng wǔ
有马头、髦毛、马身、四肢及马尾。"马"的本义为强武

yǒu lì de jiā chù mǎ yīn wéi mǎ pǎo de kuài suǒ yǐ yòu yòng lái xíng róng jí shí lì
有力的家畜马。因为马跑得快，所以又用来形容即时、立

kè kuài sù de yì si rú mǎ shàng mǎ dào chéng gōng děng mǎ hái shì
刻、快速的意思，如"马上""马到成功"等。"马"还是

bù shǒu zì fán yóu mǎ zǔ chéng de zì dà duō yǔ mǎ huò shēng kǒu yǒu guān rú
部首字，凡由"马"组成的字大多与马或牲口有关，如

jū lú děng
"驹、驴"等。

✍ 写一写

wǒ huì pīn　wǒ huì xiě
一、我会拼，我会写。

zhú　yè　　　　yuè　yá　　　　mǎ　chē

叶　　　　　　　　　　　　车

yǒu　yòng　　　　jǐ　gè

✍ 连一连

wǒ huì dú　wǒ huì lián
二、我会读，我会连。

shuì　　méi　　wā　　cān　　chéng　　dòng

睡　　蛙　　梅　　参　　洞　　成

gǔ jīn wén zì lián lián kàn
三、古今文字连连看。

群　洞　竹　加　用　牙　参　为　步　几

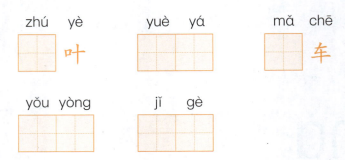

填一填

tián shàng shì dàng de liàng cí
四、填上适当的量词。

①片　②支　③位　④只　⑤朵

一（　　）小鸡　　一（　　）梅花

一（　　）画家　　一（　　）笔

听妈妈讲故事

xiōng yǒu chéng zhú
胸有成竹

běi sòng yǒu yí gè zhù míng de huà jiā míng jiào wén tóng zì yǔ kě tā huà de zhú
北宋有一个著名的画家，名叫文同，字与可。他画的竹
zi yuǎn jìn wén míng měi tiān zǒng yǒu bù shǎo rén dēng mén qiú huà wèi le huà hǎo zhú zi
子远近闻名，每天总有不少人登门求画。为了画好竹子，
wén tóng zài zì jǐ jiā de fáng qián wū hòu zhòng shàng gè zhǒng gè yàng de zhú zi wú lùn
文同在自己家的房前屋后种上各种各样的竹子，无论
chūn xià qiū dōng guā fēng xià yǔ tā dōu qù zhú lín guān chá zhú zi de shēng zhǎng biàn
春夏秋冬，刮风下雨，他都去竹林观察竹子的生长变

化情况，琢磨竹枝的长短粗细，叶子的形态、颜色，每当有新的感受就回到书房，铺纸研墨，把心中的印象画在纸上。日积月累，竹子在不同季节、不同天气、不同时辰的形象都深深地印在他的心中，只要凝神提笔，在画纸前一站，平日观察到的各种形态的竹子便立刻浮现在眼前。所以每次画竹，他都显得非常从容自信，画出的竹子，无不逼真传神。

当人们夸奖他的画时，他总是谦虚地说："我只是把心中琢磨成熟的竹子画下来罢了。"晁补之写了一首诗送给他，其中有两句："与可画竹，胸中有成竹。"

后来，"胸有成竹"就被用来比喻人在做事之前已经拿定主意。

课文 13

乌 鸦 喝 水

 和家长一起学

wū

乌

1	2	3	4
撇	横折钩	竖折折钩	横

金文
小篆
隶书
楷书

《说文解字》：

"孝鸟也。象形。孔子曰：'乌，呼也。'取其助气，故以为乌呼。"

wū　　de gǔ wén zì xíng xiàng yī zhī niǎo de xíng zhuàng hé niǎo　zì　de bù tóng
"乌"的古文字形 像一只鸟的形 状，和"鸟"字的不同

zhī chù zài yú　wū shǎo le dài biǎo yǎn jīng de yī héng　yīn wéi wū yā de quán shēn yǔ
之处在于"乌"少了代表眼睛的一横，因为乌鸦的全身羽

máo dōu wéi hēi sè de kàn bù jiàn tā de yǎn jīng suǒ yǐ wū jiù shì zhǐ wū yā xiàn zài wū
毛都为黑色的,看不见它的眼睛,所以"乌"就是指乌鸦。现在"乌"

tōng cháng biǎo shì hēi sè rú wū yún jù shuō wū yā zhǎng dà hòu huì mì shí wèi yǎng
通常表示黑色,如"乌云"。据说乌鸦长大后,会觅食喂养

nián lǎo tǐ shuāi de mǔ qīn zhè jiù shì wū yā fǎn bǔ suǒ yǐ rén men chēng wū yā wéi
年老体衰的母亲,这就是"乌鸦反哺",所以人们 称 乌鸦为

xiào niǎo
孝鸟。

yā
鸦

《广雅》:
"纯黑反哺者,谓之乌。小而
腹下白,不反哺者,谓之鸦乌。"

金文
小篆
隶书
楷书

1 横	2 撇折	3 竖钩	4 撇	5 撇	6 横折钩	7 点	8 竖折折钩	9 横

yā de zuǒ bian shì shēng páng yá yòu bian shì xíng páng niǎo biǎo shì fā chū ya
"鸦"的左边是声旁"牙",右边是形旁"鸟",表示发出"呀

ya jiào shēng de yī zhǒng niǎo yā cháng yǔ wū zì zǔ hé zhǐ wū yā yě kě yǐ
呀"叫声的一种鸟。"鸦"常与"乌"字组合,指乌鸦。也可以

biǎo shì hēi sè rú yā qīng
表示黑色,如"鸦青"。

332

chǔ/chù

金文
小篆
隶书
楷书

1	2	3	4	5
撇	横撇/横钩	捺	竖	点

《说文解字》：

"止也，得几而止。"

chǔ de jīn wén zì xíng xiàng yī rén tóu dài hǔ pí guān zuò zài jī dèng shang xiū
"处"的金文字形 像一人头戴虎皮冠坐在几凳 上休
xī de yàng zi chǔ běn lái shì zhǐ shí shī lǎo hǔ cán shí zuì fàn de kù xíng hòu lái
息的样子，"处"本来是指实施老虎残食罪犯的酷刑， 后来
yǔ biǎo shì tíng zhǐ xiū xī de chǔ hùn yòng le yǐn shēn wéi jū zhù yǐ jí yǔ bié rén
与表示"停止、休息"的"处"混用了，引申为居住，以及与别人
jiāo wǎng rú xiāng chǔ hái kě yǐ biǎo shì chǔ zhì bàn lǐ rú lùn chǔ chǔ lǐ
交往，如"相处"。还可以表示处置、办理，如"论处、处理"。
chù hái kě yǐ yǐn shēn wéi jū zhù de dì fāng hé jī guān dān wèi dú rú zhù
"处"还可以引申为居住的地方和机关单位，读chù，如："住
chù bàn shì chù
处""办事处"。

zhǎo de jīn wén zì xíng zuǒ bian shì shǒu yòu bian shì gē biǎo shì gǔ dài de yī
"找"的金文字形左边是手，右边是"戈"，表示古代的一
zhǒng bīng qì hé qǐ lái biǎo shì yòng shǒu shí qǔ gē běn yì jiù shì mì qǔ xún qiú rú
种兵器，合起来表示用手拾取戈，本义就是觅取、寻求，如
zhǎo rén hái kě yǐ biǎo shì bǔ chōng bù zú rú zhǎo bǔ jiāng duō yú de bù fen tuì
"找人"，还可以表示补充不足，如"找补"。将多余的部分退
huí yě shì zhǎo rú zhǎo líng qián
回也是"找"，如"找零钱"。

zhǎo

找

金文　小篆　隶书　楷书

1 横	2 竖钩	3 提	4 横	5 斜钩	6 撇	7 点

《康熙字典》:
"补不足曰找。"

bàn

办

小篆　隶书　楷书

1 横折钩	2 撇	3 点	4 点

《说文解字》:
"致力也。从力,辡声。"

　　 bàn 　　 de xiǎo zhuàn zì xíng zhōng 　 lì 　 wéi xíng páng 　　 biǎo shì quán lì zuò hǎo
　　"办"的 小 篆 字 形 中 "力"为 形 旁，表 示 全 力 做 好
shì qíng 　　shēng páng shì biàn 　 biǎo shì fǎ lǜ 　 hé qǐ lái biǎo shì qiáng lì zhí fǎ
事 情，声 旁 是"辡"，表 示 法 律，合 起 来 表 示 强 力 执 法，
rú 　 bàn àn 　 fǎ bàn 　　 hòu lái yǐn shēn wéi chǔ lǐ 　 jīng yíng rú 　 bàn shì bàn chǎng
如"办案、法办"。后 来 引 申 为 处 理、经 营，如"办事、办 厂"。

páng
旁

甲骨文
金文
小篆
隶书
楷书

《说文解字》：
"溥也。从二、阙，方声。"

1	2	3	4	5	6	7	8	9	10
点	横	点	撇	点	横撇/横钩	点	横	横折钩	撇

　　 páng 　　 de jiǎ gǔ wén zì xíng shàng miàn xiàng zhēng yuǎn chù de biān jiè 　 xià miàn
　　"旁"的 甲 骨 文 字 形 上 面 象 征 远 处 的 边 界，下 面
shì shēng páng 　 fāng 　 hé qǐ lái biǎo shì biān 　 cè rú 　 páng biān 　 páng mén
是 声 旁"方"，合 起 来 表 示 边、侧，如"旁边、旁门"。
yǐn shēn wéi qí tā 　 lìng wài 　 rú 　 páng rén 　 páng zhī 　 zài yǐn shēn wéi guǎng fàn
引 申 为 其 他、另 外，如"旁人、旁支"；再 引 申 为 广 泛，
rú 　 páng zhēng bó yǐn 　 yì si shì guǎng fàn de yǐn yòng cái liào 　 xiàn zài hái biǎo shì
如"旁 征 搏 引"，意 思 是 广 泛 地 引 用 材 料。现 在 还 表 示
hàn zì de piān páng 　 rú 　 lì rén páng
汉 字 的 偏 旁，如"立 人 旁"。

xǔ

许

金文
小篆
隶书
楷书

《说文解字》：
"听也。从言，午声。"

点 横折提 撇 横 横 竖

"许"的金文字形左边是形旁"言"，代表说话，右边是声旁"午"，"午"即"杵"的本字，表示向下的动作，整字意思是比喻说话时不断点头，所以"许"的本义是允许、答应。每个人都期待被人赞许认可，所以还表示"期望"的意思，如"期许"；还可以为"预先答应"的意思，如"许诺"。现在，"许"还可以表示可能，如"或许、也许"；以及表示约数，如"许多"。

"法"的金文字形右边是一种神话动物"廌"的形象，据说，"廌"可以明辨是非，在审理案件的时候，会用角去

fǎ

金文	
小篆	
隶书	
楷书	

《说文解字》：
"刑也。平之如水，从水；廌，
所以触不直者，去之，从去。"

1	2	3	4	5	6	7	8
点	点	提	横	竖	横	撇折	点

dǐng chù nà xiē bù jiǎng lǐ de rén zuǒ bian shì shuǐ hé shòu shěn xùn de fàn rén biǎo shì
顶 触 那些 不 讲 理 的 人；左 边 是 水 和 受 审 讯 的 犯人，表示

zhì zài zhí fǎ de shí hou néng gòu zuò dào xiàng shuǐ yī yàng píng bù piān tǎn suǒ yǐ fǎ
"廌"在 执法 的 时候 能 够 做 到 像 水 一样 平，不 偏袒。所以"法"

běn yì jiù shì xíng fǎ fǎ lù fǎ dù xiàn zài hái biǎo shì chǔ lǐ shì wù de shǒu duàn rú
本义 就是 刑法、法律、法度。现在 还 表示 处理 事物 的 手 段，如

bàn fǎ
"办法"。

fàng zì jiǎ gǔ wén xiě zuò fāng biǎo shì biān jìng hòu lái zēng jiā
"放"字 甲骨文 写作"方"，表示 边境，后来 增加

le xíng páng pū biǎo shì huī zhàng qū gǎn hé qǐ lái zhǐ jiāng rén qū zhú
了 形旁"攴"，表示 挥杖 驱赶，合 起来 指 将 人 驱逐、

liú fàng dào biān jiāng hòu lái yǐn shēn wéi shě qì gē zhì bù yuē shù rú fàng
流 放 到 边疆。后来 引申 为 舍弃、搁置、不 约束，如"放

qì ān fàng shì fàng hái kě yǐ biǎo shì fā sòng fā shè rú fā fàng
弃、安放、释放"。还 可以 表示 发送、发射，如"发 放、

fàng jiàn
放箭"。

fàng

放

甲骨文
金文
小篆
隶书
楷书

1	2	3	4	5	6	7	8
点	横	横折钩	撇	撇	横	撇	捺

《说文解字》：
"逐也。从攴，方声。"

jìn

进

甲骨文
金文
小篆
隶书
楷书

1	2	3	4	5	6	7
横	横	撇	竖	点	横折折撇	捺

《说文解字》：
"登也。从辵，閵省声。"

jìn　　de jiǎ gǔ wén zì xíng shàng miàn shì yì zhī niǎo　xià miàn shì yì zhī jiǎo　zhǐ
"进"的甲骨文字形上面是一只鸟，下面是一只脚，指
niǎo ér wǎng qián yí dòng suǒ yǐ　　jìn　de yì si jiù shì xiàng qián yí dòng yǔ　tuì
鸟儿往前移动，所以"进"的意思就是向前移动，与"退"
xiāng duì　yǐn shēn wéi cóng wài miàn dào lǐ miàn rú　jìn mén　jìn rù　　yòu zhǐ
相对。引申为从外面到里面，如"进门、进入"。又指
jiē nà　shōu rù　rú　jìn huò　jìn kuǎn　jiāng wài miàn de shí wù shè rù tǐ nèi
接纳、收入，如"进货、进款"。将外面的食物摄入体内
yě jiào　jìn　yīn cǐ　jìn　hái kě yǐ biǎo shì chī　hē　rú　jìn shí　jìn cān
也叫"进"，因此"进"还可以表示吃、喝，如"进食、进餐"。

《说文解字》：
"崇也。象台观高之形。从门、口。"

1	2	3	4	5	6	7	8	9	10
点	横	竖	横折	横	竖	横折钩	竖	横折	横

gāo　　de jiǎ gǔ wén zì xíng xiàng gāo dà de tíng lóu　zhǐ yóu xià dào shàng jù
"高"的甲骨文字形像高大的亭楼，指由下到上距
lí dà　rú　gāo sǒng　gāo lóu　yǐn shēn wéi gāo dù　rú　shēn gāo　hái kě
离大，如"高耸、高楼"。引申为高度，如"身高"。还可
biǎo shì chāo chū yì bān shuǐ píng de　rú　gāo sù　gāo míng　yě kě yǐ zuò jìng cí
表示超出一般水平的，如"高速、高明"。也可以作敬辞，
rú　gāo jiàn　gāo lùn
如"高见、高论"。

zhī/zhǐ

只

竖	横折	横	撇	点
1	2	3	4	5

| 甲骨文 |
| 金文 |
| 小篆 |
| 隶书 |
| 楷书 |
| 简化字 |
| 小篆 |
| 隶书 |
| 楷书 |

《说文解字》：
"语巳词也。从口，
象气下引之形。"

jiǎn huà zì　 zhī　 yǒu liǎng gè lái yuán　 zhī　 hé　 zhī　 zhī xiàng yī zhī
简化字"只"有两个来源，"隻"和"只"。"隻"像一只
shǒu bǔ huò le yī zhī niǎo　 biǎo shì dān dú de　 rú　 zhī shēn　 zhī yán piàn yǔ　 yòu
手捕获了一只鸟，表示单独的，如"只身、只言片语"。又
yǐn shēn wéi liàng cí　 rú　 liǎng zhī māo　 zhī　 zì zài　 shuō wén　 zhōng jiě shì wéi
引申为量词，如"两只猫"。"只"字在《说文》中解释为
xiàng shì rén shuō huà shí xiàng wài fā shēng hé chū qì de yàng zi　 shì yí gè yǔ qì cí
像是人说话时向外发声和出气的样子，是一个语气词。
hòu lái yòng zuò fù cí　 biǎo shì jǐn xiàn yú mǒu gè fàn wéi　 rú　 zhǐ yǒu　 zhǐ hǎo
后来用作副词，表示仅限于某个范围，如"只有、只好"。

shí　 de jiǎ gǔ wén xíng zhuàng xiàng xuán yá biān diào xià lái de yán kuài　 hàn
"石"的甲骨文形状像悬崖边掉下来的岩块，"厂"，
xiàng xuán yá suǒ yǐ shí jiù shì shān yán de yì si xiàn zài shí zì duō yǔ shí
像悬崖，所以"石"就是"山岩"的意思。现在"石"字多与"石
tou yǒu guān bǐ rú shí bēi kuàng shí děng zhè ge zì hái dú biǎo shì gǔ
头"有关，比如"石碑""矿石"等。这个字还读"dàn"，表示谷
wù chēng zhòng biāo zhǔn yí dàn xiāng dāng yú yì bǎi èr shí jīn
物称重标准，一石相当于一百二十斤。

shí/dàn

石

甲骨文
金文
小篆
隶书
楷书

1	2	3	4	5
横	撇	竖	横折	横

《说文解字》：
"山石也。在厂之下。"

duō

多

甲骨文
金文
小篆
隶书
楷书

1	2	3	4	5	6
撇	横撇/横钩	点	撇	横撇/横钩	点

《说文解字》：
"重也。从重夕。夕者，
相绎也，故为多。"

duō de jiǎ gǔ wén zì xíng shì liǎng fèn ròu kuài dié jiā zài yī qǐ biǎo shì shù liàng
"多"的甲骨文字形是两份肉块叠加在一起,表示数量
duō yǔ shǎo xiāng duì zhè lèi yòng liǎng sān gè tóng yàng de shì wù biǎo shì zhòng duō
多,与"少"相对。这类用两三个同样的事物表示"众多"
de gòu zì fǎ bǐ jiào cháng yòng rú sēn lín duō xiàn zài hái kě yǐ yòng zuò dòng cí
的构字法比较常用,如"森林"。"多"现在还可以用作动词,
biǎo shì chāo chū duō yú de yì si rú duō cǐ yì jǔ
表示"超出,多余"的意思,如"多此一举"。

chū
出

《说文解字》:
"进也。象艸木益滋,上出达也。"

甲骨文
金文
小篆
隶书
楷书

1	2	3	4	5
竖折/竖弯	竖	竖	竖折/竖弯	竖

chū de jiǎ gǔ wén zì xíng xiàng yì zhī jiǎo cóng dòng kǒu tà chū běn yì jiù shì
"出"的甲骨文字形像一只脚从洞口踏出,本义就是
cóng lǐ miàn dào wài miàn rú chū mén yǐn shēn wéi chāo chū wǎng wài ná rú chū jiè zhī
从里面到外面,如"出门"。引申为超出、往外拿,如"出界""支
chū zài yǐn shēn wéi chǎn shēng fā shēng zhǎng chū rú chū méi chū shì chū yá
出"。再引申为产生、发生、长出,如"出煤""出事""出芽"。
xiàn zài hái zhǐ chū bǎn rú chū shū
现在还指出版,如"出书"。

jiàn

1	2	3	4
丨	冂	见	见
竖	横折	撇	竖弯钩

甲骨文
金文
小篆
隶书
楷书

《说文解字》：

"视也。从儿，从目。"

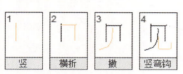

"见"的甲骨文上面是一只眼睛，下面是一个人，表示人睁着眼睛看，本义就是看见、看到。引申为看法、观点，如"见解、主见"。"见"还可以表示被动，如"见笑"，意思是被别人笑话。

写一写

一、你能写出下列偏旁部首吗？

禾字旁 ☐

竖心旁 ☐

双人旁 ☐

目字旁 ☐

六字头 ☐

立刀旁 ☐

 拼一拼

wǒ huì pīn　wǒ huì xiě
二、我会拼，我会写。

shí tou	duō shǎo	chū qù	kàn jiàn

 连一连

bǎ dú yīn xiāng tóng de zì lián qǐ lái
三、把读音相同的字连起来。

石　渴　瓶　鸭　法　办

发　可　十　鸦　半　平

👍 贴一贴

qǐng zài fù yè zhōng zhǎo chū xià liè shēng zì de gǔ wén zì　tiē zài fāng kuàng lǐ
四、请在附页中找出下列生字的古文字，贴在方框里。

乌 鸦 高 进 处 找 办 放 法 许 旁

包公审石头

宋朝的时候，有一个小孩儿，靠卖油条挣几个铜板和妈妈相依为命。一天，小孩儿在庙会上卖完油条，正好挣了一百个铜钱，于是便靠在石头上睡着了，放铜钱的篮子就在身边。然而一觉醒来小孩儿发现篮子里的铜钱没有了，小孩儿又着急又伤心，呜呜地哭了起来。

包公正好打这路过。包公询问了情况，说要审问石头，是石头偷了小孩儿的钱。包公命令手下将石头抬到开封大堂门前，公开审判。出于好奇心，大家都跟着包公到开封大堂看热闹去了。

包公问石头："你是不是偷了小孩儿的钱？从实招来！"连问数遍，石头当然不会回答。包公大怒："不动大刑，谅你不招。给我重打四十大板！"手下抡起棒子噼里啪啦地打起石头来。围观的人哈哈大笑，嘲笑包公是糊涂蛋，石头怎么会说话呢？包公突然一拍惊堂木："本府审案，何人在此喧哗，咆哮公堂者，每人罚一枚铜钱。"手下立刻端来一个水盆，让每人往里扔一个铜钱，大家只好照办。有一个人刚把铜板丢进水盆，就被包公抓住了，说这人是小偷。小偷不承认，包公大怒："小孩儿的钱放在油条篮子里，钱上有油，只有你丢下钱，水面上浮起了一层油。偷钱的不是你是谁！"从小偷身上搜出的钱放在水盆里都起了油花。小偷只好认罪并把一百个铜钱还给了小孩。包公审石，审石头是假，收集物证是真。

课文 14

小 蜗 牛

 和家长一起学

金文 小篆 隶书 楷书

《字汇》：
"居也。"

　　zhù yóu rén hé zhǔ gòu chéng zhǔ wéi zhù de shěng lüè biǎo shì jū liú zhù
　　"住"由"人"和"主"构 成，"主"为"驻"的 省 略，表示居留。"住"
de běn yì wéi zài mǒu dì cháng qī jū liú shēng huó hòu lái yǐn shēn wéi tíng liú de yì si
的本义为在某 地 长 期居留生 活。后来引 申 为停留的意思，
rú fēng zhù le zài yǐn shēn wéi tíng zhǐ rú zhù shǒu zhù kǒu
如"风 住 了"。再引 申 为停止，如"住 手、住 口"。

hái

孩

金文
小篆
隶书
楷书

《说文解字》：
"小儿笑也。从口，亥声。"

1	2	3	4	5	6	7	8	9
横撇/横钩	竖钩	提	点	横	撇折	撇	撇	点

　　"孩"字由"子"与"亥"构成。小篆中的"子"像一个小孩，"亥"表示幼儿呵呵笑，所以"孩"字本义就是小孩子笑。后来人们直接拿它来表示儿童，如"孩童"。

　　小篆的"玩"左边是一个玉串，右边的"元"本来表示人头，这里表示一个人在专注地摆弄玉串，所以"玩"的本义就是鉴赏宝玉。后来引申为名词珍宝，如"古玩"。又引申为动词放松地活动，如"玩乐、玩球"。再引申为戏弄，如"玩世不恭"，表示以消极、玩弄的态度对待生活。

wán

玩

玩
玩
玩
玩

金文
小篆
隶书
楷书

1	2	3	4	5	6	7	8
横	横	竖	提	横	横	撇	竖弯钩

《说文解字》：
"弄也。从玉，元声。"

ba

吧

吧
吧
吧

小篆
隶书
楷书

1	2	3	4	5	6	7
竖	横折	横	横折	竖	横	竖弯钩

《广韵》：
"吧呀，大口貌。"

"吧"字形旁为"口"，声旁为"巴"，表示张大嘴巴发出
声音，是一个象声词，如，"'吧'的一声，笔尖断了"。现在，
"吧"常在句末，表示赞同、命令、推测、请求等语气，如"好吧，
我和你去"。

《说文解字》：
"髮，根也。从髟，犮声。""發，
射發也。从弓，發声。"

简化字"发"有两个来源，"髮"和"發"，后来统一简化为"发"。
"髮"的金文形旁为"首"，"首"是长有毛发的头。小篆
形旁为"髟"，指长毛。所以"髮"的本义就是头发，读fà。
"發"的小篆字形上面是两只脚，下面是手执标枪的人，
表示一个人一边跑一边把标枪投了出去，所以"發"的本

yì jiù shì fā shè dú rán hòu yǐn shēn wéi sòng chū fù chū rú fā huò fā yán
义就是"发射",读fā。然后引申为送出、付出,如"发货、发言"。

hái yǐn shēn wéi qǐ chéng yǐn qǐ rú chū fā fā rén shēn shěng běn kè zhōng dú
还引申为启程、引起,如"出发""发人深省"。本课中读fā,

yì si shì zhǎng chū
意思是长出。

yá
芽

1	2	3	4	5	6	7
横	竖	竖	横	撇折	竖钩	撇

金文
小篆
隶书
楷书

《说文解字》:
"萌芽也。从艸,牙声。"

yá zì xíng páng wéi cǎo shēng páng wéi yá běn yì wéi cǎo mù gāng méng
"芽"字形旁为"艸",声旁为"牙",本义为草木刚萌

fā de yá chǐ zhuàng de yòu tǐ hòu lái yòu yòng lái zhǐ xíng zhuàng xiàng yá de dōng xi rú
发的牙齿状的幼体。后来又用来指形状像芽的东西,如

ròu yá
"肉芽"。

pá de xíng páng wéi zhǎo shì fāng xiàng xiàng xià de shǒu xíng shēng páng wéi
"爬"的形旁为"爪",是方向向下的手形,声旁为

bā hé qǐ lái pá biǎo shì yòng shǒu zhuā náo pá de běn yì jiù shì sāo zhuā
"巴",合起来"爬"表示用手抓挠。"爬"的本义就是搔、抓。

pá

爬

金文
小篆
隶书
楷书

1	2	3	4	5	6	7	8
撇	撇	竖	捺	横折	竖	横	竖弯钩

《广韵》：
"搔也。"

yǐn shēn wéi tiē zhe dì miàn huǎn màn qián xíng rú pá xíng　　yòu yǐn shēn wéi wǎng shàng pá
引申为贴着地面缓慢前行,如"爬行"。又引申为往上爬、
pān dēng rú pá shān
攀登,如"爬山"。

ya　zì xíng páng wéi kǒu　shēng páng wéi yá　yì si shì zhāng dà zuǐ ba fā
"呀"字形旁为"口",声旁为"牙",意思是张大嘴巴发
chū jīng yà de shēng yīn biǎo shì jīng tàn rú　　ya　nǐ shòu shāng le　　yòu kě yǐ zuò
出惊讶的声音,表示惊叹,如:"呀!你受伤了。"又可以作
xiàng shēng cí rú　　mén ya de yī shēng kāi le　　ya hái biǎo shì yí wèn qí
象声词,如:"门'呀'的一声开了"。"呀"还表示疑问、祈
shǐ děng yǔ qì rú　　nǐ zěn me bù zǒu ya　　nǐ kuài huí qù ya　　běn kè zhōng
使等语气,如:"你怎么不走呀?""你快回去呀!"本课中
dú　　yǔ qì cí
读ya,语气词。

yā/ya

呀

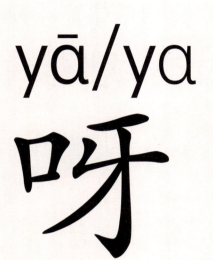

1 丨	2 丬	3 口	4 口	5 口	6 呀	7 呀
竖	横折	横	横	撇折	竖钩	撇

金文　小篆　隶书　楷书

《说文解字》：
"张口貌。从口，牙声。"

写一写

wǒ huì pīn　wǒ huì xiě
一、我会拼，我会写。

duì cuò　　bà mā　　huí lái　　quán tiān

[ ] 错

连一连

wǒ huì lián
二、我会连。

蜗牛　　　发芽　　　草莓　　　蘑菇

三、<ruby>照<rt>zhào</rt></ruby><ruby>样<rt>yàng</rt></ruby><ruby>子<rt>zi</rt></ruby>，<ruby>找<rt>zhǎo</rt></ruby><ruby>出<rt>chū</rt></ruby><ruby>下<rt>xià</rt></ruby><ruby>列<rt>liè</rt></ruby><ruby>字<rt>zì</rt></ruby><ruby>的<rt>de</rt></ruby><ruby>偏<rt>piān</rt></ruby><ruby>旁<rt>páng</rt></ruby>，<ruby>给<rt>gěi</rt></ruby><ruby>它<rt>tā</rt></ruby><ruby>们<rt>men</rt></ruby><ruby>连<rt>lián</rt></ruby><ruby>线<rt>xiàn</rt></ruby>。

纟　攵　亻　扌

放　们　提　组　线　体　打　故

四、<ruby>古<rt>gǔ</rt></ruby><ruby>今<rt>jīn</rt></ruby><ruby>文<rt>wén</rt></ruby><ruby>字<rt>zì</rt></ruby><ruby>连<rt>lián</rt></ruby><ruby>连<rt>lián</rt></ruby><ruby>看<rt>kàn</rt></ruby>。

住　变　孩　全　玩　发　回　久　爬　芽

 听妈妈讲故事

<ruby>孟<rt>mèng</rt></ruby><ruby>母<rt>mǔ</rt></ruby><ruby>三<rt>sān</rt></ruby><ruby>迁<rt>qiān</rt></ruby>

<ruby>战<rt>zhàn</rt></ruby><ruby>国<rt>guó</rt></ruby><ruby>时<rt>shí</rt></ruby><ruby>期<rt>qī</rt></ruby><ruby>的<rt>de</rt></ruby><ruby>孟<rt>mèng</rt></ruby><ruby>子<rt>zǐ</rt></ruby><ruby>三<rt>sān</rt></ruby><ruby>岁<rt>suì</rt></ruby><ruby>时<rt>shí</rt></ruby><ruby>父<rt>fù</rt></ruby><ruby>亲<rt>qīn</rt></ruby><ruby>就<rt>jiù</rt></ruby><ruby>去<rt>qù</rt></ruby><ruby>世<rt>shì</rt></ruby><ruby>了<rt>le</rt></ruby>，<ruby>由<rt>yóu</rt></ruby><ruby>母<rt>mǔ</rt></ruby><ruby>亲<rt>qīn</rt></ruby><ruby>一<rt>yì</rt></ruby><ruby>手<rt>shǒu</rt></ruby><ruby>抚<rt>fǔ</rt></ruby><ruby>养<rt>yǎng</rt></ruby><ruby>长<rt>zhǎng</rt></ruby><ruby>大<rt>dà</rt></ruby>。<ruby>孟<rt>mèng</rt></ruby><ruby>子<rt>zǐ</rt></ruby><ruby>小<rt>xiǎo</rt></ruby><ruby>时<rt>shí</rt></ruby><ruby>候<rt>hou</rt></ruby><ruby>很<rt>hěn</rt></ruby><ruby>贪<rt>tān</rt></ruby><ruby>玩<rt>wán</rt></ruby>，<ruby>模<rt>mó</rt></ruby><ruby>仿<rt>fǎng</rt></ruby><ruby>性<rt>xìng</rt></ruby><ruby>很<rt>hěn</rt></ruby><ruby>强<rt>qiáng</rt></ruby>。<ruby>起<rt>qǐ</rt></ruby><ruby>初<rt>chū</rt></ruby>，<ruby>他<rt>tā</rt></ruby><ruby>家<rt>jiā</rt></ruby><ruby>居<rt>jū</rt></ruby><ruby>住<rt>zhù</rt></ruby><ruby>的<rt>de</rt></ruby><ruby>地<rt>dì</rt></ruby><ruby>方<rt>fāng</rt></ruby><ruby>离<rt>lí</rt></ruby><ruby>墓<rt>mù</rt></ruby><ruby>地<rt>dì</rt></ruby><ruby>很<rt>hěn</rt></ruby><ruby>近<rt>jìn</rt></ruby>，<ruby>他<rt>tā</rt></ruby><ruby>常<rt>cháng</rt></ruby><ruby>常<rt>cháng</rt></ruby><ruby>玩<rt>wán</rt></ruby><ruby>筑<rt>zhù</rt></ruby><ruby>坟<rt>fén</rt></ruby><ruby>墓<rt>mù</rt></ruby><ruby>或<rt>huò</rt></ruby><ruby>学<rt>xué</rt></ruby><ruby>别<rt>bié</rt></ruby><ruby>人<rt>rén</rt></ruby><ruby>哭<rt>kū</rt></ruby><ruby>拜<rt>bài</rt></ruby><ruby>的<rt>de</rt></ruby>

游戏。他的母亲说:"这个地方不适合孩子居住。"于是将家搬到集市旁,孟子又学了些做买卖和屠杀的东西。孟母对这样的环境还是很不满意。于是又将家搬到学堂旁边。在这里孟子学会了在朝廷上鞠躬行礼及进退的礼节。孟母说:"这才是孩子应该居住的地方。"于是就在这里定居下来了。等孟子长大成人后,学成六艺,获得大儒的名望。君子认为这都是孟母一步步教化的结果。

　　"孟母三迁"的故事告诉我们,良好的人文环境对人的成长及品格的养成至关重要。

语文园地七

 和家长一起学

gōng

工

1	2	3
一	丁	工
横	竖	横

甲骨文　工
金文　　工
小篆　　工
隶书　　工
楷书　　工

《说文解字》：
"巧饰也。象人有规矩也。"

"工"的字形像古代匠人的多用途器具，一头是"丁"形，一头是可握可箍的圈。本义就是巧妙多用途的工具，可引申为巧妙的、严整的，如"工整"。"工"和"劳动"有关，可指用器具劳作，如"工作"；可指使用工具的人，如"工人"；也指工作的地方，如"工厂"。

356

chǎng

厂

甲骨文
金文
小篆
楷书

1	2
一	厂
横	撇

《说文解字》：

"山石之厓岩，人可居。象形。"

　　chǎng　gǔ wén zì xíng xiàng tū chū de xuán yá　xuán yá xià de dòng xué shì rén
"厂"古文字形像突出的悬崖，悬崖下的洞穴是人
men kě yǐ jū zhù de dì fang　suǒ yǐ　chǎng　de běn yì wéi jū zhù de dì fang　hòu
们可以居住的地方，所以"厂"的本义为居住的地方。后
lái zài jiǎn huà guò chéng zhōng hé bìng le　chǎng　zì　jù yǒu le　chǎng　de yì yì
来在简化过程中合并了"廠"字，具有了"廠"的意义，
biǎo shì gōng rén men gōng zuò de kāi fàng shì jiàn zhù　rú　gōng chǎng　chǎng hái
表示供人们工作的开放式建筑，如"工厂"。"厂"还
shì yí gè bù shǒu zì　fán yóu　chǎng　zǔ chéng de zì　dà dōu yǔ fáng wū huò shì
是一个部首字，凡由"厂"组成的字，大都与房屋或是
shān yá yǒu guān　rú　chú　yuán
山崖有关，如"厨、原"。

　　jiǎn huà zì　yī　yǒu liǎng gè lái yuán　yī　hé yī　yī　yóu fāng hé shǐ
简化字"医"有两个来源，"医"和"醫"。"医"由"匚"和"矢"
gòu chéng　fāng　dài biǎo kuāng lǒu　shǐ zhǐ jiàn zhī　yī　běn yì shì zhuāng jiàn de
构成，"匚"代表筐篓，"矢"指箭只，"医"本义是装箭的

yī

医

甲骨文 医
小篆 医
楷书 醫
小篆 醫
隶书 醫
楷书 醫
简化字 医

1	2	3	4	5	6	7
一	一	匚	丂	丆	医	医
横	撇	横	横	撇	点	竖折/竖弯

《说文解字》：
"盛弓弩矢器也。从匚，
从矢。""醫，治病工也。"

kuāng lǒu   yī   duō le   shū hé   yǒu   shū biǎo shì gōng jī   yǒu zhǐ yào jiǔ
筐 篓。"醫"多了"殳"和"酉","殳"表示攻击,"酉"指药酒,
hé qǐ lái biǎo shì yòng yào jiǔ zhì liáo jiàn shāng   jí zhì bìng   rú   yī zhì   hòu lái zhǐ
合 起来 表示 用 药酒 治疗 箭 伤 ,即 治病,如"医治";后来指
zhì bìng de rén   rú   jūn yī   míng yī   xiàn zài hái zhǐ zhì bìng de kē xué   rú   zhōng
治病的人,如"军医、名医"。现在还指治病的科学,如"中
yī   zhōng yī shì zhōng guó de guó cuì
医"。中医是中国的国粹。

      yuàn   de xiǎo zhuàn zì xíng zuǒ bian shì   fù   biǎo shì tái jiē shān pō yòu bian wán
    "院"的 小 篆 字形 左边 是"阜",表示台阶、山坡,右边"完"
dài biǎo yǒu wéi qiáng de jū suǒ   hé qǐ lái biǎo shì jiàn zài shān shang de ān níng de jū
代表 有围墙的居所,合起来表示建在山上的安宁的居
suǒ   yuàn   de běn yì jiù shì tíng yuàn yuàn zi   xiàn zài hái biǎo shì mǒu xiē xué xiào   jī
所,"院"的本义就是庭院、院子。现在还表示某些学校、机
guān gōng gòng chǎng suǒ de míng chēng rú   yī yuàn
关、公共 场所 的 名称,如"医院"。

yuàn

院

小篆
隶书
楷书

騛院院

《说文解字》：
"坚也。从阜，完声。"

1	2	3	4	5	6	7	8	9
横折折折	竖	点	点	横撇/横钩	横	横	撇	竖弯钩

shēng

生

甲骨文
金文
小篆
隶书
楷书

《说文解字》：
"进也。象竹木生出土上。"

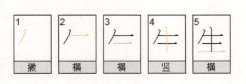

1	2	3	4	5
撇	横	横	竖	横

shēng de jiǎ gǔ wén zì xíng xiàng shì cǎo mù cóng dì miàn shang zhǎng chū lái de yàng
"生"的甲骨文字形像是草木从地面上长出来的样
zi běn yì jiù shì shēng zhǎng zhǎng chū cǎo mù pò tǔ ér chū shì cóng wú dào yǒu de
子，本义就是生长、长出。草木破土而出，是从无到有的
guò chéng yú shì yǒu le chū xiàn chǎn shēng de yì si rú shēng hái zi shēng bìng
过程，于是有了出现、产生的意思，如"生孩子、生病"；
zài yǐn shēn wéi shēng cún shēng mìng rú shēng sǐ sàng shēng xīn shēng shì wù chū xiàn
再引申为生存、生命，如"生死、丧生"。新生事物出现
de shí jiān hái bǐ jiào duǎn wèi jīng shì shì suǒ yǐ kě yǐ biǎo shì bù chéng shú de bù liǎo
的时间还比较短，未经世事，所以可以表示不成熟的、不了
jiě de rú shēng shǒu shēng zì
解的，如"生手""生字"。

✍ 写一写

wǒ huì pīn wǒ huì xiě
一、我会拼，我会写。

　　　gōng rén　　　　gōng chǎng　　　chǎng zhǎng

✍ 连一连

wǒ huì lián
二、我会连。

yī　　yuàn　　chǎng　　jūn　　shēng　　gōng　　duì

院　医　生　厂　军　队　工

❓ 猜一猜

cāi mí yǔ dǎ yí zì
三、猜谜语。（打一字）。

dǐng tiān lì dì
1. 顶天立地。　　　　　　　　　（　　　　）
yǒu qīng yǒu bái zì fēn míng
1. 有青有白自分明。　　　　　　（　　　　）

 贴一贴

qǐng zài fù yè zhōng zhǎo chū xià liè shēng zì de gǔ wén zì   tiē zài fāng kuàng lǐ

四、请 在 附 页 中 找 出 下 列 生 字 的 古 文 字，贴 在 方 框 里。

工　厂　医　院　生

☐　☐　☐　☐　☐

 听妈妈讲故事

lǔ bān de fā míng

鲁班的发明

chūn qiū shí qī de lǔ bān shì yí wèi néng gōng qiǎo jiàng   tā yǒu hěn duō fā míng

春 秋 时 期 的 鲁 班 是 一 位 能 工 巧 匠，他 有 很 多 发 明

chuàng zào   yí cì lǔ bān hé gōng jiàng men yì qǐ shàng shān fá mù   jǐ tiān xià lái

创 造。一 次 鲁 班 和 工 匠 们 一 起 上 山 伐 木，几 天 下 来，

tā men dōu yǐ jīn pí lì jìn   suǒ yòng de fǔ tóu yě dùn le   ér mù cái hái yuǎn yuǎn

他 们 都 已 筋 疲 力 尽，所 用 的 斧 头 也 钝 了，而 木 材 还 远 远

bú gòu   zhè shí   lǔ bān hū rán bèi yí piàn máo cǎo gē pò le shǒu zhǐ   zěn me zhè

不 够。这 时，鲁 班 忽 然 被 一 片 茅 草 割 破 了 手 指。"怎 么 这

bù qǐ yǎn de máo cǎo zhè me fēng lì ne   tā wàng jì le shāng kǒu de téng tòng

不 起 眼 的 茅 草 这 么 锋 利 呢？"他 忘 记 了 伤 口 的 疼 痛，

chě qǐ yì bǎ máo cǎo xì xì duān xiáng   tā fā xiàn xiǎo cǎo yè zi biān yuán zhǎng zhe

扯 起 一 把 茅 草 细 细 端 详，他 发 现 小 草 叶 子 边 缘 长 着

许多锋利的小齿。他用这些密密的小齿在手背上轻轻一划，居然割开了一道口子。他想：要是我也用带有许多小锯齿的工具来切割树木，不就可以很快地把木头锯开了吗？那肯定比用斧头砍要省力多了。他选了一片竹子，用斧子在边缘砍了一行小齿。果不其然，这个新的工具很容易锯断树皮，他兴奋地用力锯起木头来，可是竹齿太软很快就磨光了。不过这却证明了小锯齿是可以切断木头的。于是鲁班放下手中的活去铁匠那里，让他准备一块又硬又锋利的铁板，然后做成齿形。于是这个人工制作的第一个锯片诞生了，将其装在一个木架上，就能准确而不费力地切割木材。鲁班给这种新发明的工具起了一个名字，叫作"锯"。

生 字 表

识字

1 天地人你我他

2 一二三四五上下

3 口耳目手足站坐

4 日月水火山石田禾

5 对云雨风花鸟虫山

语文园地一 六七八九十

汉语拼音一

爸妈马土不画打棋鸡

汉语拼音二

字词语句子桌纸

语文园地二 文数学音乐

汉语拼音三

妹奶白皮小桥台雪儿

汉语拼音四

草家是车羊走也

课文

1 秋气了树叶片大飞会个人子

2 的船两头在里看见闪星月儿

3 江南可采莲鱼东西北

4 尖说春青蛙夏弯地就冬天四是

语文园地四　男女开关正反

识字

6　远有色近无声去还来水不
7　多少黄牛只猫边鸭苹果杏桃小鸟
8　书包尺作业本笔刀课早校
9　明力尘从众双木林森条心土
10　升国旗中红歌起么美丽立五正

语文园地五　午晚昨今年

课文

5　影前后黑狗左右它好朋友在我
6　比尾巴谁长短把伞兔最公
7　写诗点要过给当串们以成下个雨
8　数彩半空问到方没更绿出长有从你
9　睡那海真老师吗同什才亮明学
10　时候觉得自己很穿衣服快
11　蓝又笑着向和贝娃挂活金白的

语文园地六　哥姐弟叔爷

12　群竹牙用几步为参加洞着马
13　乌鸦处找办旁许法放进高只石多出见
14　住孩玩吧发芽爬呀久回全变对妈

语文园地七　工厂医院生

附 页 答 案

识字1 天地人

一、

二、亲人 你们 地方 自我 天气

三、略

四、天 人

识字2 金木水火土

一、

二、一 二 三 四 上

三、二 上 三 一

四、上下 古今 天地 多少

识字3 口耳目

一、目 耳 口 手

二、站立 耳目 坐下 手足 人口

三、手 耳

四、

识字4 日月水火

一、日 月 火 禾

二、水 田 山 石

三、4横；4横折钩；4捺；4撇

四、略

识字5　对韵歌

一、云　山　虫　花

二、对　雨　风　鸟

三、云　虫　山　花

四、（篆文）

语文园地一

一、六　八　七　十　九

二、两（二）天上　三　一　八　上

三、略

汉语拼音一

一、画　鸡　棋　马

二、爸　妈　土　不　打

三、（篆文）

汉语拼音二

一、词语　句子　桌子　写字

二、略

三、略

语文园地二

一、文　学　数　乐　音

二、虫　学　爸　土

三、略

汉语拼音三

一、白云 雪花 儿子 小桥

二、妈 妹 奶；棋 桌 桥

三、

汉语拼音四

一、草 车 羊 家

二、是 走 也

三、车 草

四、略

课文1 秋天

一、树 桥 棋；叶 台 句；你 他 会

二、

三、略

四、大 个 子 飞 人 了 气 秋 树 叶 片 会

课文2 小小的船

一、大人 月儿 小船 人头 山里

二、门：问 闪；木：树 样；口：吗 吃

三、略

四、小小 月儿 小小 小小 头 小小 里 星星 天

课文3 江南

一、略

二、略

三、北 西 东 鱼 莲 采 可 南 江

四、

课文4　四季

一、春天　可是　四月　青蛙　头发　大地　禾苗　火山

二、略

三、春　冬

四、略

语文园地四

一、正反　开关　男女　南北　上下　大小

二、

三、开　女　反　正　男　关

识字6　画

一、略

二、山　水　无　去　人　来　不

三、4，丨；5，丨；7，一；4，丨

四、

识字7　大小多少

一、小；少；近；下

二、小；牛；少；鸟

三、一个桃；一只猫；一颗枣；一头牛

四、略

识字8　小书包

一、略

二、早；刀　尺；本书

三、尺　本　业　刀　书　包　早

四、书　笔

识字 9　日月明

一、日　月；田　力；小　大；小　尘；不　正；人　木

二、天；旦；子；个（答案不唯一）

三、

四、力　林　木　心　土

识字 10　升国旗

一、上升；立正；向上；我们；手中；五人

二、nín；jìng；lǐ；guó；shēng；gē

三、国旗；红色；歌曲；美丽

四、

语文园地五

一、略

二、草　苹　花；杏　桃　校

三、禾　日　下　土　中

四、略

课文 5　影子

一、不在；后来；我们；好人；多少；水牛；水果；小鸟

二、略

三、后　右

四、略

课文6　比尾巴

一、长；比一比；尾；把手

二、略

三、公　宝　她　妈　脸　宁　父　腰
　　把　姐　提　胖　打　宫　分

四、

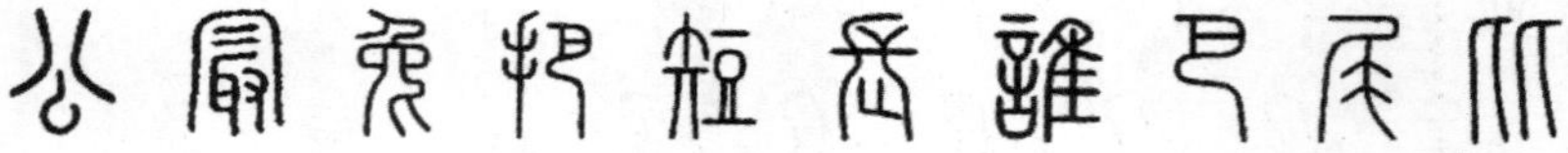

课文7　青蛙写诗

一、下雨；上山；个子；人们

二、略

三、

四、

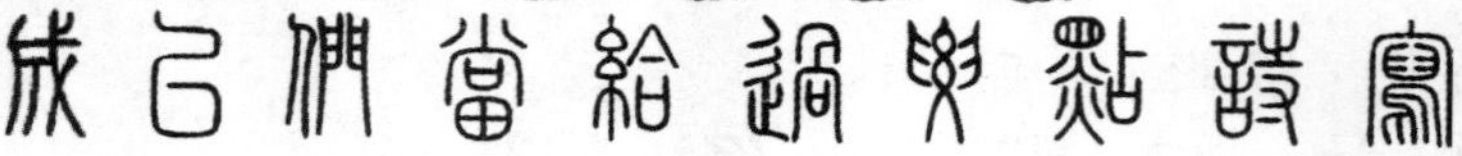

课文8　雨点儿

一、问答；没有；从来；你们

二、6，丨；6，一；5，丶

三、

四、略

课文9　明天要远足

一、人才　明天　同学

二、略

三、明；的；水　每；口　马

四、

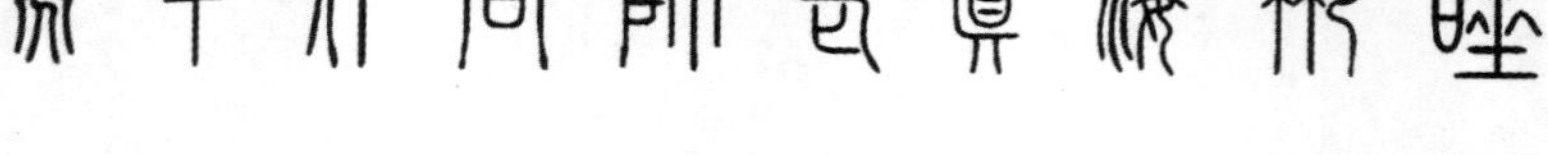

课文 10　大还是小

一、

二、自己　妈妈　妹妹

三、时候　诗歌　衣服　朋友　觉得　绿草

四、略

课文 11　项链

一、略

二、小小的贝壳；雪白的浪花；黄黄的沙滩；蓝蓝的大海

三、白　和

四、

语文园地六

一、

二、

三、略

四、略

课文 12　雪地里的小画家

一、竹；月牙；马；有用；几个

二、略

三、略

四、④　⑤　③　②

课文 13　乌鸦喝水

一、略

二、石头　多少　出去　看见

三、略

四、

课文 14　小蜗牛

一、对；爸妈；回来；全天

二、略

三、略

四、略

语文园地七

一、工人　工厂　厂长

二、略

三、工　生

四、

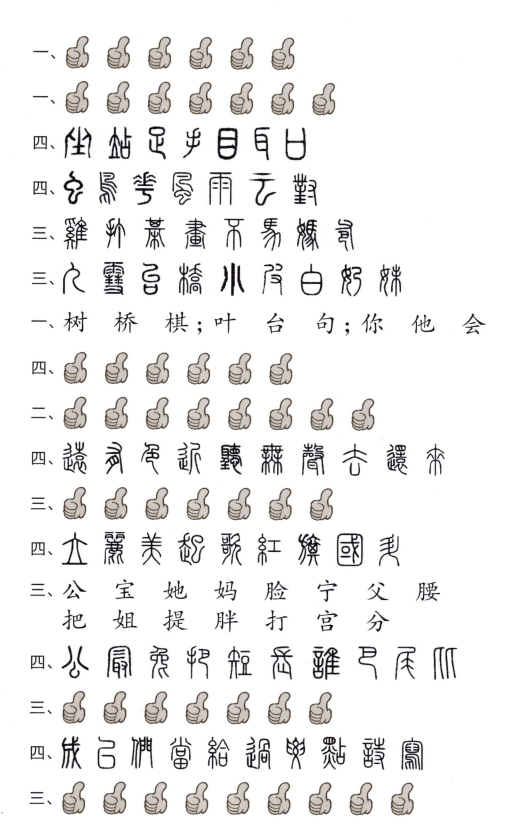

一、

一、

四、

四、

三、

三、

一、树　桥　棋；叶　台　句；你　他　会

四、

二、

四、

三、

四、

三、公　宝　她　妈　脸　宁　父　腰
　　把　姐　提　胖　打　宫　分

四、

三、

四、

三、

四、

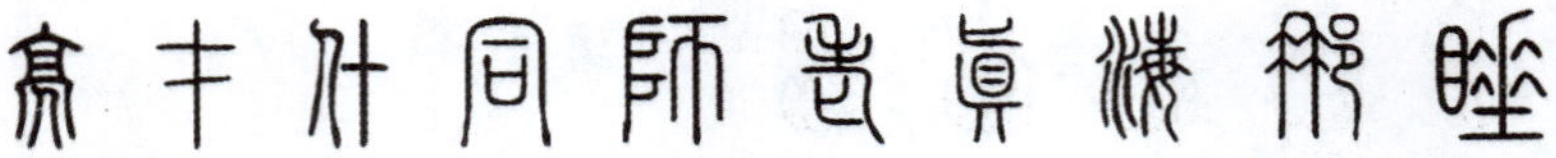

一、👍👍👍👍👍👍👍

四、

一、👍👍👍👍👍👍👍👍👍👍

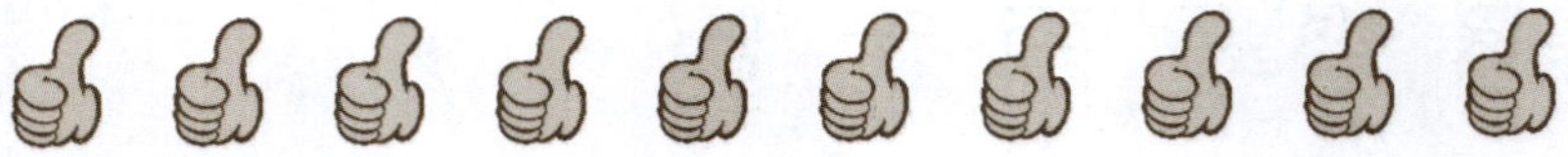

二、

四、

四、

后 记

  《明明白白学汉字》终于与广大读者见面了，感谢广东省普通高校特色创新项目"香港普通话推广与文化认同研究"之子课题"中国传统文化与小学汉字教学改革"的课题组成员的辛勤付出，感谢课题组顾问杨润陆教授对本书的编写指导。

  本书能有幸在清华大学出版社出版，要特别感谢出版社纪海虹老师的大力支持以及对本书的细致编校。另外，汪慧琪、武韬、张依妮、闻雪洁、张琪凡、李洁、靳珺涵、王潇珺、洪欣、刘敏、徐婉妍、梁倩菁、詹秋莹、齐素业、赖丽莎等人也为本书的出版做了很多资料收集和校对的工作，在此一并表示感谢。

  由于有些字的造意尚无定论，有些字的甲骨文与小篆字形之间的联系也存在着争议，虽经多方考证，仍不免有疏漏之处，尚祈读者与专家教正。

编者

广东省普通高校特色创新项目成果